ぼくはあと何回、満月を見るだろう

坂本龍一

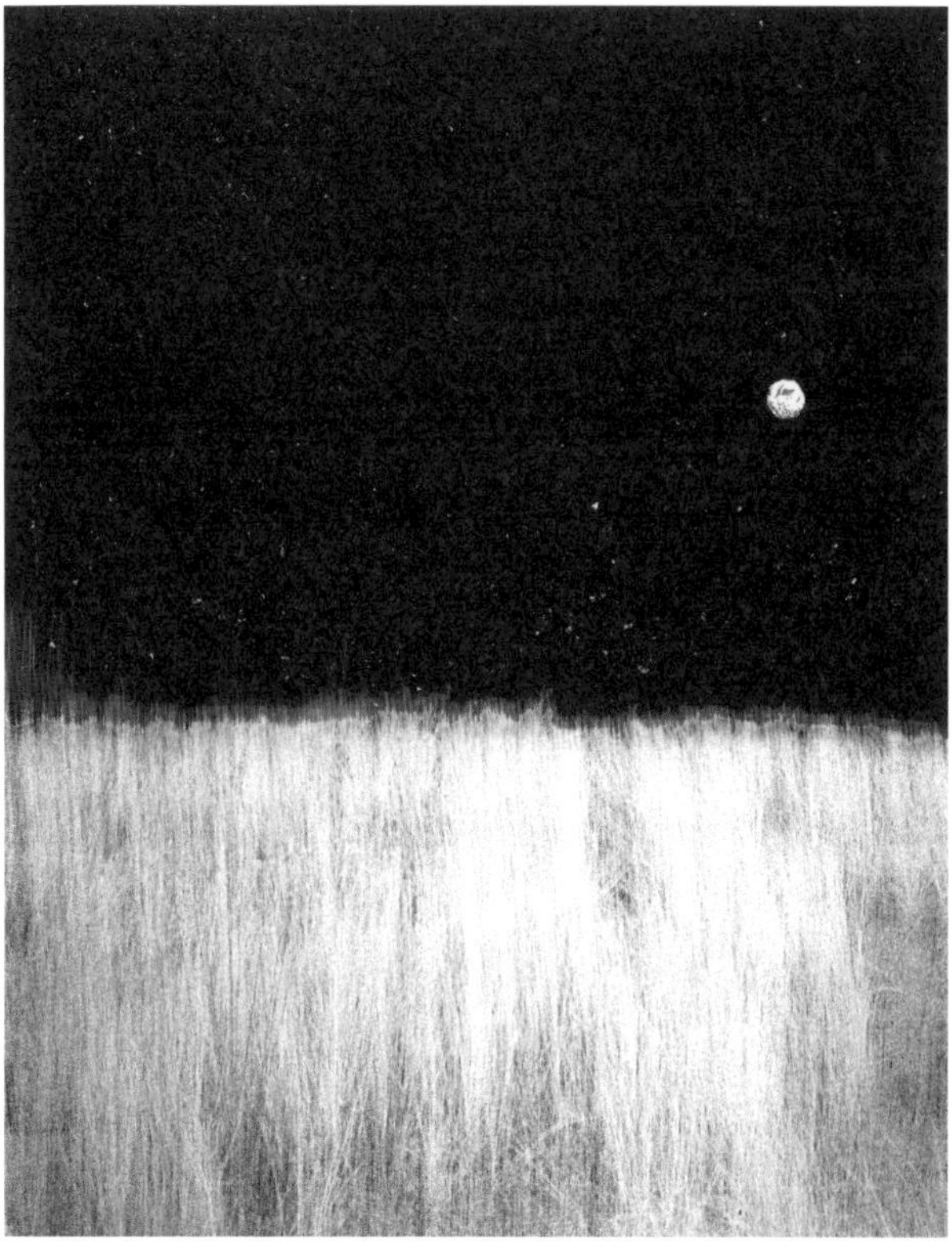

新潮社

ぼくはあと何回、満月を見るだろう　目次

ぼくはあと何回、満月を見るだろう

1　ガンと生きる

ベルトルッチとボウルズ

「ぼくはあと何回、満月を見るだろう」。70歳の古希を迎えてから、よくそんなことを思います。こんな台詞が映画『シェルタリング・スカイ』(1990年)に出てきたことを憶えている方もいるかもしれません。『ラストエンペラー』(1987年)に続いてぼくが音楽を手掛けた、ベルナルド・ベルトルッチ監督の作品ですね。

映画の最後に、原作者のポール・ボウルズが登場し、彼はぼそっとこう語ります。

「人は自分の死を予知できず――/人生を尽きぬ泉だと思う/だがすべて物事は数回 起こるか起こらないか/自分の人生を左右したと思えるほど――/大切な子供の頃の思い出も――/あと何回 心に浮かべるか/4~5回 思い出すのがせいぜいだ/あと何回 満月をながめるか/せいぜい20回/だが人は 無限の機会があると思う」

実際、ボウルズは映画の完成から10年も経たずにこの世を去るわけですが、『シェルタリング・スカイ』に関わっていた頃、ぼくはまだ38歳でした。ボウルズのこの言葉は鮮烈な印象を残しましたが、必ずしも我がこととして捉えていたわけではなかった。

でも、2014年に中咽頭ガンが発覚してから、自らのモータリティ――死についても、自然と考えざるを得なくなりました。

そんな経緯もあって、2017年に発表したアルバム『async』では、『fullmoon』(満月)という曲を作りました。映画の中からボウルズの先ほどの一節をサンプリングし、同じ文章を中国語やドイツ語、ペルシャ語などさまざまな言語に翻訳して、それぞれのネイティブのアーティストに読み上げてもらいました。

一番最後がイタリア語で、実はその朗読をしているのがベルトルッチなんです。「もしイタリア語を入れるなら、あなたしか考えられないんだけど、やってくれるかな?」と軽い気持ちで頼んだら、彼からすぐに「ああ、いいよ」とメールの返信が届き、しばらくして録音した音声データが送られてきました。

ボウルズの声は、戦前のニューヨークで前衛作曲家としても活躍しただけあって枯れた味わいがあり、声質からも並のアメリカ人とは違う教養の深さを感じさせます。対して、ベルトルッチの声は実にドラマティックで、さすがはオペラの国のひとだなと思わせる、こちらも素晴らしいものでした。

しかし、そのベルトルッチも曲の完成から1年後には亡くなります。録音という形ではあるものの、『fullmoon』での声の出演が、彼の生前最後のアピアランスとなってしまいました。

手術直前のこと

ここで、ぼくの今の病状について説明しておきたいと思います。生々しい話になりますが、しばしお付き合いください。

2014年に発覚した中咽頭ガンはその後、晴れて寛解したものの、2020年6月にニューヨークで検査を受け、直腸ガンと診断されてしまいました。前回、放射線治療がうまくいったので、ニューヨークのそのガン・センターのことを信頼していました。今回は放射線治療と並行して抗ガン剤も服用しました。しかし治療を始めて数ヶ月が経っても、なかなかガンが消えません。

同じ年の12月に日本での仕事があり、その頃、物忘れの多さに悩んでいたこともあって帰国ついでに脳の調子を調べておこうと思い、11月中旬から新型コロナウィルスの感染対策のため2週間の隔離を経てから人間ドックを受けました。そうしたら、脳は正常だったのですが、あろうことか別の場所で異変が見つかってしまった。直腸ガンが肝臓やリンパにも転移しているというのです。

この時点で放射線治療が終わって3ヶ月は経っていましたが、なぜかニューヨークの病院では転移の事実を告げられていませんでした。少なくとも9月末には転移の根っこは見えていたはずなのに。当然、転移自体がショックなことだけど、全米でも一、二を争うガン・センターが見落としていたのか、あるいはどういう理由でか、ぼくに黙っていたことに対して、一気に不信感が芽生えました。

日本の病院で最初に診てくださった腫瘍内科の先生には、「何もしなければ余命は半年ですね」と、はっきり告げられました。かつ、既に放射線治療で細胞がダメージを受けているので、もうこれ以上同じ治療はできないと。加えてその医師は、「強い抗ガン剤を使い、苦しい化学療法を行なっても、5年生存率は50パーセントです」と言います。きっとそれは、統計に基づいた客観的な数字なのでしょう。

でも、仮にエビデンスを示したとしても、患者に対しての言い方ってもんがあるだろう、と正直頭にきてしまいました。こちらに希望を与えないような悲観的な断定をされ、ショックで落ち込んでしまった。有名な先生だと聞きましたが、ぼくとは相性が悪いのかもしれないと思いました。

実はその余命宣告を受けた翌日に、オンラインのピアノ・コンサートを控えていました。のちに『Ryuichi Sakamoto: Playing the Piano 12122020』（２０２１年）として音源化されたものです。最悪な精神状態のうえ、映像を使うためにかなり辛い演奏環境だったので、自分ではうまく弾けたのかどうか、まったく自信がありませんでした。でも、長い付き合いのひとほど、良い演奏だったと言ってくれるから不思議なものですね。

ニューヨークへは戻らず、東京で治療を受けることを決めたものの、最初の病院とは相性が悪かったこともあり、知り合いの医師の紹介で、別の病院へ行きました。もともとは短い帰国のつもりだったのですが、以来、日本に滞在することになりました。紹介先の病院でセカンドオピニオンを聞いたところ、他臓器への転移があるという時点で、ステージ4に認定されてしまうそうなんですね。しかもその後の検査で、肺にもガンが転移していることが分かりました。はっきり言って、絶望的な状態です。

そして、年が明けて２０２１年1月に、まずは直腸の原発巣と肝臓2ヶ所、さらにはリンパへの転移を取る外科手術を受けることになりました。大腸を30センチも切除するという大掛かりなものです。手術前は意外とヘラヘラしていて、そのときの写真が残っていますが、手術室へ向かうドアの前でぼくは家族に向かって「行ってくるねー」と、呑気に手を振っています。

当初、12時間ほどを予定していた手術は、結果的に20時間もかかりました。午前中から始まって、翌日の午前4時までかかったはずです。本人としては「組板の鯉」の状態ですから、手術を受ける決断をしたら、あとは医師を信頼して身を委ねるしかない。「切るのはもう少し短く、20センチくらいにしておいてくれませんか?」と提案するほどの専門知識を、こちらは持ち合わせていませんしね。

術後に体力や免疫力が落ちるのは分かっていたので、手術前は毎日、1万歩を目指して歩いていました。それに、全身麻酔で大掛かりな手術をする以上、医療事故で死に至るリスクをゼロにはできません。だから今のうちに美味いものを食べておこうと、10日間ほど毎晩「最後の晩餐」と称して、贅沢をしました。ステーキだったり、イタリアンだったり、都内でありつける限りのものを。

せん妄体験

手術は幸い無事に済んだものの、事前に予想できなかったのは、術後のせん妄でした。全身麻酔は脳にも影響を与えるようで、1週間くらい、幾つものせん妄が断続的に起きるんです。これればっかりは医者にも、どうにもできないらしい。

一番すごかったのは手術のすぐ翌日で、目を開けたときに自分ではなぜか韓国の病院にいると思い込んでいるんです。しかもソウルではなくて、韓国の地方都市の病院に。そして、断片的な知識をかき集めて、なんとか韓国語で一生懸命に看護師さんとコミュニケーションを取ろうとするんだけど、それがちゃんと意味をなしているのかどうか、自分では分からない。

そうこうするうちに、韓国人であるはずの看護師さんが妙に日本語がうまいなあと思い、次第に自分が置かれている状況に気づくというような感じでした。きっと近年、韓国ドラマをよく見ていたことが影響していると思います。

また別のせん妄では、手術直後にもかかわらず、アシスタントに「会議に遅れちゃいそう」と、メッセージを送っていました。実際には両腕に点滴をつけていて、身体も不自由だし、ミスタイプも多いんだけど。受け取った方も、入院先のぼくから早朝に突然連絡があったことに驚いていました。

財津一郎の歌う「♪みんな　まあるく　タケモトピアノ〜」のCMソングが、あの振り付けとあわせて延々とせん妄の中でリピートされたときは、逃げ場のない鬱陶しさで、さすがに発狂するかと思いました。決して好きなわけではない、それもかなり前に見たはずのCMなのになぜ突然出てきたのか、自分でも不思議でなりません。

すごく怖いせん妄もありました。ぼくが使っているコンピュータがダークウェブにハッキングされてしまい、なんとかプログラムの知識をかき集めて撃退しようとするものの、どうにもならない。ダークウェブとは、通常の検索エンジンには引っかからない、インターネット上の膨大な闇の世界ですね。

コンピュータが勝手に操作されている画面が自分では鮮明に見えていて、必死に止めようとするのに、エアキーボードというのか、タイピングしようとする手がなぜだか空を切ってしまうんです。普段ダークウェブのことなんてまったく考えていなかったのに、おそらく脳のどこかに聞き齧った情報が蓄積されていて、せん妄として現れたのでしょうね。

そんなことが3日間も続き、気づくと汗びっしょりになっていることもありました。

せん妄は初めての経験で恐ろしかったけど、ひょっとして自分も頑張れば連ドラの脚本を書けるんじゃないかと錯覚してしまうような、脳の構造の面白さに気づく契機ともなりました。シュルレアリスムのアーティストたちのオートマティスム（自動筆記）やビートニクにおける無意識の表出の試みが目指したのも、こういった半醒下の創作だったのかもしれません。脳は日ごろ何も考えないままに見聞きしているものを、これほど膨大に蓄積しているのかと驚くばかりです。

愛に救われた

手術後は看護師さんに、「身体が痛くてもなるべくベッドから出て、ソファに座りましょう」と言われました。さらに、「できれば立ち上がって歩いてください」と。ベッドに横になっていると、重力に逆らわないので、あっという間に筋力が落ちてしまうんですね。たった1週間のあいだにも。そして、一度落ちた筋力はなかなか取り戻せない。

だから、お腹に5本も管が入っていて、しかも両腕にも点滴が付いている状態ではありながら、日中はなるべく病室のソファに座って過ごすようにしていました。ソファまでは杖を使って歩いていき、そこで本を読んだり、周囲の音を聴いたり、うとうとまどろんだりする。昔からぼくは、すぐにどこかへ飛んでいってしまうような「木の葉の意志」と呼ばれるくらい意志薄弱で、ついつい楽なベッドを選んでしまいそうになったけど、このときばかりは頑張った。

外科手術で切り開いた部分は時間が経つにつれて回復していき、徐々に痛みも治まってきたのですが、今度は合併症に悩まされることになりました。それも1週間ごとにポップアップのように新たな合併症が見つかるという状況で、ひたすらその対処に追われることになります。この間、ご飯もほとんど食べられず、体重が13キロも落ちてしまいました。

先生方は最善の処置をしてくれているはずなんだけど、肝心のぼくの体力が追いつかず、思うように調子が上向かない。調子はずっと、低いところで推移していました。もう自分はこの先一生、病院から出られないかもしれない、という暗い未来を想像して、さすがに心が折れました。ガンが見つかってから、自分から見ても周囲の人間から見ても、一番苦しかった時期かもしれません。

その後、やっと食事ができるようになると、今度は病院食への不満が出てきます。入院先には非常に感謝していますが、出てくる食事だけはとにかく不味かった。どうやったら、こんなに不味い料理が作れるのかと思うくらいに。それで、食欲が回復してからは、わがままを言って鰻やカツ丼を差し入れてもらっていました。

毎日のようにパートナーが差し入れに来てくれても、コロナのせいで面会禁止なので直接話すことができない。それで、いつしか病院の向かいの車道を挟み、互いに手を振り合う習慣ができました。夕方、彼女はスマホのライトをつけて「ここだよー」と、道路越しに手を振ります。そうすると、10階の病室の窓からは豆粒のように光が左右に揺れるのが見える。パートナーとしては、ぼくをベッドから立ち上がらせようという目的もあって、この方法を思いついたのだそうです。

すぐそばにいるのに会えないから、「ロミオとジュリエットみたいだね」なんて言い合

入院先の病院近くの空

い、この習慣に「ロミジュリ」という名がつきました。「ロミジュリ」は1ヶ月くらい、毎日続いたんじゃないかな。その後も入院するたびに、彼女はそうしてくれました。ベタな言い方だけど、辛いときにこそ愛に救われると思いました。

この2年のあいだに、大小あわせて6度の手術を受け、今のところ外科手術で対処できるような腫瘍はすべて取り終えたという状態です。大きなものとしては、2021年10月と12月の2回に分けて、両肺にも転移していたガン腫瘍の摘出手術を行ないました。それぞれ3〜4時間くらいかかったはずです。

ただ、これでようやく最後だと思ったら、どうもまだ病巣は残っており、さらに増殖しているらしい。先生からそう聞かされたときは、ガクッときました。あとはひとつひとつ手術で取るのではなく、薬で全身的に対処するしかないそうです。終わりの見えない闘病生活ですね。

友達という存在

とにかく気が滅入っていた入院中の日々は、友達という存在についても考えました。ぼくは昔から、「自分には友達がいない」というのが口癖でした。そして、20年くらい前に一度、友達の定義をしてみたことがあったんです。

そのときの結論が、自分が本当に困った瞬間——例えば家が火事になったり、泥棒に入られたり、あるいはトイレの水が止まらなくなったり、そんなときに真っ先に電話できるのが友達だろう、と。そして今回、自らの死に直面して改めて、相談したいと思えるひとを数えてみました。すると、ありがたいことにアメリカにも、ヨーロッパにも、そしてもちろん日本にも何人かいる。友達とは思想信条や趣味が違っていたって、全然問題ないんです。ただただ、頼りになるひと。そんな存在が少なくても確実にいるので、それだけで自分は幸せだなと感じました。

　そのうちのひとりが、ドイツ人アーティストのカールステン・ニコライです。彼はアルヴァ・ノトという名義でミュージシャンとしても活動し、『Vrioon』（２００２年）や『Insen』（２００５年）から、映画『レヴェナント：蘇えりし者』（２０１５年）のサウンドトラックまで、一緒に手掛けた作品もいくつかある。

　最初の出会いは、彼が池田亮司くんと一緒に、青山のスパイラルでライブをしたときだと思います。カールステンは強面な顔つきをしていて、作る音楽も思いきり前衛的なポストモダンのスタイルだけど、「おとっつぁん」と呼びたくなるような、家族思いの気持ちのいい性格なんですね。それで、会ったその日から仲良くなりました。

　彼が生まれ育った旧東ドイツはヨーロッパの中でも田舎で、どこか日本と通じるところがあるのかもしれません。そういえば、メルケル前首相も東ドイツの出身ですよね。メディアを通して見る彼女も、どこか「肝っ玉かあさん」のような印象です。とにかく、大手術を控えたぼくがひょっとしたら医療事故で死んでしまうかもしれないという瞬間、真っ先に連絡したいと思ったのがベルリンに暮らすカールステンでした。そして彼はいつものように、親身になって話を聞いてくれました。

　かつてドイツ人アーティストのヨーゼフ・ボイスと韓国人アーティストのナムジュン・パイクは、ユーラシア大陸の端と端、８０００キロ以上もの距離を隔てて友情を育みました。自分たちを偉大なボイスとパイクになぞらえるのは、おこがましいかもしれないけれど、カールステンとの関係はそれに近いかなと思います。

時間の疑わしさ

音楽は時間芸術だと言われます。時間という直線の上に作品の始点があり、終点に向かって進んでいく。だから時間はぼくにとって長年の大きなテーマでした。

それでも自分自身が健康だった頃は、どこか時間の永遠性や一方向性を前提としていたところがあったのですが、生の限定性に直面した今、これまでとは違った角度から考え直す必要があるのではないかと感じています。単なる哲学的なアプローチだけではなく、より現実的に、本気で向き合わねば、時間というものの持つまやかしに騙されてしまうのではないか？　そんな思いがあって、アリストテレスから始まり、アウグスティヌス、カント、ハイデガー、ベルクソン、そして現代の物理学者らが時間について語ったことをこの数年読んできました。

なかなかうまい答えは見つかりませんが、ぼくの中でひとつはっきりしたのは、ニュートンが唱えた「絶対時間」の概念は間違っているということです。彼は、絶対時間は観察者とは無関係に存在し、いかなる場所でも一定の速さで進んでいく超経験的なものだと主張したわけですが、そんなわけはない。時間は言ってみれば脳が作り出すイリュージョンだというのが、ぼくの今のところの結論です。

それなのに、我々の生活様式は何世紀ものあいだ、ニュートン的な時間観念に基づいたルールに規定されてしまっています。もっと厳密に言うなら、19世紀末の感覚から変わっていない。いや、そのルールがより緻密になってきている。

そもそも各国の都市間で時間が統一されたのが19世紀の終わり頃です。ヨーロッパで鉄道網が発達し、もともと各都市でバラバラだった時間を統一する必要が生じました。実際にはスペインの首都マドリードの正午とポーランドの首都ワルシャワの正午——太陽が一日のうちでもっとも高くなる時刻——はズレているのに、あたかも同じであるかのように装うことになったわけです。それ以前は、都市間の時刻が10分遅れていようが、誰も気にしなかった。

そんな近代の時間への疑いの念が、最近の作品には現れていると思います。２０２１年に高谷史郎さんと作り上げたシアターピース『TIME』は、その名の通り時間をテーマにしていますし、その前年、東北ユースオーケストラのために書き下ろした新曲には、『いま時間が傾いて』というタイトルを付けました。

「時間が傾く」とは、ちょっと耳慣れない不思議な表現ですが、これはリルケの詩集『時禱集』を同じく詩人である尾崎喜八が訳した、冒頭の一節から取りました。この部分を引用してみます。

「時間は傾いて私に触れる、
澄んだ、金属的な響きを立てて。

私の感覚がふるえる。私は感じる、私にはできると——

そして私は造形的な日をつかむ。」

なかなか味わい深いですよね。普通に解釈すれば、教会の鐘が鳴り響く様子をリルケは描いたのだと思うけれど、尾崎喜八はそれを「時間は傾いて私に触れる」という日本語に置き換えました。言ってみれば、これは小林秀雄訳のランボーにも似た「超訳」かもしれない。でも、ぼくはこの独特の言語感覚が面白いなと思って、曲のタイトルに使わせてもらいました。『TIME』についても、『いま時間が傾いて』についても、追って詳しくお話しすることになるでしょう。

息子が教えてくれた曲

入院中は辛いことがたくさんあります。体力が落ち、免疫力も落ち、飲まなければならない薬も山ほどあって、身体もなかなか自由になりません。でも、そんな最中に、ふと音楽に心が奪われる瞬間が訪れる。そのときだけは、病気のことを忘れていられます。そして面白いことに、自分の作品となると音楽に集中していられる時間がより長くなるんですね。

例えば、『TIME』の発表に向けて、高谷史郎さんとオンラインで細かな調整のためのやり取りをしている時間――そのあいだだけは憂鬱な病室にいながらも不思議と、自分の身体の不具合を忘れていられました。音楽をやっていてよかったと思える瞬間でした。

ミュージックの語源はミューズ、つまりギリシャ神話に登場する、学芸全般の女神ですね。グラマラスな女神たちですから、こちらが手術直後のエネルギーがない状態のとき突然目の前に現れてしまったら、とてもじゃないけど受け止めきれない。そんなときは「もう少ししたらまた来てね」と一度帰ってもらって、音楽にもならない音をひたすら聴いていました。

ぼくにとっては、特に雨の音が良かった。ここ10年ぐらい、ニューヨークでもよく雨の音に耳を傾けていました。入院中も窓の外の雨に耳を傾けることもありましたが、降っていないときはYouTubeで8時間もひたすら雨の音を流し続ける動画を見つけて、一晩中かけていたり。自分の周りに360度降りしきる本物の雨の音とは違い、YouTube上の雨の音は圧縮された別物のはずなんですが、それでも心が落ち着きます。

こんなこともありました。入院中、息子がFacebookにポストしていたある曲を何気なく再生したら、イントロから歌に入って何小節かで不意に涙が止まらなくなってしまいました。アメリカのカントリー歌手ロイ・クラークの『Yesterday, When I Was Young』という曲です。

ぼくは普段、歌のある曲を聴いていても、歌詞の内容はほとんど頭に入ってこないような人間です。ましてロイ・クラークは、ぼくとは非常に縁遠いミュージシャンですから、自分がこれほど心を動かされるだなんて思ってもみませんでした。

ここで歌われているのは、自分の人生の肯定であり、同時に、もはや取り返しのつかないこともあるという諦めの境地です。時間の一方向性の先にある、苦い未来。きっと誰でも、どんな職業についているひとでも、時にはそうしたことを考えるでしょう。そしてこの年齢になったぼくにも突き刺さり、泣けて泣けてしょうがなかった。この曲を作ったのは、フランスのシャンソン歌手シャルル・アズナヴールです。40歳と、意外と若い頃に作られた曲のようなのですが、アズナヴール自身が晩年、ヨレヨレな感じで歌っているライブ映像も残っていて、それもとても味わい深い。

病気でもしなければこんな曲を良いとは思わなかったかもしれないし、歌詞の内容に耳を傾けられるようになったのは年齢のせいもあるかもしれません。だから、演歌だってまだきちんと聴いていないだけで、今なら若い頃とはまた違った受け止め方ができる可能性もあると思います。

寅さんだってそうですね。『男はつらいよ』シリーズの新作が毎年作られていた80〜90年代、ぼくたちの世代はそんな映画には目もくれずに「ハイテク」だの「ポストモダン」だのと言いながら、東京の街で遊び回っていた。だけど、その頃の寅さんも、昭和という輝かしい時代が既にもう取り返しのつかない段階まで来てしまったという、郷愁のテーマを扱っていたわけですね。

そうしたノスタルジックな感覚は、より敷衍（ふえん）して言うなら、変わりゆく地球全体の環境問題を考えることとも繋がります。だから自分が歳を取った今ではもう、『男はつらいよ』のタイトルバックに江戸川が映るのを見るだけで、号泣してしまいます。

突然の破壊衝動

ぼくはよく、既成の価値観を壊すような音楽を作っていると評されます。確かに元々あった音楽の方程式をなぞる行為は好きではなく、取り組むからには何か自分にとっての新しい挑戦をしようと常に心がけてきました。

でも、既成の価値観を壊すだなんていうと、まるで60年代の前衛芸術のようで、それはそれで抵抗がある。前衛が新しく後衛が古い、あるいは知識人は進歩的で大衆は保守的だという二分法自体、とっくに時代遅れですから。

広い意味で音楽の文法を捉えると、実はぼくのやっていることは決して新しくはないんですね。ぼくが生まれた1952年に、ジョン・ケージは『4分33秒』を発表しています。美術の分野でいうと、マルセル・デュシャンがレディメイドの『泉』を展覧会に出品しようとしたのは20世紀はじめの、1917年のことでした。

60年代後半に演劇、映画、文学、そして音楽の各ジャンルで起きていた前衛運動――要するに、古い価値観を壊して斬新なものを作ろうとしたムーブメントは、今日ではもう全然新しいものではない。これも時間論になるかもしれないけど、みんなで共有している一直線の歴史上の決まりごとが、現在は存在しませんからね。そしてぼくには政治方面はともかく、芸術文化面で今後、何か壊すべき強力な価値観が生まれるとは思えないのです。

人によっては、過去の達成を繰り返すことが快感になるという表現者もいるでしょう。でも残念ながら、ぼくはそうではなかった。かといって、現代の最高技術を取り入れて何かやってみようという気持ちも殊更ない。前衛などという大層なことは考えず、ただ自分が聴きたい音楽を作ろうと思ってやっているだけなんです。

だから、『TIME』の舞台を作り上げた瞬間に突然壊したくなったのは、自分でも驚きでした。インスタレーションでありパフォーマンスでもあるこの作品は、個人的にとりわけ思い入れの強いアルバムとなった『async』の続篇として取り組み始めたものでした。

ぼくはもともと計画性がまったくない人間で、今回は北アルプスを登ったから次は南アルプスを登ろうとか、そんなふうにキャリアを俯瞰して先の動きを決めることは一切なかった。40年間、ただ気の向くままに、その都度、ひとつ前とは全然違う仕事をしてきたと言ってもいいでしょう。性格的に明日のことも考えない、よく言えば「今」を生きるタイプの人間ですから。でも、『async』のリリース後だけは、自分にとってこの作品が大切すぎるからなのか、そこまで登ってきた山の向こうにさらに高い山があるような気がしたんです。これはもっと先まで行かないと損だな、という直観が働いた。

これもまた、あとで詳しく語ることになりますが、『async』は“asynchronization”の略で、「非同期」という意味です。いま世の中に流通するほとんどの音楽が同期を求める中で、ぼくはそれに異議を唱えたかった。これも時間という存在そのものへの懐疑ですね。背景には、自分自身の死生観の変化も当然あったでしょう。

入院やコロナ禍のせいもあり、直接現地で立ち会うことはできなかったのですが、2021年6月、オランダ・アムステルダムの芸術祭「ホランド・フェスティバル」で『TIME』は初演を迎えました。3日間で計3公演を行ない、ひとつ終わるたびに現地で指揮してくれている高谷さんにあれこれリモートでダメ出しをして、最終日にはかなり良いものができたと思えました。完成形という言葉はあまり使いたくないけど、3回目の公演時には『TIME』という舞台のあるべき形が見えたような気がした。ところが、不意にそのとき、自分の手でこの『TIME』という作品を破壊したくなったんですね。病気とも向き合いながら、4〜5年をかけて作り上げてきた、愛着のある作品をですよ。これも、それまで味わったことのない感覚でした。

なぜ自作に対して初めて破壊衝動が生まれたのか。そのことについては、今もずっとモヤモヤ考え続けています。きっとここにも時間のパラドクスが関係していると思うんです。Aを否定して、それに反するBと対峙して、結果としてCに辿り着くというヘーゲルの弁証法がありますよね。しかし、原因と結果をあらかじめ措定した考え方そのものに、既に時間のイリュージョンが含まれている。

だからひょっとすると、『TIME』を完成した作品として一瞬でも捉えてしまったことが、自分で耐え難かったのかもしれません。普通の舞台と比べれば、かなり即興性を持たせた演出をしてはいますが、それでも一度完成したと見なすと、作品を固定化することに繋がってしまいますから。今後、他の場所で『TIME』の再演をするとしても、ホランド・フェスティバルで上演したヴァージョンとはやや違うものになるかもしれません。

ぼくは昔からフォーマルなものが気に食わないのですが、その感覚は歳を重ねるごとに強くなっていると感じます。それで今は、ただ徒然なるままにピアノを弾いたりしています。一日数時間、ただ鍵盤に指を置いて出てくる音を楽しむ、それくらいの心構えでいいんじゃないかなって。

『戦メリ』に対する思い

少し前に受けたインタビューで、「せっかく生き長らえたんだから、残りの人生で『戦場のメリークリスマス』（1983年）を超える曲を作りたい」といったことを語りました。曲ができるときのひらめきは一瞬です。実際、『戦メリ』のメロディを思いついたのは、わずか30秒ほどだった。ピアノの前に座り、無意識に目を瞑って、次に目を開けた瞬間には、あのメロディが和音付きで五本線の楽譜上に見えていました。そんな馬鹿な、と思われるかもしれないけれど、本当のことです。だから、仮に1分でも2分でも命が延びれば、それだけ新たな曲が生まれる可能性も増すんじゃないかと。

ぼくが尊敬する音楽家たちも、亡くなる直前まで曲を書き続けていました。バッハは死の3ヶ月前に目が見えなくなり、彼が死の直前に取り組んでいたとされる『フーガの技法』の最後のフーガは、フレーズの途中でプツッと切れるように終わってしまっている。子供の頃にその曲を聴いていて、当時はなぜこの部分で突然終わるんだろう、と不思議に思っていたんだけど、作曲家がそこまで書いたところで失明したからだと後から知ってゾクッとしました。

また、50代で他界したドビュッシーの最後の曲は、お世話になった石炭商のおやじに捧げられたものです。第一次世界大戦でヨーロッパ中の物資が枯渇するなか、病に臥せるドビュッシーの家に、おやじは石炭を運んでくれていたらしい。そのおやじから頼まれて書いたのが『石炭の明かりに照らし出された夕べ』という短いピアノ曲で、それが遺作になってしまいました。そうした先達の姿を仰ぎ見ながら、自分も命が尽きる最後のその瞬間まで新たな音楽を作れたらと願っています。

でも、どうしていまだに『戦メリ』を超える曲を、と考えてしまうのか。もちろん、これがぼくの代表曲として広く世に知られているからですが、そうしたパブリックイメージに自分で嫌気が差して、実は10年くらいコンサートで封印していた時期がありました。世界中どこへ行っても「『戦メリ』を弾いてくれないか」と言われることに、いい加減、うんざりしてしまって。

それにもかかわらず、なぜ、また再び弾き始めたのか。きっかけは2010年の日本滞在中に、武道館でキャロル・キングとジェイムス・テイラーのコンサートを見たことでした。当然、ぼくを含む客はみんな、キャロル・キングの名曲『You've Got a Friend』を聴きたいんだけど、その日は焦らすように、なかなかやってくれない。最後の最後まで待って、やっとラストに演奏してくれたから、生で聴けてよかったと安堵して、アンコールもあったけどぼくはそこで帰ってしまいました。あれだけ『戦メリ』を弾いてやるものか、と意地を張っていた自分ですら、いざ他のアーティストの公演となると、代表曲をやらないことにイライラしてしまいます。だから、坂本龍一のコンサートに『戦メリ』一曲を目当てに来る人の存在も決して否定できない、とそのとき納得したんです。

もちろん今でも、「『戦メリ』で知られる坂本龍一」などと、この曲が枕詞のような形で紹介されることには抵抗がありますよ。だからある時期までは、そうした世間のイメージを壊したいと頑張っていたものの、このところはもう一周回って、そのために貴重なエネルギーを費やすのはつまらないな、と気持ちが変わってきました。

別に他人の認識を改めることを生きがいにしたくはないし、淡々と、自分の作りたい音楽を作り続ければそれで十分じゃないか。最後の一曲が必ずしも良いものになるとは限らないけど、「坂本龍一＝『戦メリ』」のフレームを打ち破ることを終生の目標にしたくはない。そのゴールに向かって、残された時間を使うのはアホらしい。さまざまな考えの変遷を経て、それが現在の偽らざる心境です。

両親の死

両親の死についても振り返っておきましょう。2002年9月28日に父の坂本一亀が亡くなったときのことは、『音楽は自由にする』(2009年)の中でも書きましたね。当時、ぼくはボサノヴァ・ツアーのためにヨーロッパにいました。そこに、腎臓を悪くして何年も人工透析を受けていた父の容態が悪化したという連絡が、母から入ったのです。

もしコンサートで自分の代役を立てることができたら、死に目にも会えるかもしれない。つまりその段階で日本へ帰るのかどうかの決断を迫られたのですが、ぼくは悩みに悩んだ末に結局帰らず、そのままツアーを続行することにしました。きっと仕事人間だった父なら理解してくれるだろうと思って。

訃報を受けたのはそれから1週間後、ベルギーからフランスへと移動するツアー用の寝台バスの中でのことでした。朝の4時頃だったはずです。もちろん覚悟はしていたけど、その瞬間、やっぱりダメだったか、と力が抜けたことを憶えています。うちの母はそれまで付きっきりで看病をしていたけれど、朝食のために15分くらい病室を外した隙に、父は息を引き取ったと聞きました。家族の死に際を看取ろうとしても、なかなか思う通りにはいかないものですね。

父が亡くなったあと、母はしばらく東京でひとり暮らしをしていました。母は母で甲状腺ガンをはじめ、さまざまな病気にかかってきたのですが、それでも手術のたびに尋常ではない回復力を見せ、何とかやってきたんです。

しかし、これまで身の回りのことはすべて自分でこなしてきた彼女も、だんだん掃除が満足にできなくなったりと、心配な部分が目立ってきた。そこで、2009年の夏に本人を説得して、病院に入ってもらうことにしました。本当はターミナルケアの施設がいいだろうと思いつつ、母がそれには拒否感を示すので、まずは一般病棟に治療のためと連れていき、その後、老人専門の病院に移りました。母は最初こそ「自分の家の方がいい」と愚痴を言っていましたが、次第に若い男性理学療法士を気に入ったらしく、どこかウキウキしているようにも見えましたね。

とはいえ、ぼくはニューヨークが本拠地なので、母を病院に預けてから「またこっちで仕事があるときは会いに来るからね」と言って一度は別れたんです。もちろん、もう80代だし、いつどうなるか分からないと思いながらも。幸い、その年の12月には日本でピアノ・コンサートがいくつかあり、ツアーの合間を縫って足繁く見舞いに通いました。

そして当初の予定では年の瀬に、またアメリカに戻るはずだったのですが、このときふと思い立ってニューヨークに住む親しい知人に、いま日本を離れても大丈夫だろうか、と相談してみることにしました。普段から「私には未来が見える」と話し、実際にその予言が当たると周囲で評判だった女性に。念のため付け加えておくと、いかにも怪しげなスピリチュアル系の人物ではなく、かつては芸能界でも立派な仕事をされてきた方です。

すると彼女は、「年明けの1月9日にお母様のエネルギーが見えなくなりますね」と言うんです。それを聞いて、言われたことを文字通り信じるわけではないけど、滞在を延ばすことにしました。外れたら外れたで、それでいいやと思ったんです。そうしたら、ぴったり1月9日の朝に母は亡くなってしまった。これには本当にびっくりしましたね。

このときも死ぬ瞬間には立ち会えていないのですが、すぐに病院へ駆けつけることができた。そして、ぼくが喪主としてお通夜や葬儀・告別式を取り仕切り、すべてが終わった1月20日にアメリカへと戻りました。20日の帰国便を取っておいたのも、その頃まで日本に滞在しておいた方が安心だろうという、年末時点での知人の予言に従ったものです。

ちなみに、母の葬儀に出席してくださった方への会葬礼状には、生前彼女が好きだった歌人・柿本人麻呂の、次の歌を引用しました。

「こもりくの　泊瀬（はつせ）の山の　山のまに　いさよふ雲は　妹（いも）にかもあらむ」

奈良時代、土形娘子（ひぢかたのをとめ）が亡くなって葬られた際に、人麻呂が詠んだ挽歌です。ぼくはひとりっ子ですから、母が亡くなって、ついに親子の中では自分だけになってしまった。家制度やお墓を守る文化にこだわる気はさらさらないけど、そう思うと、どこか寂しいものですね。

本来の生命のあり方

これまで何万年ものあいだ、人間はそれぞれの地域で、おじいさんやおばあさんが病気にかかると大してしてあげられることもなく、そのまま看取ることを繰り返してきたはずです。近代医療が存在しなくても、薬草を使ったり呪文を唱えたりと、老人を楽に逝かせてあげるための風習が部族ごとに継承されてきたのでしょう。

ただ、少し前に中沢新一さんに尋ねたことがあったんだけど、そういった人間の死に際をめぐる文化人類学的な研究は、意外なほど残されていないそうなんですね。だから詳しい方がいたら、ぜひ教えてほしい。有名な古代エジプトの『死者の書』には、死後の世界については記されていても、身近なひとを看取るときの文化は書かれていません。ぼくが生まれ育ったのも、言ってみれば都会の近代化された家庭でしたから、死生観の蓄積があるわけではありませんでした。これが2〜3世代前の地方の農村だと、また違ったのかもしれない。志賀直哉の小説にも、家族が臨終を迎えるときの様子が描かれていました。でもその一方で、今はもう日本のあらゆる地域で死生観を支えるバックボーンは失われてしまっているような気もする。だから、これまで聞き齧ったチベットの仏教や禅の死生観の断片を集めて、自分の死について考えているところです。

そういえば、アメリカ・インディアンの哲学をナンシー・ウッドがまとめた、『今日は死ぬのにもってこいの日』というタイトルの本がありますが、この感覚はちょっと面白いですね。ウォリアー（闘士）としてのプライドが込められた言葉なのか分からないけど、何がなんでも延命するのが善なんだという近代の考えを真っ向から否定する、このさっぱりした諦観には憧れがある。

加えて、こんな逸話も思い出します。決して大柄なわけではないのに足で床をバーンと踏み抜いてしまうほどの力を持った、肥田春充（ひだはるみち）という武術家がいました。肥田式強健術を創始した彼は、思想家としても知られた人物ですが、72歳のある日、人類の前途を憂えて49日ものあいだ水も飲まない断食を行ない、そのまま死んでいったそうなんです。とても真似はできないものの、これも壮絶な死に様だなと思います。

最初のガンが発覚した頃からずっと考えているように、これがもし100年前なら治療法がなくて、ぼくはもうとっくに死んでいます。よく喩えに出すのですが、江戸時代の終わりから大正にかけて生きた夏目漱石が胃潰瘍をこじらせて亡くなったのは、彼が49歳のときでした。それと比べたら、仮に最初のガンが見つかった2014年に62歳で死んでいても、十分長生きになるわけです。ちゃんと還暦も迎えて、往生したと周りも納得してくれたでしょう。還暦とは、生命のひとつのサイクルを指しますからね。

人間の寿命が80歳や90歳まで延びたのは、せいぜいこの30〜40年くらいのこと。20万年とも言われる人類の長い歴史で医療などなかった時代のことを考えたら、果たして無理してまで命を延ばすのがいいことか、分かりません。ぼくは、辛く苦しい治療を拒否して、最小限のケアだけで最期を迎えるという価値観が、世の中でもっと許容されてもいいと思う。その意味で、オランダやベルギーで合法化されている安楽死にも興味があります。

そう言いながら自分は放射線治療や外科手術をして、さらには化学療法まで受け入れようとしているのは、矛盾を感じますよ。身体よりも意識の方が遥かに保守的であることに悩んだりもします。でも、基本的には自然に生き、自然に死んでいくというのが動物の本来の生命のあり方だと思っているんです。人間だけが、そこから外れてしまっている。

ぼくは40歳を過ぎる頃までは健康のことなんて一切考えず、野獣のような生活をしてきました。その後、視力が落ちて自分の身体と向き合わざるを得なくなり、野口整体やマクロビオティックのお世話にもなりましたが、西洋医療の薬を日常的に飲むようになったのは、60代で最初のガンが発覚してからです。きっと、ガンになったのも何か理由があるのだろうし、結果的にそれで亡くなってしまっても、それはそれで本来の人生だったんだ、と達観している部分もある。

2021年1月の手術の直後に、ぼくは「これからは「ガンと生きる」ことになります。もう少しだけ音楽を作りたいと思っていますので、みなさまに見守っていただけたら幸いです」というコメントを発表しました。「ガンと闘う」のではなく、「ガンと生きる」という表現を選んだのは、無理して闘ってもしょうがない、と、心のどこかで思っているからかもしれません。

死後の世界

ジョディ・フォスター主演でロバート・ゼメキス監督が撮った、『コンタクト』という映画があります。ＮＡＳＡで惑星探査のリーダーも務めたカール・セーガンの小説を原作にしたＳＦ大作で、公開当時かなり話題になったので、ご覧になった方も多いでしょう。

フォスター演じる主人公のエリーは天文学の研究者で、幼い頃から宇宙には何か生命体がいるのではと興味を持ち続けていました。しかし、彼女の最大の理解者であった父は若くして亡くなってしまいます。そして映画の後半、宇宙船ポッドに乗り込んだエリーは、ワームホールを抜けながら時空間を移動した先で、青い海を前にし、白い砂浜に立つ最愛の父と出会う。実際にはそれは地球外の知的生命体が父の姿を借りて現れたものだったのですが、彼女はそれでもその再会に救われます。「この広い宇宙で、私たちは独りぼっちではない」というのが、この作品のテーマでした。

カール・セーガンはコーネル大学の教授でもありましたし、彼のアカデミックなキャリアを考えると、ここまでロマンティックな物語を描くことに普通は抵抗があるはずです。それでもセーガンは一流の科学者として活動しながら、同時にこうした想像力を持ち合わせていた。ぼくは、このことには重要な意味があると感じます。

もうひとつ思い出すのは、ぼくが敬愛するアントニオ・カルロス・ジョビンのエピソードです。故郷ブラジルの自然を深く愛していたジョビンは、エコロジストとして知られ、リオ・デ・ジャネイロで行なわれた地球サミットに曲を提供してもいます。そんな彼ですから、アマゾンの熱帯雨林が伐採されていくことには人一倍、ひどく心を痛めていました。

そのジョビンは生前、こんな言葉を残しています。

「神が、こうもあっけなくアマゾンで300万の樹木を打ち倒させているのは、きっとどこか別の場所で、それらの樹木を再生させているからだろう。そこにはきっと、猿もいれば花もあり、きれいな水が流れているに違いない。ぼくはね、死んだら、そこへ行くんだ」

よく家族で夜空を眺めては、「あのキラキラ光っている星が、亡くなったおじいちゃんだよ」と、親が子供に言い聞かせたりしますよね。科学的にいえば強い光を放っているのは遠く離れた恒星で、太陽の何千倍あるいは何万倍ものエネルギーを持っていますから、とても人間が住める環境ではないはずです。でも子供には、親のその言葉を信じたいときがある。

セーガンやジョビンの想像力、そして死んだらお星様になるという素朴なファンタジーを、今のぼくは決して否定したくありません。果たして死後の世界があるかどうかは分からないけれど、ぼんやりとそんなことを考えています。

2　母へのレクイエム

イタリア、レッジョ・ネレミリアでのリハーサル

『音楽は自由にする』

２００９年のはじめに、その時点、57歳になった頃までの活動をまとめた自伝『音楽は自由にする』を刊行しました。本音を言うと、断片的な記憶を整理してひとつのストーリーとして語る、なんてことは性に合いません。リニアな時系列に対する違和感もある。それでも病を得て、残された人生の時間を意識せざるを得なくなった今、過去十数年の活動を改めて振り返ってもいいのではないかと思い、ここからは09年以降の足跡を辿ってみることにします。

『音楽は自由にする』というタイトルは、一聴すると、日本語としてどこかしっくりきませんよね。「は」という助詞の使い方がおかしいじゃないか、と感じるかもしれない。ただ、これはドイツのナチス政権がユダヤ人強制収容所の門に掲げた標語「Arbeit macht frei（労働は自由にする）」をもじって、あえて使った表現なんです。だから『音楽は自由にする』をドイツ語にすると「Musik macht frei」、英語だと「Music sets you free」ということになる。

背景には、本の最後に触れた２００１年のアメリカ同時多発テロ事件と、その後の世界の変容がありました。もちろんテロリズムは恐ろしいことです。ぼくはニューヨークでワールド・トレード・センターが崩れ落ちる瞬間を目撃しましたし、恐怖の感覚を肌で知っている。しかし、9・11の直後から「テロリスト憎し」でアメリカが帝国主義的に振る舞うようになったことにも、同じくらいの危機感を覚えました。21世紀の入り口で、アメリカに付くべきかテロリストに付くべきかという大きな分断が示されてしまったわけです。

　そんな、どちらに味方しても武力行使は避けられない状況下で、音楽に何かできることがあるんじゃないか。やや楽観的に過ぎるかもしれないけれど、当時のそんな素朴な願いを、『音楽は自由にする』というタイトルには込めました。政治問題に限らず、その後、ガンという別の桎梏に囚われてから、この気持ちは一層強くなっています。身体が自由にならなくても、音楽を作ったり聴いたりしているときだけは、痛みも不愉快な思いも忘れていられる。「Music sets me free」なのだと、しみじみ感じます。

　きっと、月にも音楽と同じ効能がありますよね。以前、京都の桂離宮を訪れたら、庭園内に「月波楼」という月を見るためだけに作られた庵があって感動しました。きっと江戸時代の貴族たちは、夜になるとここで月を眺めながら、お茶やお酒を嗜んでいたのでしょう。今となれば鄙びた建物だけど、縁側がちょうど池に面していて、彼らは水面に映る満月の姿も愛でていたのかもしれない。ぼくたちが音楽に耳を傾けながら心がふっと楽になるのと似たようなことが、月によってもたらされていたのだと思います。

　それは言ってみれば、言語以前の享楽です。80年代にソニーのウォークマンのCMで、猿がイヤフォンで音楽を聴きながら気持ちよさそうに目を瞑る映像があったけど、動物だって音楽を聴いたり、満月を見たりすれば、何かを感じないわけがありません。詩人なら、その感覚を言語化することもできるのでしょう。でも、その能力がない普通のひとは、ただ感じることしかできない。そのとき人間の脳で起きていることは、おそらく動物の脳で起きているのと同じことだと思うんです。太古の昔に生きた恐竜が持っていたのと同種の感覚を、ぼくたちはみんな持っている。

生物学の分野でも哲学の分野でも「動物に感情はあるのか?」という議論を目にしたりするけど、ぼくに言わせれば「ふざけんじゃねえ、あるに決まっているじゃないか!」のひとことです。

10年ほど前に話題になった何枚かの連続写真があります。道端に燕の夫婦がいて、どうやら妻の方が少し前に交通事故に遭ってしまった。その怪我を負ってグッタリした妻のもとへ、夫の燕が何度も頑張って餌を運びながら、励まし続けるんですね。だけど最後には妻が力尽き、死んでしまう。すると、それを知った夫が大きな口を開けて「ピーッ!」と、全力で叫ぶ——その一連の様子がカメラで捉えられていました。本当に辛く、悲しい場面です。この写真を見ながらぼくは、人間の感情だって彼ら動物から受け継がれているんだと思わずにはいられませんでした。

北極圏への旅

『音楽は自由にする』の刊行直後、3月には、前作『キャズム』(2004年)から5年ぶりのオリジナル・アルバム『アウト・オブ・ノイズ』をリリースしました。もっとも、制作自体はその前の年のことで、前著における記述と重なる部分もありますが、少し遡って振り返ってみます。

このアルバムと切り離せないのは、２００８年のグリーンランドへの旅の経験です。その年の夏前に突然、「北極圏へ行きませんか?」という誘いが舞い込んできて、既にアルバム制作には入っていたから一瞬迷いはしたものの、滅多にないチャンスだし、思い切って行ってみることにした。イギリス人のアーティスト、デヴィッド・バックランドが始めた「ケープ・フェアウェル」というプロジェクトで、この当時は毎年実施され、07年には高谷史郎さんが参加していました。出発は9月で、50人ほどのチームの中には、アメリカ人アーティストのローリー・アンダーソンもいました。

グリーンランドは地球最大の島で、ものすごく大きい。ぼくたちはその一部を、60年代のソ連のスパイ船を改造して作られた観光船に乗り、10日間をかけて旅していきました。巡ったのはグリーンランドの西側で、オーロラを見るには緯度がやや高すぎるかもしれないと言われていたんだけど、それでも夜になると、運よく目にすることができました。

オーロラは、太陽から飛んできた粒子の「風」が、地球の大気にぶつかることで生じる現象ですよね。頭にそんな知識を持っていながら、一瞬ごとにゆらゆらと姿を変えていく緑色の光のカーテンを実際に目の当たりにしたら、ただただ感動した。これも、まさに動物的な官能だったと思います。こんな崇高な光景を前にすると、自然は我々の想像力をはるかに超えていて、人間が地球の環境を守ろうとするなんておこがましいな、とすら感じました。もちろん天体としての地球は、人間がいようといまいと、あと50億年はびくともしませんが。

ただ、そんな北極圏にもちゃんと人間は住んでいて、イルリサットという人口４５００人ほどの町に寄港すると、巨大なスーパーマーケットにコカ・コーラのボトルが並んでいて驚きました。近くにはチャイニーズ・レストランもあった。とはいえ、昔からここで暮らすイヌイットが主に食べるのは、鯨やアザラシの生肉や干物だったりするんですよね。ぼくは日本人で、馬刺しやユッケだって昔から食べ慣れているから抵抗がなかったけど、一緒に旅をしていた西洋人たちの多くは動物愛護者で、それと同時に、リベラルな文化人として現地の風習をリスペクトせねばとも考えているから大変です。みんな顔を顰めながら、生肉を恐る恐る口にしていました。

この旅では、船上からたくさんの氷山を間近に見ることができました。湖のように静かな海の上に、無数の氷山がポコポコと顔を出していて、ゆっくりと動いていくんです。その様子はまるで『風の谷のナウシカ』に出てくる、謎めいた「王蟲（オーム）」のようでした。あたかも生き物みたいで、ぼくは特に気に入ったひとつを「氷山ちゃん」と呼び、船から手を伸ばして撫でたりもしていました。「氷山の一角」という表現がありますが、海面上に現れているのは全体のせいぜい7分の1程度なのだそうです。ときどき重量のバランスが崩れてひっくり返ったりもするから、本当は近づきすぎると危ないんだけど。

氷山はもともと氷河で、海に出っ張った部分がバキッと折れることで生まれます。大きな氷河の場合、一番下の部分はなんと25万年も前にできたもので、厚みが実に3000メートル以上にもなる。割と新しい氷河でも、下の部分は5000年も前に結晶したと聞きます。天文学的な重量がかかっているので、氷の中にほとんど空気がなく、これまで一度として見たことのない綺麗な色をしていました。

その後、ぼくたちの一行が船を降りて上陸したのは、比較的若めの氷河だったはずです。季節は夏をわずかに過ぎた頃だったけど、氷河の上に降り立つと、じっとしていたら耐えられないくらいの寒さでした。でも参加者はみんなアーティストだから、過酷な環境下でも匍匐前進をしてみたり、フィルムを回したりと、方々で勝手に活動していましたね。

ぼくはと言えば、少し離れたところにピラミッド型の洞窟があるのを見つけて、そこまで歩いてみることにしました。だけど、周囲の風景が見渡す限り白一色だし、あまりにも巨大なスケールだからか、なかなか辿り着かない。よく映画に砂漠の場面が出てくると、近くに見えるはずの場所が意外と遠いという演出がなされますが、それとまったく同じで、三角形をした洞窟に到着したのは、そこへ向かって歩き始めてから45分後のことでした。そして、洞窟の中で鐘を「チーン」と鳴らし、その音を録ってみたんです。他にも、雪が溶けていく過程を録音したり、海中にマイクを沈めたりと、『アウト・オブ・ノイズ』にはグリーンランドでのフィールド・レコーディングの成果が存分に活かされています。

何より、この旅の経験自体が自分の価値観に大きな影響を与え、帰ってからしばらくは、魂を氷河の上に置いてきてしまったような虚脱状態にもなりました。そんな内面の変化もあり、出発前に進めていたアルバムのための制作物はほとんど破棄して、ニューヨークに戻ってから新たに作り直すことにした。結果として、収録した12曲でひとつの大きな山水画に見えるような、全体に静謐なトーンを持った作品になったと思います。

『アウト・オブ・ノイズ』

実は『アウト・オブ・ノイズ』というタイトルは前段を省略していて、自分にとってのプロジェクト・ネームは「Music comes out of noise」でした。つまり、「ノイズの中から

船上からグリーンランドの氷山を望む
Photo courtesy of Cape Farewell

音楽がやってくる」。ただし、彫刻家のミケランジェロのように、大理石を見た瞬間、そこにダビデ像の姿が浮かび上がってくるといったニュアンスとはちょっと違って、ぼくにとっては砂遊びに近いものなんです。

公園の砂場で、子供たちが何を作ろうというわけでもなく戯れているうちに、盛った砂が時に橋になり、時に王宮になっていく。あらかじめ設計図があるわけではないんです。『アウト・オブ・ノイズ』も、雑音を聴いているうちにそこに音楽が浮かび上がってくるような作品に仕上げたかった。テレビがアナログ放送の時代は、その日の番組が終わった深夜帯に「ザーッ」という耳障りな音とともに砂嵐が流れましたよね。酔っ払いながらその砂嵐をじっと見つめていると、そこに何か像や音楽が浮かんでくることがありました。そんなイメージに近いかもしれません。

建築家はちょうど逆のアプローチをしますよね。最初に完成形の模型を作り、細かな構造計算をして、どれくらい堅牢かということを確かめてからでないと、実際に建て始められない。でもぼくは、プラトンのイデア論のように、前もって設定した青写真に近づけていくというやり方には面白みを感じられないんです。

もっとも、東京藝術大学に入るための受験勉強では、そうした方法論も学ばされましたよ。藝大作曲科の実技試験では、5時間ほど教室に詰められて「このテーマでフーガを作りなさい」といった課題が与えられます。そして、そこで評価を得るための方程式が存在するんですね。だから高校3年生の夏休みには、40日くらい休みなく先生のお宅に通い、対策をしていました。点数は結構よかったはずだけど、その反動で嫌になってしまったのかもしれない。

テーマが先に決められていると、与えられた空間の中に音を置いていくしかありません。お題から、この曲は19世紀のロマン派のスタイルで作ればいいのか、仮にそうなら前期か中期かといったことをまずは分析し、次にベートーヴェンやシューマンなど、具体的にどの作曲家に寄せるのが得策かと考える。さらに、パートごとに20小節にするか、40小節にするか、といった枠を固めれば、自然と求められていた曲が完成するわけです。例えばソナタは、大きくいうと提示部・展開部・再現部という3つのパートに分けられますが、最初の部分は何小節、真ん中は何小節、最後は何小節、とそれぞれの比率もおおよそ決まっています。あとはその法則に準じて音を埋めていけばいい。

ぼくが映画音楽を得意とすると言われるのは、ひょっとすると、必要となればこういった構築的なアプローチも取れることと関係しているのかもしれません。でも、自分のオリジナル・アルバムでは、それとは逆の方法を取りたいと常に思っています。

フランス政府からの表彰

『アウト・オブ・ノイズ』をリリースした直後には、日本国内で全24公演のツアーを行ないました。ぼくひとりでのピアノ・コンサートです。ただし、ピアノ・ソロと言っても、このツアーに持っていったピアノは2台ひと組の特殊なもので、1台はぼくが演奏し、もう1台は鍵盤の動きをプリセットした自動演奏になっていました。

このときのライブ音源は、終演後最短24時間でiTunes Storeにアップし、厳選した27曲を『Playing the Piano 2009 Japan』（２００９年）に収録しています。とりわけ『アウト・

オブ・ノイズ』の最初の曲である『hibari』は、すべての会場で弾いたから、全24テイクを一通り聴くだけで4時間もかかってしまい大変でした。

春に実施したこのツアーでは、ちょうど桜前線とともに西から東へと移動していきました。印象的だったのは、「北越」という特急列車に乗って新潟市から富山市まで移動しているときに出会った山桜です。電車の窓から何気なく山の様子を眺めていたら、たくさんの木々が立ち並ぶ中で突然ピンクの塊が現れて、実に美しかった。一年のうち、山があの色に染まるのはわずか1〜2週間ほどだと思うんです。そのタイミングにたまたま居合わせることができました。ぼくは上野公園にあるような、人間の花見のためにズラッと並べられたソメイヨシノはあまり好きにはなれないんだけど、不意に自然の山桜を目にして、本来の桜の美しさはこっちだ、と確信しましたね。

7月には、フランス政府から芸術文化勲章オフィシエを授与されました。映画『戦場のメリークリスマス』でお世話になった大島渚さんや北野武さんも、過去に同様の勲章をもらっています。

このときの授章式は、東京のフランス大使館で行なわれました。ぼくは14歳の頃、自分はドビュッシーの生まれ変わりに違いない、将来はパリの16区に住み、ブローニュの森を散歩するんだ、と真剣に思い込んでいたようなイタい奴でした。そんなこともあって、大使館の職員からドビュッシーの名前も交えながら授章理由が読み上げられたときは、少年時代の夢が叶ったようで、それなりに感慨深かった。

フランス文化省の出すコマンドゥール（騎士団長）、オフィシエ（将校）、シュヴァリエ（騎士）という勲章は、もともと軍隊内の階級に由来します。だから、もしもこの先、十字軍が再びエルサレムに遠征することがあれば、ひょっとして自分も将校として召集されるんじゃないかと思い、スピーチでは冗談めかして「決してそんなことが起きないことを望みます」と述べました。

ぼくはもうおじいさんだから、さすがに戦場の最前線には派遣されないだろうけど、軍楽隊のために曲を書け、と命令されることはあるかもしれません。ちなみにこのとき、記念品としてオフィシエのバッジをもらいました。一度も使ったことはないけど、ひょっとして予約の取れないフレンチ・レストランにこれを付けていったら、特別に入れてくれたりするのかな。

寝台バスでのツアー

それから10月から12月の頭にかけて、そのフランスでの公演を含む、大規模なヨーロッパ・ツアーを行ないました。春に日本国内を回ったのと同じスタイルの、ピアノ2台を使ったソロ・コンサートです。

世界的に音楽のマーケットがシュリンクしていき、『アウト・オブ・ノイズ』はその状況を逆手に取って好き勝手に作らせてもらった面もあるけど、比較的よく知られたピアノ曲で坂本龍一を改めて認識してもらう機会を作るべきではないか、特に日本以外の国では、ピアノを弾く坂本の姿が見たいという声が根強いのだから――と、プロデューサーでもあるパートナーに諭され、採算度外視で、このツアーを行なうことに決めました。

というのは、2台を同時に使用する特殊なシステムを組んだピアノ・ソロということで、そのための機材をヨーロッパの各地へ自分たちで持ち運ばなくてはならなかったんですね。表向きステージに上がっているのは自分ひとりだけど、ピアノが2台になり、しかも1台はコンピュータ制御で、さらに映像も流すとなると、後ろにいるスタッフの数は普通のピアノ・ソロ・コンサートよりずいぶん多くなってしまう。はっきり言って、やればやるほど赤字でした。

ヨーロッパ・ツアーは、たいていイギリスの会社が運営する大型の寝台バスを借りて、各地の会場を回っていきます。2階に約20人分のベッドが置かれ、1階にはラウンジと小さなキッチン、そしてトイレが備えられている。イタリアの細い路地だって、このバスで通ってしまうんです。このときはピアノ2台を載せたトラックも、すぐ後ろからついてきました。

こうした大型バスはヨーロッパ中に限られた数しかないそうで、同時期に例えばローリング・ストーンズがツアーをしていたりすると、設備が良いものはそちらの方に回されてしまう。ドライバーはバスごとにふたりいて、ドライバーひとりが毎日8時間までしか運転してはいけない決まりになっており、時間が来ると交代していました。

以前に、これとは別のヨーロッパ・ツアーの過程で、こんなことがありました。フランスのパリからイタリアのミラノへ向かうときに、本来の到着予定時刻を過ぎても、なかなかドライバーから声がかからない。揺れもないから、しばらく停車しているんだな、と思って一旦は寝たんだけど、何時間か経って目を覚ましても、相変わらず動く様子がありません。それで、いよいよおかしいぞ、と思い、恐る恐るカーテンを開けて外を見たら、どうやら自分たちが巨大な倉庫の中にいることが分かった。ドライバーに聞くと、バスが故障してしまったようなんですね。なのに運悪くその日が休日で、メカニックがおらず、いま電話で呼び出しているんだ、と話していました。

結局、そこはミラノのはるか手前、フランスとドイツの国境近くの都市ストラスブールだと判明し、倉庫の中で半日間も足止めを食らうことになりました。この日はツアー中の久々のオフで、クルーはそれぞれに買い物に行こう、ご飯に行こうと言い合ってミラノでの休日を楽しみにしていたんだけど、予定がすべて飛んでしまった。でもそんなトラブルも、今となってみれば愉快な思い出です。

演奏が変わった夜

それまでも、ひと月程度の長さのツアーは何度かありましたが、このときは50代後半という年のせいもあって、旅に出てから4週間を過ぎる頃には、さすがに身体的にも精神的にも辛くなってきました。しかし、スケジュールはみっちり組まれているから、毎日、あるいは1日おきに、修行僧のように繰り返し演奏するしかない。その都度、その都度が、真剣勝負です。

ぼくは昔から、ピアノの練習が嫌いでした。本番でお客さんを前にして弾かなければ本当の練習にはならない、というのが持論で、自慢をするわけじゃないけど、リハーサルだってろくにしない。他のミュージシャンを見ていても、その説が成り立ちます。このひとの演奏は上手いと感じていたミュージシャンが、さまざまな事情があって人前に出る機会が減り、何年か経つともうすっかり華がなくなってしまう。つくづく残酷なものだと思います。役者もそうですよね。人前で演技をして、初めてプロとしての顔ができていく。家でいくら稽古したって意味がありません。

だから逆に言えば、こうやってツアーでお客さんの前で何十公演もこなしていると、次第に演奏の質が変わってくるのです。ヨーロッパの各地を回ったあと、11月末にはイギリス・ロンドンのカドガン・ホールでコンサートを行ないました。900席ほどの決して大きくはない会場でしたが、この夜の公演のことは、はっきりと憶えています。

よくアスリートが、「ゾーンに入る」という言い方をしますよね。それと同じことが自分の身にも起きて、一切雑念のない状態のまま、気づいたら2時間の演奏を続けてしまっていた。大袈裟に言うなら、音楽の神様が天から降りてきて、フックで引っ掛けてひとつ上のステージに載せてくれた、という感じでしょうか。それまではピアノをコントロールしようとする能動的な考えが頭のどこかにあったのですが、そういった邪念が一切消え、ただ無心のままに指だけが動いていた。ミスタッチもまったく気にならなくなって、いつも近くで見ているパートナーに言わせると、この日の公演を境に演奏のレベルがはっきりと変わったんだそうです。

こういったことは、稀に起きるんです。その前の経験は、ギリシャのアテネにある、アンフィテアトルムでのことでした。2世紀に建てられた、5000人もの収容人数を誇る円形劇場です。確か1996年だったと思うけれど、このときはトリオでのコンサートで、最初の曲を弾こうと鍵盤に指を置いたら、あとはもう、そのまま止まらなくなってしまった。ひょっとすると30分くらい、我を忘れてひとりで演奏してしまったんじゃないかな。

しばらくしてチェロとヴァイオリンの奏者がぼくの顔をまじまじと見つめているのに気

づき、ああ、と我に返って、そこからようやく3人での演奏を始めました。曲の合間にふと背後を振り返ると、ギリシャ建築のコラムのあいだから月が姿を現していました。

「空即是色」の世界

ツアー後は一度ニューヨークへ戻り、年が明けて２０１０年の3月にイタリアのローマで、高谷史郎さんとの共作インスタレーション《LIFE – fluid, invisible, inaudible...》の展示を行ないました。原型は１９９９年に発表した、20世紀を総括しようという思いきったコンセプトのオペラ『LIFE』です。２００７年に山口県のＹＣＡＭ（山口情報芸術センター）での滞在制作で、このオペラを解体して美術作品へと再構築し、その後も少しずつアップデートしながら展示を続けています。

21世紀になって間もなく、ぼくはアフリカのケニアへ旅をして、サバンナで見た雲の動きから、雲のもとになっている水という存在に興味を持ちました。その後、北極圏で氷山と出会ったことで、やはり氷のもとになる水の存在への関心がいっそう強くなっていきました。作品名にある「fluid」は「流体」という意味ですが、このインスタレーションを通じて、形があるようでない「空即是色（くうそくぜしき）」の世界を表現できないだろうか、と考えた。高谷さんと話して構想を練っているうちに、天井から9つの水槽を吊るし、それぞれ内部で水蒸気を発生させて、上からのプロジェクションをスクリーン状の霧の上に投影する、というアイディアが彼から出てきたので、すぐに賛成しました。

翻って、人間の言語の機能について考えてみると、言語というものは実際には形のないものにまで、枠を与えてしまいます。「霧」と聞けばそこに霧という存在が見えてしまうし、「空」と聞けば空という区切りがあるように感じられてしまう。子供が花の絵を描くときだってそうですよね。きっと多くの子は花びらと雄しべや雌しべを描くだろうけど、この選択だって言語にかなり影響されているはずだと思うんです。

本来、自然界はすべて繋がっているのに、言語によって線引きが与えられます。もちろん、それによって得られるものもあるのでしょうが、どうもそれが人間の間違いの原因じゃないかと、歳を重ねてから感じるようになりました。だから《LIFE - fluid, invisible, inaudible...》では、次々に変容していく水の形態を、その総体として表現してみたかった。

福岡伸一さんの『動的平衡』で詳しく説明されていますけれども、そもそもぼくたちの身体だって、実は多分に流動的なものです。なのに、言語と結びついた瞬間に固定されてしまう。思えば、ロゴス的な認識から逃れ、ピュシス――自然そのものに近づきたいという願いが、この時期からあったのですね。

テレビの可能性と限界

4月からはNHKのEテレで、『スコラ 坂本龍一 音楽の学校』の放送が始まりました。2008年から刊行してきた音楽全集『commmons: schola』のシリーズを面白がったディレクターが、その内容を発展させて中高生をメイン・ターゲットにした教養番組を作りませんか、と声をかけてきてくれました。「スコラ」は、ラテン語で「学校」という意味。全集を作る過程で培った知識を、より多くのひとたちに届けられるのではないかと思って、引き受けました。

番組では、ぼくがメインの講師となり扱うジャンルや作曲家を決めて、浅田彰さんや小沼純一さん、岡田暁生（あけお）さんらをゲスト講師に招き、レクチャーを行ないます。理論を踏まえた実演には、YMOを一緒にやっていた細野晴臣さんや高橋幸宏くんにも参加してもらいました。ひとつのテーマを4週間にわたって掘り下げ、古典派からロック、電子音楽までさまざまな題材を扱いながら、14年のシーズン4まで放送が続きました。

ただ、この仕事は事前に予想していたよりずっと大変でした。「commmons」で出したCDブックのように、活字になるなら後から細かく確認して補えばいい部分もあるけど、テレビでは話した内容がそのまま使われる可能性があります。ぼくはついペラペラ適当に喋ってしまう癖を自覚しているので、間違ったことを口にしないよう、収録前にみっちり予習をしていました。やっぱり見ている人の数が桁違いだから、プレッシャーもすごかった。

そのなかでもとりわけ印象に残っているのは、ドビュッシーの回です。ドビュッシーは『海』や『雲』という題の曲を残していて、彼も同じく水という存在に惹かれていたのを知っていたから、このときは子供たちと一緒に水を張ったタライを楽器に見立ててセッションしてみたんです。それから、ロックを扱った回で、10代のバンドにYMOの『ビハインド・ザ・マスク』（1979年）を自由にアレンジしてもらったり。そんな若い子たちのクリエイティビティに触れられたという意味では、貴重な経験になりました。

でも一方では、テレビの限界も感じてしまいました。というのは、出演者を決めるときに、制作サイドがまず「いい子」を選んできてしまうんですね。学校単位なのか、地域単位なのか、どんな母体から選んでいるのかは分からなかったけど、とにかく聞き分けがいい子を揃えてくる。結果として、どこか結論ありきになってしまって、収録中に予定調和ではない新鮮な面白い音と出会うことは珍しかった。

一度、この番組とは別に、宮崎県の諸塚村（もろつかそん）で似たような音楽のワークショップをやったことがありました。そのときは小・中学校の生徒の全員参加で、なかにはちょっと自閉症っぽい子もいたんだけど、その子が出す音が抜群に良かった。これは決して贔屓目で言っているのではないのです。先ほどの話とも繋がりますが、やっぱりぼくは、あらかじめ描いた青写真に近づけていくというアプローチに、生理的に拒否反応を示してしまうんですね。

そんなこともあり、台本を作り込んでくる『スコラ』の制作陣に対して、仕舞いには「ふざけんな、あるがままにやらせろ！」と、カンカンに怒ってしまいました。教育番組なのに、子供よりもむしろ大人への指導で骨が折れる経験をした。こういう言い方をすると年寄りじみていて嫌だけれど、ある意味では日本の劣化を感じてしまいました。

高度成長期の60年代は、もっとデタラメを歓迎する空気が世の中全体にあったはずです。70年代になっても、テレビをつけるとメチャクチャな番組を平気でやっていた。クレージーキャッツがいなくなってから日本に自由がなくなったと、つくづく思います。映画『日本一の裏切り男』のラストで、議員秘書になった植木等は国会議事堂のてっぺんによじ登り、「どうだ、日本列島、居抜きで売った！」と観客に向かって呼びかけ、買い手を募ります。昔はこんなブラック・コメディが毎日のようにお茶の間に流れていたのに、今だと「不謹慎だ！」とクレームが殺到して、テレビ局が炎上しかねませんよね。下手をすれば、制作者が侮辱罪で捕まってしまう。実に息苦しい時代になったな、と感じます。

縄文時代の音楽

中沢新一さんとの共著『縄文聖地巡礼』を刊行したのは、この年の5月末のことです。雑誌『ソトコト』での対談をまとめたものでした。中沢さんと初めてお会いしたのは、今や忘れ去られた「ニューアカ」ブーム真っ只中の80年代前半で、浅田彰さんとも同じ頃に面識を得たんじゃなかったかな。中沢さんは『チベットのモーツァルト』、浅田さんは『構造と力』がベストセラーとなり、時代の寵児となっていました。『縄文聖地巡礼』の企画では、そんな同世代の中沢さんに解説者になってもらい、日本の各地にある遺跡を訪ねていきました。

「縄文時代」と一口に言っても、カバーする範囲は1万年にも亘ります。そして、仮に同時期に作られた土器だとしても、地域によって出土品の見た目はまったく違い、例えば福井県の若狭で見つかるのは文様が比較的簡素な、のちの弥生土器にも似た綺麗なものでした。それはこの土地が日本海に面し、朝鮮半島に近いこととも関係があるのかもしれません。一方、隼人の居住した薩摩、現在の鹿児島県で見つかったものは、東南アジアの国々でも使われていた、貝殻を使って文様を付けた土器にそっくりだった。だから、素人ながらに、それらを「縄文土器」と一括りにはできないな、と思いました。

国家という概念も持たない当時の人々は、多くても300人くらいの単位で集落を作り、日本列島の西から東までさまざまな場所で自由に暮らしていました。当初は集落が違う人々はお互い言葉も通じなかったでしょう。それでも、次第に交易が発達し、神津島(こうづしま)で採れた黒曜石が海を渡った本土だけでなく、さらに北上して北海道で発見されたりもしています。特に縄文時代の中期は、青森県の三内丸山が交易の一大拠点になっていたようですね。そして、他の地域との取引のため共通言語や数字の概念が必要になり、現在の日本語の母体となる言葉が自然に生まれたのではないか――というのがぼくの仮説です。

この仮説は、アフリカを訪れたときの経験から導いたものです。東アフリカの共通語はスワヒリ語なのですが、現地の人々はそれに加えて、自分たちの部族のローカルな言語も使いこなすことができる。スワヒリ語にはアラビア語起源の語彙が多いそうです。昔、アラブ系の商人が交易のために東アフリカを回ったことがきっかけとなり、異なる部族間を繫ぐ共通語が発展していった。だからスワヒリ語は、必ずしもアフリカのオリジナルの言語というわけではないのですね。

広大な国土を持つ中国も、かつては山を越えれば言語が変わるほど、地域ごとに使う言葉が違っていた。フランスにしても、南仏アヴェロンに生まれた昆虫学者のファーブルは、30代でパリへ出ていったら言葉が通じなくて困ったといいます。きっとネーション・ステート（国民国家）の体制が作られるまでは、ある意味すべての土地がマージナル（周縁的）だったのでしょう。

もちろん、それは日本にしても同じことで、ぼくは10代の頃から誰に教わったというわけでもなく、日本人のルーツが決してひとつではないのだと確信していました。自分たち日本人が「大和民族」という単一民族からなる国家なのだという神話への、生理的な嫌悪感もあった。

小学校に入る頃、新宿駅にテレビが置かれていて、プロレスの試合が中継されると道行く人々がそこで立ち止まり、熱狂して見ていました。そして、新宿駅が埋め尽くされるほどの人だかりが、力道山に向かって一斉に声援を送っているんです。本当は、力道山は現在の北朝鮮の咸鏡南道（ハムギョンナムド）出身なのにもかかわらず、あくまで「日本人」として。だけど、ぼくはその群衆の一員になることに抵抗があり、相手のハンガリー系アメリカ人のレスラー、鉄人ルー・テーズをひとりで応援していました。

　話が逸れましたが、縄文時代に戻ると、学校の歴史の授業では一般的に、稲作が始まってから人々は定住するようになったと教わりますよね。でも、中沢さんと旅をする過程で、その通説は間違っているのだと思いました。というのは、狩猟民族であったはずの縄文人が既に定住を行なっているからです。調査によると、三内丸山遺跡の場所では、人々が実に１７００年ものあいだ生活を営んでいた。ところが、我々はその事実を無視して、農耕が定住に繋がり、それが国家の誕生に繋がったのだとする単純なストーリーの方を好んでしまいます。これも人間が持つ言語脳の悪い癖かもしれません。

　そして、この『縄文聖地巡礼』におけるぼくの最大の関心事は、その頃の人々がどんな音楽を奏でていたのか、ということでした。その頃の出土品で、はっきり楽器だと特定できるものはありません。でも、ここに弦を張ったら琴になるな、と思わせる道具を、青森県の資料館で見たんです。確か、木を素材にしていました。もし骨で楽器を作ればもっと長いあいだ、形が残る。ヨーロッパでは実に4万年も前の、鳥の骨にいくつかの穴を空けて作った笛が見つかっています。穴がひとつの単音の笛だったら、ひょっとしてチンパンジーも「ププーッ」と遊びで吹いてみることがあるかもしれない。だけど、穴を複数空けた背景には、ピッチを変えてやろうという目論見があったわけですからね。そこには文明を感じます。

縄文時代にどんな音楽があったのか、もちろん今となっては想像することしかできません。でも、当時は祭祀や神に祈りを捧げることが社会の重要事だったのは間違いないですから、そこにはきっと何らかの音楽も存在したはずです。手拍子をしたり、木の棒で動物の骨をコンコン叩いたりと、ごくごくプリミティブなものだったのかもしれないけど、中沢さんと遺跡を巡りながら、ぼくはそんな人類の原初の音楽について思いを巡らせていました。

大貫妙子さんとの思い出

11月には大貫妙子さんとのコラボレーション・アルバム『UTAU』をリリースし、年末にかけて初めてふたりでツアーを行ないました。このアルバムは、ぼくがピアノを弾いて大貫さんが歌うというシンプルなコンセプトで作られ、もともとインストゥルメンタルだった『Tango』『3びきのくま』『Flower』といった曲には、彼女が自ら日本語の歌詞を付けてくれています。札幌郊外の芸森スタジオで、久々に合宿状態でのレコーディングをしました。

一緒にアルバムを作ろうという話は前々からあったのに、ぼくが自分の仕事で忙しかったり、互いの音楽性が昔と比べて離れてしまったことが気になったりして逃げていた。だけど還暦を目前にして、一度だけやってみようかな、と考えが変わってきたんです。若い頃から大貫さんにはいろいろと助けられてきて、なのにすごく迷惑をかけてしまったから、恩返しをしたいという気持ちもありました。ぼくも獣から人間へと変わってきましたし。

今だから明かしますが、ぼくは20代前半の一時期、大貫さんと暮らしていました。しかし、別の相手ができたぼくは、その部屋を出ていってしまった。本当にひどいことをしてしまいました。その後、大貫さんと親しくしていた母が、龍一がお世話になったと会いに行ったようです。「お母さまが、清楚な真珠のネックレスをくださいました」と、大貫さんから聞きました。

そして当時、大貫さんが発表したのが『新しいシャツ』で、この曲の歌詞を聴くとつい泣いてしまう。でも、泣いてしまうのは自分だけじゃなくて、ふたりのコンサートでぼくができるだけ感情を抑えながらこの曲のイントロを弾き始めると、なぜか客席からも嗚咽が聞こえるんですね。きっと、ぼくたちの昔の関係を知るひとがいたのでしょう。だけど、あれから長い時間が経ち、今ではもう親戚のような付き合いになっていて、『UTAU』では大人のミュージシャン同士の新たな関係が築けたと思います。

それにしても、昔のことを思い返すと本当に懐かしい。大貫さんと知り合った70年代の頃は、みんなまだ売れていないし、とにかく時間がありました。麻雀をやろうと思ってもふたりだけじゃできないので、仲のよかった山下達郎くんに電話で「来ない？」と誘うと、彼は練馬にあった実家のパン屋から、店の軽トラを運転してすぐにやってくる。もうひとり、近所に住んでいたギタリストの伊藤銀次くんも呼んで、4人でひたすら雀卓を囲んでいました。三徹だってザラでした。

誰ひとり、ろくに仕事もしていないのに、どうやって食っていたんだろう。でも、ぼくはまだ藝大に籍があったから、授業こそサボっていたけど、腹が減ると、定期券で上野の大学まで行くことはできたんですよね。それで、学食の前で蜘蛛の巣を張るようにしてひたすら待ち、誰か見知った顔が来たら、「お前、金持ってない?」「ちょっと食わせてくれない?」と図々しくタカっていた。なにしろ、カツ丼だって90円で食べられるような時代でしたから。

ヒマワリのような母

前にも語りましたが、この2010年の重要な出来事として、母との死別がありました。前年の夏ごろ体調が急に悪化し、老人向けの病院に入ってもらっていた母のもとへは、日本に滞在すると必ずデパ地下で美味しい弁当を買っては持って行っていました。でも、年末から次第に意識が遠のいて、年明けの1月9日にあの世へ旅立ってしまいました。それ以前に父も亡くしていましたが、やっぱり母との別れはこたえましたね。落ち込むというわけじゃないけど、喪失感が大きかった。

文芸編集者として働いていた父親は、家にいてもずっと原稿チェックをしているようなひとでした。平日はぼくが起きている時間に帰ってくることはほとんどなく、たまに顔を合わせても偉そうにしていて、なんだか煙たい存在だった。対照的に、快活で社交的な母親とは、子供の頃からなんでも話せる関係でした。だけど、ぼくの中には両親のどちらの要素もあるんですよね。戦争経験のある寡黙な九州男児の父親と、東京生まれの明るいヒマワリのような母親と。そんな相反するふたつの性格に、時に自我が引き裂かれそうになることもあります。

帽子デザイナーだった母はファッショナブルで、イタリア映画が大好きでした。ぼくが生まれて初めて見た映画は、フェリーニの『道』だったはずです。幼い頃、映画館の椅子で母の膝の上に座って、白黒のスクリーンを見上げていた記憶がある。肝心のストーリーはまったく記憶にないんだけど、そこで聴いた「♪ターリラリラー」という、ヒロインのジェルソミーナのテーマ曲がずっと耳に残っていました。そんなイタリアかぶれの母だから、旅行も何度かしていて、一度ぼくがペルージャでコンサートをするのに合わせて友達と遊びに来たことがありました。たまたまその日はペルージャの市長も会場にいて、彼は母のことを気に入り、「サカモトマンマ」と呼んでエスコートしてくれましたね。

「敬子」という母の名前は、戦前に総理大臣を務め、最後は東京駅で暗殺されてしまった原敬にあやかり、祖父が付けたものだそうです。母方の祖父母にとって最初の子供で、その下に3人弟がいるんだけど、きょうだいの中で母がもっとも雄弁かつ勉強もできたらしい。池田勇人の親友だった祖父は、この子が男だったら政治家にしたかった、と語っていました。母は気も強くて、ぼくが「若尾文子って本当に綺麗だよね」と同意を求めたら、「そうかしら?」と対抗意識を燃やしたり。亡くなってからも、そんなキリッとした彼女の表情がしみじみ思い出されます。

ちなみに、親交のあった金子きみさんの歌集『草の分際』によれば、若い頃の母は幼いぼくの手を引き、女性中心の平和活動団体「草の実会」の反戦デモに参加してもいたようです。このときのことは一切憶えていないけれど、ぼくは物心がつく前から、思想の上でも母に大きな影響を受けてきたということでしょうか。

季節のめぐり

母が亡くなって少ししてから、箏曲家（そうきょくか）の沢井一恵さんの委嘱で初めて邦楽器と本格的に向き合い、『箏（こと）とオーケストラのための協奏曲』を書き下ろしました。初演は2010年4月のコンサートですが、着想を得たのは前年のヨーロッパ・ツアーの最中だったと思います。

秋の深まる頃、イギリス国内を移動するバスに乗りながら、ぼくは不意に折口信夫（おりくちしのぶ）の言葉を思い出していました。折口は、「冬」は生命の種を増やそうとする「殖ゆ」という動詞から来ていて、「春」はその種が地中に根を張って芽吹き、エネルギーが「張る」ことに由来するのだと説きます。その影響で、ぼくは四季は「春夏秋冬」の順ではなく、冬から始まるのではないか、と考えました。当然、季節の移り変わりは人間の一生も想起させ、秋がその終わりということになる。

『箏とオーケストラのための協奏曲』は、「still（冬）」「return（春）」「firmament（夏）」「autumn（秋）」の全4楽章からなっています。冬から夏までの3楽章はミニマルな構成にし、最後の秋の楽章だけはメロディアスな旋律も入れつつ静かに閉じていく。根がシャイだから、自分だけの仕事だとつい抑制しがちなんだけど、ほかのミュージシャンに曲を提供するときは、あえてロマンティシズムを全開にすることもあるんです。依頼者でもある沢井さんは、この起伏のある曲を鮮やかに演奏してくれました。

ぼくが古希を迎えたことを記念して commmons が始めた「私が好きな坂本龍一10選」の

企画で、40年来の親交がある友人の村上龍は、この協奏曲について詳しく書いてくれています。少し長くなりますが、彼の文章からその部分を引用してみます。

「個人的には、坂本龍一の最高傑作はこの『箏とオーケストラのための協奏曲（2010）』ではないかと思う。4楽章からなるこのコンチェルトは、春夏秋冬という四季と、「静止と胎動」「芽吹きと誕生」「成長」「黄昏・闇・死」を、重ねてイメージさせ、ミニマル・ミュージックの枠から静かに湧き水が漏れ出すように、また「厳密さと抑制」を「感情」の棘が突き刺すかのように、「ロマン」が織り込まれている。このコンチェルトは、坂本が亡き母に捧げたレクイエムなのだ。だから、わたしたちは、全曲を通し、慈しみと悲しみの感情を受けとる。

坂本が音楽で慈しみと悲しみの感情をこのような形で示すことはない。その感情は常に楽曲の裏側に潜んでいる。この曲を坂本のお母さんは聞くことができなかった。レクイエムなのだから当然だが、わたしは聞かせたかったなと思う。坂本のコンサートや映画の試写会では、わたしは坂本のお母さんの隣か、隣の隣だったり、いつも近い席だった。要するに、いい席だったのだ。わたしは軽い会釈をして、席に着いた。お母さんは、いつもありがとうございますと言って、挨拶を返した。ただし笑顔を見せたことはない。きびしい顔つきだった。この人に坂本は育てられたのだと思った。」

さすがは作家、見事に結びますね。『箏とオーケストラのための協奏曲』は母へのレクイエムだと、自分ではっきり謳ったことはありません。少し前に青柳いづみこさんの書いた『ドビュッシー最後の一年』を読んだら、これまですっかり知った気になっていたドビュッシーと、彼が才能を見込んで援助を続け、晩年は袂を分かったサティとの逸話が紹介されていて、ふたりのあいだの細かなエピソードを踏まえて曲を聴き直すと、これまでとはまた違った印象を受けたりもしました。そんなこともあって、まだこの協奏曲を一度も聴いたことがない方には、村上の美しすぎる解説は一旦脇に置いてもらいたいとも思います。正直に言えば、まずは予備知識なしに聴いてほしいですから。

それでも『箏とオーケストラのための協奏曲』のスケッチを始めた２００９年の秋の暮れ、四季は本来、冬から始まり秋で終わるのだろうという気持ちと重ねるようにして、遠く離れた病室にいる母の姿を思い浮かべていたのは事実です。その意味で、やはりこれは鎮魂曲なのでした。

3

自然には敵わない

宮城県農業高校で出会った「津波ピアノ」

韓国との付き合い

日本にとってもぼくにとっても重要な年となった2011年の活動は、1月9日の韓国・ソウルでのコンサートから始まります。『キャズム』の先行シングル『undercooled』（2004年）でフィーチャーした、韓国人ラッパーのMC Sniperがゲストに来てくれて、アンコールではふたりで作ったこの曲を初めて一緒に演奏しました。彼の熱いエネルギーに乗せられ、会場のオーディエンスもすごく沸いたことを憶えています。

この日の公演は、Ustreamのサービスを使って中継しました。日本国内を中心に約400ヶ所でパブリック・ビューイングも行なわれていたらしい。Ustreamでの無料配信は前年の北米ソロ・ツアーや、大貫妙子さんとの『UTAU』ツアーでも導入していて、シアトル公演の際にはTwitter上のやり取りから元マイクロソフト日本法人会長の古川享さんとメディア・クリエイターの平野友康くんが、技術面のサポートに駆けつけてくれました。コンサートの生配信自体は90年代から取り組んできたけど、それが非常に安価で軽量な機材で可能になったことに、時代の変化を感じました。音質は決して良いわけではないものの、配信で見てくれた方が「本物のライブに行きたくなった」「自分も同じ空気を体験したい」とツイートしてくれていたことが嬉しかった。

既に『音楽は自由にする』の韓国語版が刊行されていて、サイン会を開いたら長蛇の列ができました。年配の男性ファンはもちろん、若い女性も驚くほどたくさん来てくれて、多少面食らいました。日本ではもう久しく、そんなことがなかったから。ファンレターやプレゼントもたくさんいただいてしまいました。なかには、似顔絵を描いてきてくれた子もいたりして。彼らは韓国人や日本人といった国籍には縛られず、ぼくのことを同じアジア人として応援してくれているようです。「あなたが映画『ラストエンペラー』で、アジア人作曲家として初のアカデミー賞を獲ってくれたことを誇りに思う」という声も聞きました。そうした声はニューヨークでもよく耳にします。アメリカでのぼくのコンサートにはアジア系のお客さんも多く、やはり同じ人種として応援してくれているのだな、というのもありがたく実感しています。

そういえば、その後、中国の女子高生から「最近、国内で解禁になった『戦場のメリークリスマス』を見て感動しました。でもデヴィッド・ボウイは亡くなってしまったから、坂本さんのファンになります」という手紙をもらったこともあったな。どんな入り口であれ、今も新しい世代に関心を持ってもらえていることを光栄に思います。

韓国で最初にコンサートを行なったのは、サッカーの日韓ワールドカップが開催される直前、2000年のことでした。戦後の李承晩(イ・スンマン)政権以来続いていた日本大衆文化の流入制限がちょうど緩和された頃で、解禁後に韓国公演をしたのは、ぼくが日本人アーティストとしては2番目だったはずです。当時、既にサムスンやヒュンダイが躍進していて、韓国経済の勢いが日本経済に追いつこうとしていました。きっと多くの韓国人は、ついに宿敵・日本を打ち負かすぞ、俺たちはここから上り坂だ、と盛り上がっていたはずです——

事実、その通りだったのですが。

とはいえ、お世話になっていた現地の音楽関係者は、こちらが韓国の発展を称賛したら、「いやいや、うちは文化的にはまだまだです。日本からはたくさん学ぶことがあります」と謙遜し、その冷静なバランス感覚にも感銘を受けました。しかし、それから20年が経ち、現在ではＢＴＳや映画『パラサイト 半地下の家族』をはじめ、韓国文化が世界を席巻しています。ぼく自身も、韓流ブームのはしりとなった『冬のソナタ』以来、『宮廷女官チャングムの誓い』や『ミスター・サンシャイン』など、韓国ドラマにすっかりハマってしまい、Netflixでよく見ていました。

韓国では、１９８０年に光州事件が起きました。光州市民による軍事独裁政権に対しての民主化要求の蜂起で、警官隊や軍隊との衝突で多数の犠牲者が出たにもかかわらず、その後の中国の天安門事件と同じく、当時は一切の報道がありませんでした。でも、ぼくはあるツテから「韓国でいま大変なことが起きている」とだけ聞いていたんです。

そんな光州事件のこともあり、翌81年に雑誌の仕事で初めて韓国を訪れることになったときは、正直ちょっと緊張していました。しかし、実際にソウルの街に降り立ってみて驚きました。一見、東京の街並みと瓜二つなのに、文字だけが日本語からハングルに置き換わっている。まるでＳＦ映画のように、時空間が曲がって違う惑星に来てしまったような印象を受けました。香港やマニラに行って感じる、アジアの都市特有の熱気ともちょっと違う。ソウルの路地を歩いていると、向こうからやってくるのが学校の同級生の山田くんや小林くんなど、見知った顔ばかりに見えます。双子のような都市が、言語だけ異なって存在していることが本当に不思議で、その感覚を忘れることができません。

韓国では80年代前半はまだ戒厳令が敷かれていて、深夜0時から午前4時までは街を出歩いてはいけないことになっていました。そのせいもあり、ぼくが泊まっていたホテルのロビーでは夜になると韓国人のお姉さんたちが待機しているんですね。彼女らは日本人のおやじを相手に交渉して、うまく契約が成立したら一緒に部屋へ消えていきました。そういう時代でした。

さらには、市場を歩いていたらなぜか天ぷらの屋台があり、ぼくが思わず「天ぷらだ」と呟いたら、店のおばちゃんに「あんたらのお父さんが持ってきたんじゃないか!」と怒鳴られて、どう謝ったらいいのか分からず呆然と立ち尽くしてしまいました。抑圧した側はすぐに忘れてしまうのに、抑圧された側は7代先までも忘れることはないのです。そんな経験もあり、日本と東アジアの歴史に強い興味を持つようになりました。その関心は以来ずっと続いています。

ちなみに、ぼくが最初に仲良くなった韓国人は、中上健次さんの紹介で知り合ったキム・ドクスというチャンゴ奏者で、音楽集団サムルノリを創始した彼とは同い年ということもあって、すぐに打ち解けました。チャンゴは朝鮮半島の伝統的な太鼓です。キム・ドクスのパートナーは在日韓国人の利恵さんで、彼女は韓国伝統舞踊を教えている。彼らとはソウルを訪れるたび、ほぼ必ず会っています。

その後、ソウルからニューヨークへと戻り、春先からはまた別の仕事で、東京に滞在することになっていました。そして、あの日を迎えます。

東日本大震災

3月11日は、三池崇史監督の映画『一命』（2011年）のための録音初日でした。14時46分、青山のビクタースタジオでレコーディングの準備をしていたその瞬間、足元が大きく揺れました。一瞬、何が起きたのか分からなかったけど、音楽家としての悲しい性（さが）なのか、机の下に潜るよりも先に、高価なマイクを押さえていました。ぼくは東京生まれ東京育ちで、子供の頃から何度も地震を経験していますが、それまで知っていた揺れ方とは明らかに違った。大きな揺れが5分以上も続き、しばらくしてからまた揺れて、これは大変なことだ、と直感しました。

二度目の大きな揺れが収まり、遅れて到着した村治佳織さんの録音を行なってから、青山のスタジオから六本木の滞在先へと車で向かいました。ところが、車道は大渋滞で、まったく動かない。ふと横の歩道を見ると、白いヘルメットを被ったOLさんたちが渋谷の方向へと一斉に歩いています。不謹慎かもしれないけど、いつゴジラが出てきてもおかしくないというか、まるで特撮映画で描かれるような景色で、現実感がありませんでした。しかし首都直下地震が起きることを想像すると、この渋滞では緊急車両が通れない。火事も燃えるに任せることになるのでは、と急に恐ろしくなりました。結局、青山から六本木まで車で3時間もかかってしまった。なぜ歩かなかったのか不思議です。徒歩なら40分ぐらいで着いたと思うのに。

ホテルに着くと、ロビーには大勢の避難者が座り込んでいて、それぞれに水や毛布が配られていました。幸い、ぼくはもともと部屋を取っていたわけですが、あの日は電車が止まり自宅に帰れなくなって、ロビーでそのまま一夜を過ごしたひとも多かったんじゃないかな。村治さんも帰宅困難ということで、同じホテルに泊まってもらいました。

震災当日にはもう、福島第一原発が津波で電源喪失したというニュースが流れ、いつ水素爆発を起こしても不思議ではない状況だと分かりました。あとから知った情報では、その頃すでにメルトダウンが起きていたのですが。大慌てで、被曝を抑えるヨウ素剤を探しに回ったけれど、もうどこにも売っていない。おそらくこの時点で早くも、政府の管理下に置かれていたのでしょう。仕方なく、いったん西に緊急避難するべきかとも思い、ホテルの空き状況を調べたら、日本国内はもう沖縄以外すべて満室でした。

そうこうするうちに、3月12日の午後には1号機、14日には3号機、15日には4号機で水素爆発が起きました。ぼくは90年代から環境問題にコミットし続け、2006年には「STOP ROKKASHO」というプロジェクトを立ち上げて原子力発電の危険性をずっと訴えてきましたが、想像しうるなかで最悪の光景を目の当たりにしました。

しばらくは日本の外に出られそうもなかったので、東京に留まり、当初の予定通り『一命』用のレコーディングを終えて、成田空港からアメリカに飛び立ったのは3月20日過ぎのことだったと思います。通常ならニューヨークへ向かう便は成田からそのままカムチャツカ半島の方へと北上していくのに、このときは福島県の上空を通るのを避けるためか、ハワイ方向へと東にまっすぐ飛んでいった。その様子を映し出した機内のディスプレイ上の地図を、写真に撮りました。

そして、ニューヨークに戻ってすぐ4月9日には、急遽企画された東日本大震災のチャリティ・コンサート「Japan Society presents CONCERT FOR JAPAN」に参加しました。ぼくの持ち時間は30分でしたが、そのなかでできる限り、さまざまな試みをしたんです。

まずは、ニューヨークで活動するダンサー、ミワ・マヨさんが弔いのメッセージを込めた能の演目『江口』を踊るのに合わせて、ピアノで即興演奏。そこに重ねるように、大友良英くんに頼んで日本から送ってもらった、備長炭によるノイズ・ミュージックや、デヴィッド・シルヴィアンがアルセニー・タルコフスキー（映画監督アンドレイ・タルコフスキーの父）の何篇かの詩を朗読した音源を流しました。このうち『And this I dreamt, and this I dream』という詩の朗読は、のちに『async』（2017年）の収録曲『LIFE, LIFE』で使わせてもらうことにもなります。続けて、これも友人のミュージシャンで何枚か共作アルバムのあるクリスチャン・フェネスに特別に作ってもらった電子音源もミックス。それから最後に、日系アメリカ人のヴァイオリニスト、アン・アキコ・マイヤースさんとのデュオでチャップリンの『スマイル』を演奏した。マヨさんともアンさんともこの日が初共演でしたが、同じ日本にルーツを持つ者として、被災地のために何かしなくてはという思いで一致していました。短くも濃密な時間でした。

被災地での無力感

日本の状況が引き続き心配ではありながら、4月にはドイツへ渡り、カールステン・ニコライ（アルヴァ・ノト）と5月から6月にかけて、ヨーロッパ・ツアーを行ないました。ぼくたちふたりのツアーは、この年に出したコラボレーション・アルバム『Summvs』からイニシャルを借りて、「"S" Tour」と称しています。クルーはイギリス人を中心とするシニカルな連中で、互いに気心も知れているし、いつも楽しい。

親友のカールステンのことは、最初に紹介しましたね。少し前にも、彼はガン治療のために入院したぼくを心配して、「何かできることはないか？」とメッセージをくれたから、ゲーテに倣って「Give me a light!」と返事をしたことがありました。すると、カールステンはしばらくして、手紙を送ってきてくれた。封筒から、彼が自作したのだという便箋を取り出すと、そこには絵の具で描いたアートワークとともに、カリグラフィーでぼくに対する励ましのテキストが書かれていました。本当に素敵な奴なんです。

当時、カールステンはベルリンのミッテに暮らしていて、旧東ドイツだったこの地域には、独特の社会主義の匂いが残っていました。１９８９年にベルリンの壁が崩壊してすぐ、ここには若者向けのダンスクラブやバーが雨後の筍のように次々に誕生したそうで、２０００年代初頭は文化の発信地となっていました。過度に商業化されることはなく、昼間はお母さんたちがベビーカーを押しているような、一見のんびりした街並みです。でも夜になってから細い道を入り、看板も何も出ていない、半壊した怪しげなビルの奥へと進んでいくと、そこには突然、クラブの空間が広がっていて驚いた。どの曜日に営業するとも決まっておらず、若い奴らがただ適当に集まっては遊んでいたそうです。そうした雰囲気がまだこの頃にはありました。

カールステンに連れていってもらったバーも面白かった。ここも店内はまるで廃墟のようで、椅子も何も置かれておらず、マスターは「床に転がっている昔のブラウン管のテレビをスツールとして使ってくれ」と、ぶっきらぼうに言います。あとから聞くと、そこはヴィデオアートの作家が週に一度だけ開けているという店でした。

街中の至るところに、こうしたブリコラージュ——手仕事による溢れんばかりのクリエイティビティが見られて、感動しました。あまりに気に入ってしまって、ぼくも一時期、このミッテにいつでも来られるようアパートを借りていたくらいです。残念ながら、今となってはすっかりジェントリフィケーションされてしまい、カールステン本人もミッテから出ていってしまったけど。それでもベルリンは比較的物価が安く住みやすいので、ヨーロッパ中、いや世界中から若者が集まってきていて、その多くはクリエイティブな職種のひとたち。それと同時にベルリンならではの歴史も身近なところに感じられる、まだまだ魅力的な街だと思います。

それから7月にはまた日本へ戻り、岩手県の陸前高田市と気仙郡の住田(すみた)町を訪れました。東日本大震災の発生から、この時点で既に4ヶ月が経っていましたが、沿岸部に広がる瓦礫の山を実際に目にすると、想像していた以上に衝撃を受けました。人間が作ったものはすべて、いつかは壊されるんだと痛感した。『アウト・オブ・ノイズ』も自然への畏敬の念を込め、大きな山水画を描くようにして作りましたが、その意識が震災を機にさらにアップデートされたというか、どうしたって自然には敵わないな、と思い知らされたんです。

ぼくの好きな、アンゼルム・キーファーというドイツ人のアーティストがいます。ナチス政権を含めたドイツの暗い近代史を主題とし、実物の藁や灰なども用いた巨大な絵画で知られていますが、彼の迫力のある作品だって、東北の瓦礫を前にしたらすっかり霞んで見えてしまう。誤解を恐れずに言えば、被災地で目にした光景は究極のインスタレーション、人智を超えた凄まじいアートだと思いました。むろん、その思いは自分の仕事にも跳ね返ってきて、人間ごときが努力して音楽や表現物を作っても、果たして何の意味があるんだろう、という無力感にも襲われた。

それでも、人間が長い時間をかけ、営々と築き上げてきたものが一瞬でガラクタになってしまった様子を呆然と見つめながら、そこに少し何かを付け足すくらいのことはしてもいいのかな、という気持ちも徐々に芽生えてきました。本来、風が竹林を吹き抜ける音に耳を澄ませるだけでも十分に美しさを味わえるのに、我々は音楽を作り続けてきました。「自然には敵わない」という前提を認めつつ、そこに二つ三つ、自分の音を足して楽しむ権利はあるんじゃないかと。もともとぼんやり持っていた考えの方へ、震災をきっかけに、より傾いていったと言えるかもしれません。

また、この時期にはFacebookを通じて知り合った仲間たちと、心を落ち着かせ、思考を助けてくれるような本を互いに薦め合っていました。そのブック・リストをまとめて8月に緊急出版したのが、『いまだから読みたい本――3・11後の日本』です。茨木のり子からスベトラーナ・アレクシエービッチまで古今東西、さまざまな書き手による洞察や示唆に富んだ言葉を集めた一冊で、9・11の直後に刊行したアンソロジー『非戦』(2001年)と同じ編集方針ですね。

ぼく自身は震災後の政治状況を見て、日本ではまだまだ民主主義が成熟していないのではないか、という思いに駆られ、丸山眞男の本を読み返していました。彼が戦前の日本政府の意思決定システムを鋭く評して言った「無責任の体系」は、そのまま今の時代にも当てはまります。そんな問題意識で、丸山の代表作『現代政治の思想と行動』から、「現代における人間と政治」という論文を紹介しました。

モア・トゥリーズの活動

2011年7月の被災地訪問は、ぼくが代表を務める「モア・トゥリーズ」の活動のためでした。陸前高田市が海に面しているのに対して、隣接した山側の住田町は、昔から林業の町として知られています。震災直後、津波で家を流されてしまった陸前高田市の住民を助けるため、住田町で採れる木材の提供と、地元の工務店の協力を得て、約100棟の快適な木材の仮設住宅を作ることになりました。

ところが、いざ住田町が岩手県庁に助成金を要請したら、「町独自の取り組みは災害救助法の適用外となる」と言われて、断られてしまったそうなんです。その話を偶然ネットで見かけ、杓子定規の決定の馬鹿馬鹿しさに、ぼくは頭に血が上りました。住田町の取り組みが素晴らしいのは間違いないのだから、合計3億円必要だという予算をモア・トゥリーズで集めます、と思い切って言い出した。それで急遽立ち上げたのが「LIFE311」というプロジェクトです。

そんな経緯で地元住民との交流が始まり、住田町の多田欣一町長ともお会いしたのですが、それはもう男気のある、かっこいい方でした。ぼくたちの活動がメディアに取り上げられてから、岩手県側が顔色を変え、「やっぱりお金を出します」と大慌てで言ってきたのを、町長が自ら断ったと聞いています。あとになって、上から口出しをしてくれるな、と。結果、モア・トゥリーズで呼びかけた寄付金は目標の3億円には少しだけ届かなかったものの、2億4000万円ほど集まりました。

続けてモア・トゥリーズの活動で、同じく林業で有名な宮崎県の諸塚村を訪問しましたが、ここの村長も非常に見識がある方でしたね。林業が盛んな土地は、言ってみれば日本のなかでも辺鄙なところです。だけど、皆さんそこから世界の動きを本当によく見ていらして、あるおじいさんは「坂本さんな、やっぱり日本も、早く脱炭素社会に移行しなきゃダメだよ」と、話をしてくれました。第一次産業に従事している方々は、日々自然に接しているから、きっと環境の変化も鋭敏に感じ取っているんでしょう。水産業の場合、海の水温が1度上がるだけでも、魚が獲れなくなってしまいますから。自然が自分たちの生活と直結しています。

ちなみに諸塚村は林業を中心としながらも、それだけに頼り切ってはいけないと、椎茸栽培・製茶・畜産業にも力を入れているのだそうです。天候不順の年でもちゃんと食べていけるように、昭和30年代の村長が音頭をとって、4つの基幹産業の仕組みを作ったらしい。中央よりもよっぽど優秀な政治家が、地方には数多くいると感じます。

それにしても、モア・トゥリーズを始めた2007年の頃は、世の中がまさかこのような事態になるとは想像もしていませんでした。最初は「No Nukes, More Trees」という標語を思いつき、その言葉をプリントしたTシャツを作っただけだったんです。それが、一般社団法人として組織を立ち上げ、高知県檮原(ゆすはら)町で森づくりの活動に取り組み始めてから、あれよあれよと各地に「モア・トゥリーズの森」が増えていき、今では日本国内16ヶ所(12地域)、海外2ヶ所にまで拡大しました(2023年5月現在)。ぼく自身は興味本位で動いているだけで、社会貢献をせねばという義務感に駆られているわけではありません。しかし、こうした活動を通じて、音楽に専念しているだけでは縁がないような素晴らしい人々と出会う機会にも恵まれたのは、つくづく幸運だと思います。

余談ながら、モア・トゥリーズ絡みでは、2017年にこんなこともありました。この年の誕生日に、海外から突然、植樹の証書が送られてきたんです。なんと、中国のファンたちがお金を出し合い、ぼくの生まれた1月17日にあやかった計1170本の樹木を内モンゴルの砂漠地帯に植えてくれたのだと。事前に事務所から坂本龍一の名前を使う承諾を得た上で、ぼくには内緒のまま、計画を進めてくれていたそうです。これは涙が出るほど嬉しかったな。同じファンのグループは翌年も中国の貧しい地方の村に、ぼくの名前で音楽教室と楽器をプレゼントし、22年のぼくの誕生日にも再び1170本の植樹をしてくれました。最初はいわば口から出まかせだったのに、「No Nukes, More Trees」のメッセージがここまで世界に影響を与えるとは驚くばかりです。

こどもの音楽再生基金

被災地から帰ってからも、メディアを通して瓦礫の写真や映像を見ていると、そこにいくつもの楽器の破片が含まれていることに気づきます。すると、やはりミュージシャンという職業柄なのか、それがただの瓦礫とは思えず、身を切られるような痛みを感じます。震災で壊れてしまった楽器を何とか修復して、また音を奏でることはできないか。人間には水や食料だけでなく、音楽も必要なのだから――そんな思いで、全国楽器協会の会長に掛け合い、「こどもの音楽再生基金」を設立しました。

東日本大震災で震度6弱以上を経験した学校は、被災3県で実に1850校余りにもなると聞きます。そんな被災地の学校で壊れてしまった楽器の修理を無償で行ない、どうしても直すことができないものについては、買い替え費用をこの基金から捻出し、購入を支援する。修理の仕事は地元の楽器屋さんに任せるようにして、なるべく被災地にお金が回るような仕組みを作りました。年末には銀座のヤマハホールで、この「こどもの音楽再生基金」のためのチャリティ・コンサートも実施しました。

そして、これは翌2012年はじめのことですが、津波によって泥水を被ってしまったピアノがあるという話を聞きつけ、宮城県名取市まで見に行きました。対面してまず感じたのは、ピアノは想像以上に頑丈にできていて、被災しても他の楽器ほど形が壊れてしまうことはないんだな、ということ。当然、塩水に濡れたまま長いあいだ放置されていたから、金属の弦はすっかり錆びてしまっています。木の鍵盤も水分で膨張してしまい、半分くらいは押し込んでも戻りません。容易には修復できず、多少直したところで、もう一度普通の音楽活動に使うことはまず期待できませんでした。

だけど、この壊れてしまった「津波ピアノ」の鍵盤を押しながら耳を澄ませてみると、すっかり調律が狂ってしまった弦が、何とも味のある音を鳴らすんですよね。考えてみれば、ピアノというものがもともと木材というマテリアルを自然から取り出して鉄鋼で繋ぎ、我々が好む音を奏でるように作られた人工物です。だから逆説的に言うと、津波という自然の力によって人間のエゴが破壊され、本来あるべき自然の姿に還っていったのではないか、とも感じました。

このピアノは高校の備品で、使えないままの状態でずっと置いておくわけにもいかず、廃棄されることが決まっていたそうです。その知らせを受けたぼくはいてもたってもいられず、「引き取ります」と言ってこのピアノを持ち帰り、のちにインスタレーション作品《IS YOUR TIME》(2017年)を作りました。同じ年に発表したアルバム『async』でも、「津波ピアノ」の音を使っています。

振り返ると、ぼくはこの頃から、作曲面でも五線譜のルールに縛られない方向へと舵を切っていきました。五線譜は、音楽が時間芸術であるという約束のもとで、便宜的に編み出されたものです。ぼくがたびたびインスタレーション作品を発表するのは、やはりその規制から逃れたい、という願いと深く関係しています。ギャラリーのなかでの音表現は、少なくとも一般の音楽のように始まりがあり、終わりがあるという物語展開を持たせる必要はないのですから。

夏フェスでの出来事

2011年8月15日には、大友良英くんに誘われて、「プロジェクトFUKUSHIMA!」の音楽フェスティバルに参加しました。福島から文化を発信する目的で企画された、入場無料の大規模なイベントです。この取り組みはその後もずっと続いていて、素晴らしいことだと思う。彼らは活動支援金を募るため、「DIY FUKUSHIMA!」という寄付サイトも事前に立ち上げていました。ぼくも賛同し、福島市在住の詩人・和合亮一さんの詩にインスピレーションを受けて作った曲『静かな夜』を提供しています。

すると、今度は大友くんがその『静かな夜』にギターやターンテーブルの音を重ねて換骨奪胎し、別の曲『quiet night in Fukushima』を仕上げ、いわば返歌のように、ぼくが共同代表を務める「kizunaworld.org」のために送ってきてくれました。kizunaworld.orgというのは、震災後に友人の平野友康くんと立ち上げたプロジェクトです。世界各国から被災地への寄付を募り、支援してくださった方にはお礼として、この企画に賛同してくれるアーティストたちの作品をプレゼントしていました。

フェスティバルの本番では、和合さんが自作の詩『詩の礫（つぶて）』を朗読するのに合わせて、大友くんとふたりで即興演奏を行ないました。ちなみに、この頃はどこに行くにもガイガーカウンターを持ち歩いていて、福島駅前の広場の植え込みに近づけて測ってみたら、針が振り切れるほどの線量で慌てました。なのに、その植え込みのすぐ横を、子供たちや若い女性などが普通に歩いている。非常に心配になりました。

イベントに先立ち、会場となる「四季の里」の芝生に巨大な大風呂敷を広げるというセレモニーがあり、車を降りてそこへ向かう道中には露店が並んでいました。そのうちのひとつで果物が売られていて、おばあちゃんが「福島の桃は甘くて美味しいよ。子供は食べない方がいいけどね」と笑いながら話していた。彼女が内部被曝の危険性についてもきちんと理解しながらその桃を売っていることには、嬉しいような悲しいような、複雑な気持ちになりました。「でも、年寄りは食べても大丈夫だよ」って。

また、この時期はＹＭＯでも何度かライブをしています。6月にはロサンゼルスのハリウッド・ボウル、サンフランシスコのウォーフィールドと、ふたつ続けてアメリカ国内での公演を行ない、7月には初めての「フジロックフェスティバル」、8月には恒例となっていた「WORLD HAPPINESS」にそれぞれ参加しました。北米でのライブは、実に31年ぶりだったらしい。会場には80年代当時から聴いてくれていたのであろう、全米の熱狂的なＹＭＯファンが集結し、『Seoul Music』（１９８1年）や『Lotus Love』（１９８3年）など、珍しい曲も久しぶりに演奏しました。

このときのハリウッド・ボウルでのライブは、日本特集の一環で企画されたもので、オノ・ヨーコさんとも共演しました。ただ、主催者側の「フジヤマ・ゲイシャ」風の演出はまったくひどかったですね。２０１1年にもなって、まだこのレベルのオリエンタリズム、もっと言うとレイシズムがまかり通っているのか、と呆れるほどでした。

余談ながら、フジロックのステージでは、あの仙人のような細野晴臣さんや温厚な高橋幸宏くんまでもが「原発はやめた方がいいよね」と揃って発言していたので、驚きました。お互い20代からの長い付き合いですが、ぼくはこれまで彼らが公の場で政治的、社会的な発言をするのを聞いたことなんて一切なかった。そのふたりがはっきりと脱原発の主張をするのを目にし、頼もしいのと同時に、それぐらい彼らも事態の深刻さを憂慮しているのだなと感じました。細野さんに至っては、震災直後に購入したという、中国製の線量計も持ち込んでいましたから。

吉永小百合さんと美智子さま

長年、核廃絶を訴えてきた方に、女優の吉永小百合さんがいます。吉永さんは１９８６年に東京で開かれた平和集会以来、ライフワークとして原爆詩の朗読に取り組んでこられました。彼女はこの活動を、ずっとボランティアで続けてきたのだそうです。原爆詩とは、広島や長崎の原爆で亡くなった方や、被害を受けた方が書いた詩のことですね。峠三吉や原民喜がよく知られた書き手です。
吉永さんが問題意識を持つようになったきっかけは、若い頃、大江健三郎さんの『ヒロシマ・ノート』のエピソードのひとつを映画化した『愛と死の記録』に出演したこと、さらには80年代にＮＨＫのドラマ『夢千代日記』で胎内被爆した女性を演じたことにあるそうですが、福島原発の事故を受け、彼女の活動がよりいっそうアクチュアルな意味を帯びるようになりました。

そして２０１１年10月に、イギリスのオックスフォード大学の招きで朗読会を行なうことになり、ぼくも伴奏者として声を掛けられました。吉永小百合さんといえば、日本人なら誰もが知る国民的女優です。ぼくも例に漏れず、昔から「サユリスト」でした。現代の卑弥呼のような存在である彼女に何か頼まれて、協力しない人間はいないはず。このときは吉永さんにとってヨーロッパで初めての朗読会ということで、そんな貴重な場に呼んでもらえることも光栄で、二つ返事で引き受けました。

会場は、大学キャンパス内に位置する、歴史ある礼拝堂でした。２００席もない、この小さな会場での催しは、まずイギリス人の方が英訳の詩を読んだあと、続けて吉永さんが原文を読み上げるという形式で行なわれました。吉永さんの朗読は、やはりその声が言語の違いを超えて感情に直接訴えかけるからでしょうか、ほとんど日本語を解さないはずの客席の方々から啜り泣きが聞こえてきて、ぼくもピアノを弾きながら、ついもらい泣きしそうになりました。途中、礼拝堂のなかに白い鳩がふと迷い込んできたことを憶えています。

最初に吉永さんとお仕事をご一緒したのも、前年の夏に東京で開催された「吉永小百合平和への絆」という、コンサート形式の朗読会でのことでした。NHKホールで行なわれたこの会には、吉永さんと親交のある当時の皇后・美智子さまもいらしていて、終演後にはVIPルームで出演者に面会の場が与えられました。自分の番になって美智子さまが目の前に立たれると、ぼくは直立不動で、相手の目を見ることもできない状態になってしまいました。美智子さまから「さっきあなたが弾いていらしたピアノの曲には、譜面はあるの？」と尋ねられ、「いいえ、即興でございます」と答えたら、「あらそう、残らないの。それは残念ね」と応じられて。恥ずかしいほどガチガチに緊張していました。若い頃は全共闘運動をしていて、天皇制に対しても批判的なぼくが、まったくおかしな話です。軍国教育を受け、満州まで派遣された父親から受け継いだ何かが、自分の中にあるのでしょうか。ちなみに父は、戦後はリベラルな考えを持っていましたが、身体に染み付いたものは生涯残ってしまうのだと思います。

ところが、このとき共演したぼくよりずっと若いミュージシャンたちは、同様に謁見の機会を与えられると、美智子さまとしっかり目を合わせ、まるでタメ口にも聞こえるほどカジュアルに会話を交わしていました。ぼくはその様子を間近に見て、「不敬だ！」と、半分冗談ながら内心思っていました。そういえば、2005年にアメリカのブッシュ大統領が来日し、伊丹空港からのヘリコプターで直接、京都御所の敷地内へ着陸したときも、浅田彰さんと一緒に激怒しました。「どうして右翼は、アメリカの不敬行為に抗議しないんだ！」と。

その後、美智子さまへは、親しくされている津田塾大学の早川敦子先生に頼まれて、ぼくが作ったピアノ曲の譜面をお送りしたこともあります。花の柄をあしらった特別仕様のものを用意して。美智子さま自身もピアノ演奏を趣味になさっていますから、欲しがってくれたのかもしれません。一度お会いしただけですが、素敵な方でした。

吉本隆明さんとの再会

また、10月末には、これは仕事とは関係なくふと思い立って、吉本隆明さんに会いに行きました。あえて説明するまでもなく、吉本さんは戦後を代表する知識人のひとりですが、いわば教祖のような強烈なカリスマ性があったから、学生運動のセクトが親吉本派と反吉本派に二分されているほどでした。ぼくはむろん親吉本派で、若い頃から強い影響を受け、1986年には共著『音楽機械論』を出しています。当時ぼくがよく使っていた都内のスタジオまで吉本さんに来ていただき、こちらのフィールドである音楽について、贅沢にも本一冊分の対談をさせてもらいました。

吉本さんはもともと長身で大柄な方です。ところが久しぶりにお会いしたら、記憶よりもずいぶん頭の位置が低い。よく見ると、お年を召して、すっかり腰が曲がってしまっていたのでした。それでも椅子に座ると、元の通り大きな存在感で安心したのですが。吉本さんは原発についてもよく発言する論客でした。震災後には、『「反原発」異論』という本も出されているように、左翼でありながら、原発を文明の象徴としてあえて擁護するという特殊な立場だったんです。その点に関しては、ぼくの意見と真っ向から対立しますね。いろいろ伺いたいことがあったはずだけど、このとき衝動的に吉本さんのお宅を訪れた割には、何を話したのか不思議と記憶がありません。あまり政治や思想の話はしなかったと思います。

憶えていることと言ったら、お酒が好きな吉本さんのために、確か「黒龍」だったか、ちょっといい日本酒を手土産にお持ちしたことと、すっかり老眼になった吉本さんが読書用に、文字を拡大する大きな虫眼鏡のような機械を使っていたことくらい。吉本さんはあれほどの読書家なのに、自宅の蔵書数は意外なほど少ないんです。厳選された文庫や洋書など、彼にとって本当に大切なものだけが、本棚にちょこんと置かれていました。聞くと、昔から近所の図書館をよく利用していたそうですね。その身軽な感じも、またカッコよかった。

吉本さんは、それから半年も経たず、翌2012年の3月16日に肺炎で亡くなってしまいます。87歳でした。決して虫の知らせがあったわけではないけれど、いま思えば、生前にもう一度お会いできて本当によかった。吉本さんが、ぼくのことをよく「大将」と呼んでくれていたことも、しみじみと思い出します。

人生最高のプレゼント

年が明けて2012年の1月17日に、ぼくは還暦を迎えました。事務所のスタッフが赤いちゃんちゃんこを買ってきてくれて、柄にもなく着てしまったりもして。ずっと駆け抜けてきて、気づけばあっという間に60歳。「もうそんな年か」なんて、他人事のように思いました。

このときサプライズで、プライヴェートなトリビュート・アルバムをもらいました。細野さんや幸宏くん、高野寛（ひろし）くん、小山田圭吾くん、高田漣（れん）くん、権藤知彦くん、ユザーンなど親交のあるミュージシャン、それから娘の坂本美雨も参加してくれていて、普段あまり感動することのない自分も、胸が熱くなりました。このアルバムは非売品で、細野さんが歌ってくれた『Birthday Song』を自分の番組『RADIO SAKAMOTO』で特別に流したほかは、音源は一切、世に出ていません。

そしてもうひとつ、還暦祝いに人生最高のプレゼントをもらったんです。誕生日当日、パートナーから「ちょっと出かけよう」と誘われて、言われるがまま用意された車に乗ると、向かった先はマンハッタンの57丁目。当時そこにはピアノ・メーカー、スタインウェイ&サンズの本店があって、ここはあのグレン・グールドも来たことのある店だと思いながら、地下のフロアであれこれ試し弾きをさせてもらいました。すると突然、パートナーが「どれでも好きなものを選んで」と言うのです。「まさか、あり得ない！」と、思いました。

聞くと、家にピアノがないのを言い訳に、ぼくが練習を一切しないことを以前から見かねていて、もう言い逃れできないようにプレゼントしようと思い立ったのだそうです。言葉に甘えて、自宅の部屋に入るやや小さめのサイズの、ベビー・グランドピアノを買ってもらいました。「演奏技術はコンサート本番でなければ上達しない」がポリシーのぼくも、さすがにこれで、普段から弾かずにはいられなくなった。考えてみれば、子供の頃に影響を受けた叔父から譲り受けた茶色のピアノ以来の、自分だけのピアノを60歳にして手にしたことになります。

クラフトワークとの絆

その後、春にはカールステンとのツアーで中南米の国々をめぐり、初めて訪れたアルゼンチンではクルーと一緒に大量の牛肉を食べたりもして、7月7日・8日と幕張メッセで開催された「NO NUKES 2012」に、YMO＋小山田圭吾＋高田漣＋権藤知彦のバンドで出演しました。ぼくが考えた「No Nukes, More Trees」の標語から「脱原発」をテーマに立ち上げたフェスティバルで、音楽ライブだけではなく、トークセッションなども行ないました。年明けから準備を始めたのに、予想以上に多くのアーティストが趣旨に賛同し、参加の意思を表明してくれたのは嬉しい誤算だった。この夏には、前年に続き編著者として、『NO NUKES 2012 ぼくらの未来ガイドブック』も刊行しています。

「NO NUKES」フェスティバルに、ぼくがどうしても呼びたかったのが、1975年に『放射能』というアルバムを発表したドイツのテクノ・バンド、クラフトワークです。そこで、リーダーのラルフ・ヒュッターに相談したところ、彼はすぐに出演を快諾してくれました。「きっと予算がないだろうから、日本までの旅費はエコノミー・クラスの額でいい」とも気遣ってくれて。ヨーロッパは1986年に起きたチョルノービリ原発事故で大きな被害を受け、それ以来、原発に対する批判が高まりました。なのに、しばらくして福島の事故が起きてしまった。

ラルフは「NO NUKES」のステージで、クラフトワークの代表曲『Radioactivity』の特別ヴァージョンを演奏したいと言います。この曲にはもともと「チョルノービリ　ハリス

バーグ　セラフィールド　ヒロシマ」と、放射能の被害を受けた土地が列挙されるくだりがあるのですが、それをアップデートしたいのだと。それで、新たに加わる「フクシマ」の発音を教えたり、さらには彼らが用意した日本語の歌詞を整えたりもして、毎日のようにメールのやりとりをして当日を迎えました。

クラフトワークとは、１９８１年に彼らが初来日した頃からの付き合いです。ぼくたちＹＭＯにとっては、テクノポップを開拓した大先輩ですから、最初は彼らの楽屋へ挨拶に行けるというだけでドキドキでした。でも実際に会うとすぐに意気投合し、イケてるディスコとして有名な六本木の「玉椿」へも案内しました。あんなにカッコいい音楽を作るひとたちだから、ひょっとしてサイボーグなんじゃないかという幻想もあったものの、プライヴェートでは何てことのないダサいジャンパーを着ていて拍子抜けした。しかも、ディスコでは日本人の女の子と一緒に踊りながら口説いたりもしていて、幻滅すらしました。「なんだ、普通のおじさんじゃん」って。もちろん当時、ＹＭＯに対して同じことを思うひともいただろうけど。

そんな実は人間味のあるクラフトワークと、この年の「NO NUKES」では久しぶりに共演することができ、感慨深かった。ラルフはもちろん、長年彼らに連れ添ってきたマネージャーも、脱原発の活動にずっと取り組んできた方ですからね。彼らは普段はあまりライブ後に他のミュージシャンと打ち上げに行ったりはしないのに、このときばかりは盛り上がり、クラフトワークとＹＭＯのメンバーで連れ立って幕張のホテル内のバーへ酒を飲みに行きました。

思えば、ぼくは要所要所で彼らに助けられています。「STOP ROKKASHO」のウェブサ

「NO NUKES 2012」のステージ

イトを立ち上げたときも参加してくれたし、さらに遡って、２００1年に地雷ゼロを目指すためのプロジェクト「ZERO LANDMINE」を始めたときにも、クラフトワークが特別にサウンドロゴを作ってくれました。コーズ（大義）を共にする友人だと言えるかもしれません。

「たかが電気」発言

この時期は、日本に滞在するたび、首相官邸前などで行なわれていた脱原発デモに参加していました。これほど多くの人々が政治に声を上げたのは、60年代以来のこと。7月16日には、代々木公園での「さようなら原発10万人集会」の壇上でスピーチし、聴衆の多さからも、政府の原発政策に対する国民の怒りを実感しました。しかし、このときの「たかが電気」という発言だけがメディアで切り取られ、ぼくはその後、大きな批判を浴びることになります。ガンを患ってからは「電気を使って治療するのか」と、揶揄されることもある。

「たかが」という言葉に引っかかり、感情的に反応するひとがこれほどいるとは驚きですが、ぼくはなにも、電気の価値を否定したかったのではありません。あくまで「人間の命と電気のどちらが大切だろうか」と疑問を投げかけただけで、この問いに対しては、ほとんどの方が「命」と答えるでしょう。

そして、ここで訴えたかったのは、より安全な発電方法のことでした。福島原発事故までは、日本国内での発電は化石燃料由来か原子力しか方法がないと思っていたひとも多かったのではないか。しかし現実には、事故前の総電力のなかでの原発の比率は30パーセント程度でした。原発はもっとも危険な発電方法で、莫大なコストがかかります。また、もし一度何か起きれば、取り返しのつかない事態になる。事実、福島の事故後には16万人もの住民が避難を余儀なくされました。健康被害に怯えながら暮らさざるを得なくなった方々はもっといます。

他の選択肢もあるなかで、一番リスクの高い方法で発電を続ける必要はどこにもない。気候変動も進行しているのだし、太陽光をはじめ、再生可能エネルギーへと舵を切っていこう——その思いは今も変わらないどころか、ますます強まるばかりです。事故から10年以上が経っても溶け落ちた燃料すら回収できず、さらに廃炉に持っていくにはどれだけの時間とコストがかかるのか、誰にも正確には答えられません。これは今後、日本の経済に重くのしかかっていくと思います。

ぼくは「たかが電気」発言を含む、このときのスピーチの内容を一切後悔していません。好きなように切り取りたいひとは、勝手にそうすればいい。だけど、この機会に前後の文脈も含めて、文字起こしを載せておきます。果たして坂本は、本当に「電気は必要ない」などと主張したのか。どうぞご判断ください。

「長期的にはなりますが、(原発は)すぐ止めろと言っても止まらないので、われわれができることは、電力会社への依存を減らしていくということです。こういう声が、もちろん彼らには少しはプレッシャーとなって届きますし、電力会社の料金体系の決め方の問題とか、発送電の分離とか、地域独占とか、そういうものがどんどん自由化していけば、原発に頼らない電気をわれわれ市民が選ぶことができるわけです。

また、いち家庭や事業所などがどんどん自家発電をしていくと、そうやって、時間はかかりますが、少しでも電力会社への依存を減らせば、私たちのお金が電力会社に行ってしまって、そういうお金が原発やそれらの施設になってしまうわけですから、そういうところに払うお金を少しでも減らしていくということは大事だと思っています。

言ってみれば、たかが電気です。

たかが電気のために、なんで命を危険に晒さなくてはいけないのでしょうか。ぼくは、いつ頃になるか分かりませんが、今世紀の半分くらい、2050年くらいには、電気などというものは各家庭や事業所や工場などで自家発電するのが当たり前、常識という社会になっているというふうに希望を持っています。そうなってほしいと思います。

たかが電気のために、この美しい日本、国の未来である子供の命を危険に晒すようなことはするべきではありません。お金より命です。経済より生命。子供を守りましょう。日本の国土を守りましょう。

最後に。「Keeping silent after Fukushima is barbaric」——フクシマの後に沈黙していることは野蛮だ、というのが、わたしの信条です。」

チャリティ・コンサート

2012年10月にはトリオ編成での久々のセルフカバー・アルバム『THREE』をリリースしました。前年の暮れ、ヨーロッパでいくつかの公演をこなしたあと、最終目的地であったポルトガルのポルトでレコーディングしたものです。レコーディングより先にツアーを行なったのも、同じメンバーで客前での演奏を繰り返し、円熟味を増してから録音に臨んだ方が、よい出来になるはずだ、という考えからでした。

チェロは、前回のトリオ・アルバム『1996』（1996年）にも参加してくれた長年の友人、ジャケス・モレレンバウムです。ジャケスはブラジルの生まれで、ジョビンのバンドで活動していた大ベテラン。一方、ヴァイオリンは、このときYouTubeを使ってオーディションをし、最後は実際に演奏を見て、ジュディ・カンという韓国系カナダ人の新しい才能に加わってもらいました。

レコーディングをしたポルトは、ぼくのピアノを担当してくれている調律師のゼ・ロチャの出身地で、彼の話を聞いていると、ポルトガルの首都リスボンと第二の都市ポルトの関係は、ちょうど日本の東京と大阪と同じようなものだと思えてきます。彼はよく、こんな冗談を飛ばしていました。「リスボンで一番美しいものは、高速道路の入り口にある『こちらの方向がポルトです』という案内板なんだ」と。

『THREE』をリリースした直後、今度はオーストラリアのブリスベンに呼ばれて「アジア太平洋スクリーンアワード」をいただき、その会場では『戦メリ』で共演した俳優ジャック・トンプソンとも再会を果たしました。

それから、12月には『THREE』のリリース・ツアーを日本国内9ヶ所と、韓国・ソウルの世宗文化会館で行ないました。さらに、このトリオでのツアーの流れで、再び陸前高田市を訪問し、地元の住民700名を招いたチャリティ・コンサートをしています。東日本大震災から二度目の冬を迎えましたが、まだ瓦礫もわずかに残っていて、そこへ千羽鶴が捧げられていて痛ましかった。壊滅的な被害を受けた沿岸部の更地には祭壇が設けられており、その前にしゃがみ込み、手を合わせました。外国人のツアー・メンバーに、「ここに街があったんだよ」と説明しても、もはや想像もできないほど、まっさらな状態になってしまっていました。

チャリティ・コンサートの前には、モア・トゥリーズの「LIFE311」プロジェクトで支援した、住田町の木造仮設住宅も訪問しています。寒い時期だったから、みんなで一緒にこたつに入り、住民の方々と語り合いました。いつもは快活なトリオのメンバーふたりも、すべてが流された被災地の様子を目の当たりにするとさすがに言葉を失ってしまい、神妙な面持ちでしたね。

迎えたコンサート本番では、チェロのジャケスもヴァイオリンのジュディも、鎮魂の思いを込めて一生懸命に演奏してくれました。ぼくも、被災者の方々に寄り添えたらと願い、心を込めてピアノを弾きました。9・11の直後、しばらく音楽を作れないどころか、聴く気持ちにもなれない状況に陥った自分にとっては、マンハッタンを散歩しているときに偶然出会った、名もなきストリート・ミュージシャンによるビートルズの『イエスタデイ』の演奏が、再び音楽と向き合うきっかけを与えてくれました。差し出がましいかもしれないけれど、それと同じようなことができたらという思いもあった。

実際には、被災者の方々との距離の取り方は簡単ではありません。決して悲劇的な話を蒸し返したくはないし、軽々しく「頑張って」とも言えない。それでも、応援している気持ちを少しでも音楽を通じて伝えられたらと考え、自分のできる範囲で、さまざまな取り組みをした2年間でした。

4

旅とクリエイション

アイスランドのレイキャヴィークにて

アイスランドに学ぶ

ぼくはこれまで仕事を通じ、さまざまな場所を訪れてきました。それでも、まだ行ったことがない国はたくさんあり、2013年はそんな新たな土地との出会いから始まります。まずは年明けすぐの2月、アイスランドで行なわれた音楽フェスに、カールステン・ニコライとのデュオで呼んでもらいました。スペイン・バルセロナ発祥の「ソナー」というエレクトロ・ミュージックに特化したフェスティバルの出張版で、この年からアイスランドの首都レイキャヴィークでも開かれるようになったんです。ソナーは一時期、東京でも開催されていました。

アイスランドには以前から強い関心がありました。なぜなら『よみがえれ！　夢の国アイスランド』という本を読んでいたから。アイスランドは2008年のリーマン・ショックの影響で、他国と同様、金融危機に見舞われるのですが、その後、欧米の経済拡大の路線から脱却しようという運動が巻き起こり、奇跡の復活を果たしました。そして、その運動に思想的な影響を与えたのが、2006年に書かれ、人口30万人の約半数が読んだとも言われる、この本なのです。アイスランドの政治家たちが犯してきた過去の過ちがストレートに批判され、一方で地熱発電の取り組みを紹介するなど、小国として持続可能性に重きを置くことの大切さを訴えかける、画期的な一冊でした。

著者はアンドリ・マグナソンという児童文学作家で、彼に会うこともアイスランド訪問の主な目的でした。対談を申し込むと、幸い快く引き受けてくれて、その内容は『婦人画報』に載録されました。アイスランドでは２０００年代に入って、アメリカ資本の大規模なアルミニウム工場が次々に建てられ、空前の投資ブームが起きていました。しかし、それと引き換えに、工場からの廃棄物で環境が汚染されてしまい、名物である渡り鳥の生息地は危機的な状況に陥っていた。要するに、日本が経験した高度経済成長期の公害問題と同じですね。実際、アイスランドでも程なくしてバブルが崩壊し、そうしたビジネスと環境保護の対立が激化していきました。

ただ、先ほど言ったように、アイスランドでは問題に直面すると、ほとんど直接民主主義と呼んでもいいような市民の意見の交換がなされるのがすごい。そして、為政者側がちゃんと、失敗に至るまでの判断を反省する。事実、バブルを招いた元凶である銀行の幹部は、経済崩壊の責任を取る必要があるとして裁判にかけられ、投獄されました。金融危機を受けて国政選挙もすぐにやり直しになり、20代の頃にビョークと同じバンドでボーカルを務めていたミュージシャンが音楽活動の傍ら、首都の市会議員になったりもしています。

アイスランドは、１９４４年にそれまで同君連合国であったデンマークから分離・独立し、共和国となりますが、当然のことながら歴史はもっと古い。ゲルマン神話で知られる『エッダ』という本がありますよね。日本でいう『古事記』のような、北欧諸国における最重要文献のひとつですが、北欧神話や伝説をもとにして通称「スノッリのエッダ」を書いたのは、13世紀のアイスランドの詩人スノッリ・ストゥルルソンでした。

ちなみに、これは余談ですが、アイスランド人の名前は欧米で一般的なファースト・ネームのあとにファミリー・ネームがくるという形とは違います。ファースト・ネームに続けて、その父親や母親のファースト・ネームに息子なら「ソン」、娘なら「ドッティル」を付けるというしきたりがある。アンドリ・マグナソンはマグニの息子で、さらにもし彼に息子がいたら、その子の名前は「〇〇・アンドラソン」となるのでしょう。互いに名前が似ていることもあり、アイスランド人の話を聞いていると、まるで国民全員が親戚のようにも思えてきます。連帯感が強く、いざというときの決断が早いのは、きっとそのせいもあるんじゃないかな。

アイスランドへは、日本から行こうと思うと移動だけで丸一日かかるのに、ニューヨークからだと片道わずか6時間弱で、意外と近い。でも、そんな遠くかけ離れたアイスランドと日本は、実はどちらも同じようにユーラシア・プレートと北米プレートの端にちょこんと乗っかった島国なんですね。地球の構造はつくづく面白いものだと思います。大陸プレートが動くことで、アイスランドは毎年数センチずつ広がっているそうです。

今や再生可能エネルギーの最先進国であるアイスランドは、水力発電で総エネルギーの70パーセント、地熱発電で30パーセントを賄っていると聞きます。自然エネルギーだけで100パーセントを達成できているなんて、羨ましい。現地の地熱発電所を見学したら、地熱タービンは日本の三菱重工業製で驚きました。日本だって温泉の多い火山国なのだから、同じようにできないはずがないのに。日本も潜在的には自然エネルギー大国になれると思うんです。すぐに思い浮かぶものだけでも、地熱、太陽光、風力などのエネルギーをまだまだ活かせると感じますし、加えて、国の周りを360度海に囲まれているにもかかわらず、せっかくの膨大な潮力が使われていないことも残念です。

ぼくはこのときアイスランドを訪れてすっかり気に入り、翌年は主催者から声がかかっていないのに図々しく、今度はテイラー・デュプリーと一緒にソナーに出演してしまいました。ニューヨークで音楽レーベル「12k」を主宰し、自らもミュージシャンとして活動するテイラーは、ぼくが知るアメリカ人の中で、もっとも静かな人間です。彼の音楽も人柄同様、静的です。そんなこともあって非常に付き合いやすく、過去に何度かリミックスを頼み、この頃には初の共作アルバム『Disappearance』（２０１３年）も出しました。

中東の王女

続けて3月には、これも初めての土地、ＵＡＥ（アラブ首長国連邦）を訪れました。ＵＡＥを構成する国のひとつ、シャルジャ首長国の王女が現代美術の愛好家で、彼女が総裁を務める財団が主催するシャルジャ・ビエンナーレに招かれたのです。王女はロンドンの大学で美術史を学んだそうで、英語はもちろん、ロシア語や日本語まで流暢に操ることができる。非常に聡明な方で、彼女が暮らす広大な王宮も外側から見せてもらいました。そこでは、常時５００人ものスタッフが働いているらしい。ただし、王女の顔は公開されておらず、一般市民は仮にそばにいても分かりません。それをいいことに王女は、まるで『ローマの休日』に登場するオードリー・ヘップバーンのように、街中を闊歩しています。

シャルジャで展示したのは、高谷史郎さんと、音響エンジニアのオノ セイゲンさんと共に手掛けた、《silence spins》というインスタレーション作品です。茶室を模した3畳ほどの空間を作り、内側の壁に音を吸収する素材を貼る。すると、茶室の中では外の音が普通とは違う聞こえ方をするのです。その数年前に高谷夫妻や浅田彰さんと訪れた、大徳寺の塔頭・真珠庵での経験から、インスピレーションを受けました。

ぼくたちが真珠庵の中でお茶を飲んでいると、突然、外が豪雨になりました。その雨音に惹かれてみな、茶室の中で静かに耳を澄ませていたら、ただ外で豪雨に打たれているのとも違う、どこか不思議な響き方をしている。結局、そこに居合わせた誰もが無言のまま、30分ほど雨の音に聞き入ってしまいました。時間を超越した音空間のようにも感じられ、まるで茶室がそのまま宇宙に放り出されたような感覚もありました。実際には宇宙には空気がないから音は響かないのですが、これはぼくにとっても高谷さんにとっても衝撃で、以降、ふたりで何かを作るときの核のひとつになっています。そうした神秘的な体験をヒントにして制作したのが、このインスタレーションでした。

《silence spins》は、シャルジャ・ビエンナーレの直前に東京都現代美術館で開かれていた企画展「アートと音楽――新たな共感覚をもとめて」にも出品されていて、このときはあわせてピアノとレーザーを使った高谷さんとの共作インスタレーション《collapsed》も展示しました。「アートと音楽」展のキュレーターである長谷川祐子さんが、シャルジャの方にも関わっていたので、同じ作品の巡回が実現したんじゃなかったかな。

ＵＡＥに限らず、中東を訪れる経験自体が初めてのことでしたが、地域によって世俗化の度合いは違い、シャルジャでは一切お酒が飲めないことになっていました。現地のスタッフからは「もしアルコールが飲みたければ、車で30分ほどのドバイまで行ってください。そこでは合法ですから」とも言われていたんだけど、結局この滞在中は1週間、禁酒しました。シャルジャには他の国からの出稼ぎ労働者が多く、ぼくたちはパキスタン系のレストランに毎晩通っては、脂っこいカレーを好んで食べていました。

その後も中東絡みでは、サウジアラビアの富豪アーティストからコラボレーションのお誘いを受けたり、巨大なコンサート・ホールから公演のオファーがあったり、さらには中東資本で作られるアニメ映画の音楽を依頼されたりもしているのですが、あいにく病気のこともあって、どれも実現しませんでした。

観光嫌いの性分

思い返すと、この時期は旅ばかりしています。もっとも昔から、ミュージシャンと旅は切っても切れない関係でした。オーストリア出身の少年モーツァルトが、当時西洋音楽の中心地であったイタリアへ旅行をしてきたことはよく知られていますし、それとは反対にドイツ生まれのバッハは、生涯イタリアを訪れることはなかったにもかかわらず、遠い彼の地を思い浮かべて『イタリア協奏曲』を作ったり、イタリアの様式を真似したりしています。バッハにも南方憧憬というものがあったんですね。実際にはその土地を踏まずとも、異国への憧れが創作の原動力になります。

音楽家と旅の縁が深いもうひとつの要因はもちろん興行ビジネスで、18世紀に生きた作曲家ハイドンの時代に、そのシステムが確立しました。ハイドンは長らくハンガリーの貴族エステルハージ家に仕えていたことで有名ですが、そんなハイドンに目を付けたのがイギリスの興行主で、「ロンドンでのオーケストラの公演のために新曲を作ってくれ」と、年老いた彼に頼み込んだ。依頼を引き受けたハイドンは、二度にわたって12曲の交響曲を作りました。そのコンサートは貴族のためではなく、市民のためのものでした。イギリスではいち早く市民階級が勃興していたのです。そして公演は大成功を収め、ハイドンは名声を高めました。これが今日まで続く音楽の興行の始まりと言っていいでしょう。

ただ、ここまで語ってきたことと矛盾するようですが、ぼくの場合、旅先で見たものからクリエイションの着想を得ることはあっても、実は観光というものが大っ嫌いなんです。カールステンは若い頃に建築の勉強をしていたこともあって、ツアー先でオフの日があると、決まってその土地の建築を見に行ったりしています。他方、ぼくは基本的にずっとホテルの部屋に籠ってしまっている。まあ、たまにはカールステンに誘われて一緒に出掛けることもありますが。

以前、アルバムのプロモーションのために訪れたポルトガルで、こんなことがありました。このときはひとりでの滞在だったのですが、ある日、現地のレコード会社の担当者が自ら車を出して、午前中から街中を案内してくれました。もちろん、向こうも良かれと思ってそうしてくれているのだろうし、しばらくは我慢して渋々ながら付き合っていたんです。だけど、いわゆる観光名所をいくつか回って、一緒に昼食もとり、さらに別の場所へと向かおうとしている午後3時頃、車があろうことか渋滞に突っ込んでしまった。しばらくのあいだ、まったく進みません。それでぼくは朝からのストレスも積み重なって、ついに耐えられなくなり、停まっている車のドアを開けて「I hate sightseeing!」と声を上げて、ホテルまで歩いて帰ってしまいました。彼は文字通り口をあんぐり開けていました。

そしてポルトガルから出国する日、空港まで見送りに来てくれたその担当者は「今回は坂本さんの希望も聞かずにたいへん失礼しました」と頭を下げ、せめてものお詫びにと高級ワインを手渡してくれました。ぼくも大人げなかったことですし、向こうが善意で観光案内をしてくれたのは理解しているから、「こちらこそ説明不足で申し訳なかった」と、そのワインを受け取りました。……なのですが、そのときにうっかりこちらの手が滑り、袋ごと落としてしまった。そしてビンが割れ、空港のロビーがたちまち赤く染まりました。あたりにはワインの芳しい香りが立ち込めましたが、当然もう取り返しがつきません。彼は泣きそうな顔をしていました。あのときは本当に悪いことをしてしまいました。

パイクとケージ

2013年の4月には、ワシントンD.C.のスミソニアン博物館で開かれていた、ナムジュン・パイクの大規模な回顧展での記念イベントに出演しました。高校時代に手に取った『美術手帖』で知って以来、パイクはぼくにとってアイドルのような存在です。特に好きなのはヴァイオリンを使った作品で、《Violin with String》という、楽器に紐を括り付け、グァム島の路上を犬の散歩のように引っ張っていくアーティスト自身の姿を映したヴィデオアートと、《One for Violin Solo》という、ヴァイオリンを叩き壊す瞬間を捉えたパフォーマンスが有名。この日のイベントでは、それらふたつの作品を融合して、ヴァイオリンの内側に小さなマイクとカメラを仕込み、壊れゆく瞬間の音と光景を楽器側の主観で会場のスクリーンに映し出すというライブ・パフォーマンスを行ないました。

10代の頃から一方的に憧れていたパイクと面識を得たのは、1984年のことでした。

その年、東京都美術館でパイクの個展が開かれ、ぼくはその準備をするパイクに会いに行ったんです。会場の方へ歩いていくと、向こうからパイクが手を広げながら近づいてきて、「朋有り、遠方より来たる」と、論語の一節を呟きながらハグしてくれました。素直に感動しましたね。パイクは植民地時代に日本語教育を受けた世代ですし、その後は東京大学に留学したこともあり、日本語が非常に堪能です。以来、すっかり仲良くなり、パイクが制作の拠点にしていたニューヨークのソーホーのアトリエへも何度か遊びに行きました。そこはボロボロのビルの最上階のロフトで、トイレにはドアもなく、冬場に訪れると空から降る雪が天井に開いた穴を通してアトリエ内に舞い込んできました。

一度、パイクに連れられて、ジョン・ケージの家を訪ねたことがありました。3時間ぐらい話をしたのですが、このときケージから聞いたエピソードが強く印象に残っています。彼は過去に3回、旅行中に荷物を紛失したことがあるらしい。あいにく、その3回とも荷物は戻ってこなかったものの、結果としてそれまでの人生をリセットして再出発するための絶好の機会になったのだそうです。過去に縛られる必要はない、むしろ捨てる勇気が大切なのだという、禅に大きく影響を受けたケージならではの考えを、なるほどと思いながら聞きました。

前衛作曲家であるケージが、単なる「キノコ好き」の域を超えてキノコという存在に魅了されていたことは知っていましたが、実際に自宅のキッチンには大きな中国製の薬棚が置かれ、１００ほどもある小さな仕切りのすべてにマッシュルームやハーブが几帳面に整理されていて圧倒されました。彼はアマチュアながら研究者としての功績もあり、友人と共にニューヨーク菌類学会の創立に関わっています。ちなみに、ケージがキノコに惹かれる理由のひとつには、辞書で「music」と「mushroom」が隣り合わせになっていることがあるそうです。彼自身は生前、セクシュアリティをはっきり公言していませんでしたが、今でいうクィア・コンポーザーと言ってもいいかもしれません。考えてみれば、キノコなどの菌類もノンバイナリーなのでした。

パイクがケージと出会ったのは、1960年頃のことです。パイクのパフォーマンスをケージが見に来ていて、それに気づいたパイクは、なんと持っていたハサミでケージのネクタイを切って会場の窓から投げ捨ててしまった。パイクが2006年に73歳で亡くなり、ニューヨーク中のアーティストが一堂に会した盛大な葬儀が行なわれた際には、このエピソードにあやかり、男性参列者の多くが、自分のネクタイを切って棺に入れました。伝説のダンサー、マース・カニングハムも車椅子で登場し、帰り際にぼくに微笑みかけてくれました。あれは素晴らしい瞬間だったな。その9年後に、パイクのパートナーだった久保田成子(しげこ)さんが亡くなったときにも、立派なお葬式が開かれました。久保田さんは最近ようやく日本でも回顧展が開かれるなど、活動が認知されてきましたね。晩年の入院先でのパイクを撮った、《Sexual Healing》というチャーミングなヴィデオ作品もあります。ニューヨークで暮らすアジア人アーティストを代表する、素敵なご夫婦でした。

映画祭という空間

その後も旅は続きます。2013年の8月末から9月頭にかけては、ヴェネツィア国際映画祭の審査員としてイタリアを訪れました。この年の審査委員長がベルナルド・ベルトルッチで、6月に突然、「お前を審査員に指名しておいたから、映画祭に来るように」とメールが届いたんです。ぼくにとっては心の師であり、また父のような存在である彼から直(じか)に頼まれたら、何があっても断れません。映画祭中のスケジュールは結構タイトで、一日に3〜4本の映画を観て、審査員全員で討議をし、20本の中からコンペ部門の授賞作を選んでいきました。

映画祭では情報統制が厳しく、審査員は会期中、一切メディアの取材を受けてはいけないことになっていた。そのこともあってか、動線まですべて主催者側に決められており、ヴェネツィア空港で飛行機からタラップを降りると、そこにはもうハイヤーが待機していて、一般とは違う別室で入国審査をされました。ヴェネツィアの市街地でレストランに入り、お金を払おうとしたら、「坂本さんからはいただけません」と言われてしまったりも。滞在先はヴィスコンティ監督の『ベニスに死す』の原作の舞台となった「ホテル・エクセルシオール」だったり、日本では考えられないほどの特別待遇で、映画祭というイベントへの街全体のリスペクトを感じました。リド島にあるホテルの部屋から外を眺めると、アドリア海が光り輝いていました。

このときはベルトルッチと、久しぶりにゆっくり時間を共にすることができました。既に70代になっていた彼は、腰を悪くして、車椅子で移動していました。最初は車椅子生活が嫌で、塞ぎ込み、長いこと外に出なかったそうなんです。ベルトルッチの若い頃の写真を見るととても美形で、実際に本人がすごく外見を気にするタイプでもあった。子供の頃から父親の親友だったパゾリーニに可愛がられ、手を引かれて映画を見に行っていたようなひとですからね。それでも、こうして審査委員長として再び人前に姿を現すようになったのを目にし、少しは前向きになってきたのかなと嬉しかった。

映画祭というのは、ちょっと不思議な空間です。周りからは隔絶されているのに、その内部では世界中から集まってきた映画関係者との密なコミュニケーションが生じる。このときは、前からファンだった台湾の蔡明亮（ツァイ・ミンリャン）監督と知り合いました。最初は軽く挨拶したくらいだったけど、その4年後に、再び映画祭のために訪れたヴェネツィアで海岸を歩いていると、どこからか「リュウイチ〜！」と呼ぶ、大きな声がする。声の方を振り返ると、蔡さんがまるでイタリア映画のように駆け寄ってきたので、がっしりハグしました。彼はオープンリー・ゲイということもあり、愛情表現が豊か。その後、蔡さんとは台北で一緒にひとときを過ごしたり、彼の『あなたの顔』（2018年）という作品のために音楽を作ったりもしました。

審査員の仕事を通じて、未知の映画にたくさん触れられるのも面白い。2018年にベルリナーレ（ベルリン国際映画祭）で審査員を務めたときは、貧困国で年間わずか3本ほどしか映画が作られないという、南米のパラグアイで撮られたマルセロ・マルティネッシ監督の『相続人』に心を動かされました。初老の女性カップルの姿を描いていて、テーマとしても、強権的な政治体制のパラグアイではなかなか上映できないのではないかと思わせた。しかし、あえてその作品を最後まで完成させ、こうして外国の映画祭に出品するという製作者側の勇気にも胸を打たれました。同じくこのベルリナーレで知った、その時点で既にこの世を去っていた中国の映画監督フー・ボーの長篇『象は静かに座っている』にも衝撃を受けました。彼はハンガリーを代表する映画監督タル・ベーラの愛弟子として将来を嘱望されていたものの、4時間近いこの映画1本だけを残して、29歳で自ら命を絶ってしまった。映画全篇に流れるノイズ混じりの音楽も素晴らしく、その音楽を手掛けた中国のバンド、花伦（Hualun）ものちに紹介を受け、交流を続けています。

わずか2週間ほどの映画祭の期間で、さまざまな映画と出会い、さまざまな映画人と知り合い、さまざまな国の事情に接する。セグメント化されてしまっている音楽の場合は、ここまで巨大なスケールで作品が世界中へ伝播することはまずないから、その広がり方には羨ましさを感じます。北欧であれ中東であれ、ぼくのことを知ってくれているひとがこれほど多いのも、結局のところ純粋な音楽活動だけではなく、大島渚監督の『戦場のメリークリスマス』（1983年）に出演したり、ベルトルッチ作品の音楽を手掛けていたりすることと深く関係している。今でもイタリア人たちは、ベルトルッチ組のぼくのことを「ルイージ・サカモト」と呼び、自分たちの仲間として扱ってくれるんです。

能楽への歩み寄り

2013年は、ぼくがさまざまな形でお世話になってきたYCAMの開館10周年の年でした。そして、この10周年記念事業のアーティスティック・ディレクターを拝命することになり、記念に《Forest Symphony》と《water state 1》というサウンド・インスタレーションを作りました。《Forest Symphony》は樹木が発する微弱な生体電位を音楽に変換する試みで、磯崎新さんが設計したYCAMの空間を、スピーカーを通して森に変貌させたいと考えました。また、《water state 1》は高谷史郎さんとぼくが長く関心を寄せている水を扱った作品です。

さらに10月には野村萬斎さんとのコラボレーションで、一日限りの能作品を上演しました。ぼくは能楽や歌舞伎、お茶やお花など日本古来の伝統芸能とされるものを、ナショナリズムや軍国主義を想起させるような気がして、長いこと忌避してきました。しかし、50歳になろうとする頃に訪れたアフリカで鳥の美しさに目が惹きつけられ、これぞ花鳥風月の世界だな、と苦笑したのをきっかけに、日本の伝統芸能にも徐々に興味を持つようになっていきました。実は能楽には若い頃から関心があったのですが、あまり観るチャンスがなかった。初めて能楽を自分の音楽に取り入れたのは、3・11のときに録音していた『一命』(2011年)の映画音楽で、大鼓方の亀井広忠さんらに参加していただきました。

YCAMでのイベントは2部構成で、第1部では古典演目の狂言『田植』、舞囃子『賀茂 素働(しらはたらき)』、素囃子『猩々乱(しょうじょうみだれ)』を新演出で上演し、ぼくは『猩々乱』でピアノを弾きました。水や大気が田畑や雲、海洋へと変化していく様を描いたこれらの演目は、ぼくの関心から選ばれたものです。

続く第2部が《LIFE-WELL》と題した新作で、萬斎さんや高谷さんと共に準備を進めてきました。ウィリアム・バトラー・イェイツという、ぼくが好きなアイルランドの詩人がいますが、19世紀から20世紀前半にかけて生きた彼は一度も日本を訪れたことがなかったのに、能に影響を受けた戯曲をいくつか書き遺しています。同時代にお雇い外国人として東京に滞在していた美術史家のアーネスト・フェノロサから詩人のエズラ・パウンドへと能楽の知識が伝わり、そのパウンドから親交のあったイェイツへと知識が受け継がれた。そしてイェイツは自らの想像力をもって、オリジナルの能の世界を作り上げました。

なかでも有名なのが、『鷹の井戸』という作品です。ケルトに伝わるアルスター伝説の

《LIFE-WELL》上演の様子
撮影：イトウユウヤ（YCAM）
写真提供：山口情報芸術センター［YCAM］

英雄クーフリンが、不死の水を飲もうと山中の井戸までやってくるものの、そこにいた老人は、既に水は枯れてしまっていると言います。すると、井戸の見張りをしていると見えた女性が突如、鷹のような声を上げて舞い始め、クーフリンはしばしその姿に惹きつけられる。けれども、その舞いが終わると、あたりは元通りになっていて、クーフリン自身もなぜそこへ来たのか忘れてしまっているのでした。すべては眠り込んでいた老人の夢とも解釈できるような、摩訶不思議な演目です。

『鷹の井戸』はその後、日本へと逆輸入されました。戦後には能楽研究者・横道萬里雄によって『鷹姫』という翻案作品も作られ、上演され続けています。《LIFE-WELL》では、オリジナルの『鷹の井戸』と『鷹姫』の内容をあえてミックスし、ふたつの作品をシームレスに融合した特別ヴァージョンを実験的にやってみました。以前に高谷さんとYCAMで制作した《LIFE – fluid, invisible, inaudible...》の水槽の下に舞台を設え、映像も投影しながら、萬斎さんが自ら主役の空賦麟を演じました。囃子方には萬斎さんの呼びかけで一流の能楽師たちが集い、客席にわずか200人ほどしか入れられなかったのが惜しまれるほど、豪華な能舞台になったと思います。

能楽は太鼓にしても笛にしても、空間を引き裂くような強烈な音を出しますよね。対して、ピアノの音はどうしても弱く感じてしまいます。ピアノは音の連なりで成立する曲のための楽器ですから、一音で音楽を表現できる和楽器の存在感にはとても太刀打ちできない。そこで、ぼくは弦の上にパイプや石を並べ、あえてノイズしか出ないようにしたプリペアード・ピアノを演奏しました。

その前年にニューヨークで友人ミュージシャンのジョン・ゾーンが運営する「ザ・スト

ーン」という小さなスペースで、1週間ぶっ続けで即興演奏のライブを任された際にも、毎回新しい音を出すため、ピアノの弦の上に針金や金属の火箸や新聞紙を載せたりしました。このような工夫はジョン・ケージが何十年も前に取り入れていることで、特に珍しくはないものの、特定の音楽様式のために緻密に作られたピアノという楽器を「もの」の音のする道具に戻すためには、まだ有効な手段だと思うのです。この連続イベントのある日は、ニューヨーク在住の女性能楽師を招いて『道成寺』の乱拍子を即興でやろう、と提案しました。『道成寺』は演者が1分間のうちに一度動くかどうかという、極度の集中力が必要で、能の中でもぼくがもっとも好きな演目のひとつです。

萬斎さん然り、能楽の最先端にいるひとたちは以前から貪欲に、西洋音楽の表現も取り入れてきています。例えば、観世流の家に生まれ、戦後間もない頃に世に出た観世寿夫・栄夫の兄弟は、それまでの常識からすると、かなり型破りな表現を試みていました。特に「昭和の世阿弥」とも呼ばれた兄の寿夫さんは能舞台に高橋アキさんのピアノ伴奏を使った斬新な演出をしていましたし、能楽に限らず、「冥の会」としてギリシャ悲劇やベケットの『ゴドーを待ちながら』の上演も行なっています。

その越境性を引き継いだのが2021年に亡くなったフランス文学者の渡邊守章先生で、渡邊先生は文学研究と並行し、演出家としても第一線で活躍されてきました。晩年には「マラルメ・プロジェクト」と称し、京都芸術劇場 春秋座で彼が専門としてきたマラルメ作品の朗読パフォーマンスをなさっていて、ぼくも先生から直接声をかけられ、『イジチュール』をはじめ、いくつかの作品の音楽を担当しました。渡邊先生のことは高校生の頃にNHKのフランス語講座で見て、ハンサムだし日本人としては綺麗なフランス語を話す方だなと印象に残っていましたが、本格的な演劇活動を継続的にされていたり、ミシェル・フーコーの主著をいち早く邦訳したりと、単なるアカデミシャンではないと知るのは、ずっと後のことでした。まだ10代だった学生時代の萬斎さんに真っ先に注目したのも、渡邊先生だったそうです。こうして考えてみると、いろいろと繋がっていますね。

指揮者の流儀

２０１４年は年明け早々に、鈴木邦男さんとの共著『愛国者の憂鬱』を刊行しました。鈴木さんは右翼団体・一水会の名誉顧問ですが、官邸前の反原発デモによく顔を出していて、その現場で知り合った。鈴木さんには怖いイメージもありましたが、間近で接してみると、非常に穏やかな目をしています。そして、実際に話をしてみたら、意外なほど意見が嚙み合う。震災後のこの国のあり方に強い危機感を覚えているという意味では、鈴木さんもぼくも同じなのでした。天皇制や自衛隊、領土問題などに関しては意見を異にしながらも、この対話を通じて彼から新たな物の見方を教わったと言えることもたくさんあります。とりわけ感銘を受けたのは、「まずは個人があり、次に国家がある。国家のために死ぬべくして、ひとりひとりが生まれてきたのではないんだ」という鈴木さんの言葉です。真の愛国者かくあるべし、と感じました。

そして４月には、石川県立音楽堂を皮切りに「Playing the Orchestra 2014」と題した、日本国内７会場でのオーケストラ・コンサートのツアーを実施しました。オーケストラを率いた自曲の演奏会は前年にも行なったものの、そのときにちょっと不満が残ってしまい、今回は自分でピアノを弾きながら指揮をすることにしたのです。いわゆる「弾き振り」ですね。指揮に関して、ぼくは正式な教育を受けていないものの、小学生の頃にテレビで見たヘルベルト・フォン・カラヤンの流麗な指揮に魅了され、自分でも鉛筆を指揮棒のように握り、目を瞑って真似していました。他の名だたる指揮者とも違う独特の優雅さが、カラヤンにはありました。一方で、カラヤンとは対照的なフルトヴェングラーの、朴訥とも言えるような指揮も大好きなのですが。

若い頃から何度か、オーケストラを前に指揮をする機会はありましたが、かつては「指揮者いじめ」も経験しました。プロのオーケストラの演奏家からすれば、ぼくが指揮者としての訓練を受けていないことは明白なので、わざと指示に従わなかったり、音を変えたりと、意地悪をするんですね。でも、こちらもこちらで気が強いから、生意気にも年長の演奏者に向かって、「やる気がないなら帰ってくれ」などと言い放ったこともあります。

指揮は面白いものです。手元に同じ譜面があり、同じオーケストラのメンバーが揃っていても、指揮者次第で音がまったく変わってくる。「ハーイ」という感じで合図を出すのと、「バン！」という感じで合図を出すのとでは、当然のことながら反応が異なります。指揮者が小指ひとつ動かしても何かしらの意味が生じてしまうし、もっと言うと、何気ない目つきすら演奏に関係してきます。なので一流の指揮者というのは、絶対に無駄な動きをしない。オーケストラのメンバーは、プラクティカルな指示を好みます。彼らは「ここはもっと大きく」「ここはもっと強く」など、できるだけ具体的に言ってほしい。しかし、ぼくは時にはあえて詩的な表現を使うこともあります。例えば、「ここは森の奥深くにある、人気のない湖。まるで鏡のような湖の水面にかすかな波を立てるように」と。こればかりは人間相手だから可能なことで、ＡＩには理解できないかもしれません。

一度、黛敏郎さんに「坂本くんの指揮、いいじゃない」と誉めてもらったことがありました。いつもおしゃれでダンディーな黛さんにそう言っていただけて、嬉しかったな。三島由紀夫を尊敬していた黛さんは、ぼくが戦後の日本の作曲家で武満徹さんと並び、もっとも才能があると思う存在です。能力的になんでもできてしまうので、かえって器用貧乏の印象もある。黛さんは学生時代からバンドや映画音楽の仕事をしていて、羽振りがよかったそうです。でも、そんなある日、黛さんは人づてに「武満徹という面白い奴がいるよ」という噂を聞きます。「すごい作曲家なのに、非常に貧乏で、楽器すら買えない。しかも夫婦揃って、肺炎で寝込んでいるらしい」と。その話を耳にした黛さんは、面識もないのに、武満さんのところへピアノを送りつけたという。とても粋なことをしますよね。武満さんは当然ながら、大いに感動したそうです。

黛さんは、ぼくのこともよく気にかけてくださっていて、１９８４年には彼が司会を務めていたテレビ番組『題名のない音楽会』に呼んでいただきました。そして、「この楽譜をずっと持ち歩いていたんだ」と言って、ぼくがその8年前に藝大大学院の修了制作として書いたオーケストラ曲『反復と旋』を番組内で紹介してくれたんですね。その後も『題名のない音楽会』には何度か出演させてもらいました。

談山神社で見た『翁』

5月には、能楽の仕事を通じて知り合い、仲良くなった小鼓方の大倉源次郎さんに誘われて、奈良県の談山神社まで『翁』の上演を見に行きました。明日香村から1時間30分ほど、多武峰という山を登ったところにある談山神社は、「大化の改新」ゆかりの地として知られています。神社を訪れると、脇からチョロチョロと湧水が出ているのが分かります。その湧水は奈良盆地を通り、最後は大阪湾へと流れていく。どうやら現在活動する能楽師たちは、その川沿いにルーツがあるそうなんです。みな揃って、秦河勝という渡来人の血を引く「芸能の神」の末裔で、今では人間国宝になっている大倉さんも、本名は秦さんだと聞きました。

そして、談山神社では毎年春になると奉納という形で『翁』の上演が行なわれ、これがすべての能の原点だとされています。しかし、能の専門家や能楽師自身でも正確に理解しているひとは誰もいないほど、『翁』の内容は決して分かりやすくはありません。「とうとうたらりたらりら」と意味不明なセリフが唐突に出てきて、それはひょっとすると、この土地の湧水や農業とも関係しているのかもしれない。ぼくは「翁」とは、天孫族がこの地にやってくる以前の、山人たちの神なのではないかと思うのです。きっと、大化の改新の謀議がここで行なわれたこととも繋がっていて、中大兄皇子と中臣鎌足は重要な政治改革を行なうにあたり、先住民の神のパワーをもらいに談山神社まで向かったのではないか。そして『翁』という演目は、神に捧げる祭事としての側面を維持しつつ、仏教や和歌などの文化からも多大な影響を受け、長い時間をかけて、とうとう室町時代に能楽として完成したのではないか——そんな仮説を立てながら、この上演を見ていました。

これはぼくが勝手に言っているだけで、なんの根拠もありません。とはいえ、１００パーセント間違いだとも言い切れないはずです。全体が3つのパートに分かれた『翁』の演目は、世阿弥が洗練させたように鮮やかな物語展開もなく、とにかく終始謎めいているんだけど、それゆえの興味深さがある。大昔はきっと日本列島にも多くの先住民族がいたのでしょう。だから、奈良のある紀伊半島に限らず、東京から近い房総半島や伊豆半島、あるいは諏訪などの山の中には、談山神社のように、大和朝廷によって統一される以前の文化の原石が今も密かに残っているんじゃないかな、という気がしています。

札幌国際芸術祭

２０１４年の大きなイベントとして、札幌国際芸術祭がありました。この年が記念すべき第1回ということで、2年前にゲストディレクターに任命されてから何度も北海道へ通い、コツコツと準備を進めてきた。話をもらって最初は悩みましたが、映画祭の審査員と同じく、これも自分からやりたいと希望したところでできない仕事だからと思い直し、挑戦することにしました。

北海道は、明治時代以降の日本政府が進めてきた「開拓」という名の近代化の象徴のような土地です。元々はアイヌ民族が暮らしていた土地を和人が暴力的に切り拓き、札幌のような大きな都市を作り上げてきた。そこで、この芸術祭では「都市と自然」をテーマに掲げ、環境破壊を含めた近代化の歩みをアートを通じて振り返り、過去の失敗の反省のもと、21世紀のポスト近代に生きる我々の暮らし方を見つめ直すきっかけを作れないだろうか、と考えました。自分がやるからにはひとつの作品が数億円で取り引きされていくアート業界のトレンドには背を向け、他には類のない芸術祭にしたいという思いがあった。

当然ながら、ぼくはこうした大きな芸術祭のディレクターの仕事は初めてだったから、正直どこまで関わればよいのか分かりませんでした。結果として、本来しなくてもいい仕事までこなしていたようです。付き合いのある島袋道浩(しまぶく)さんや毛利悠子さんには自ら声をかけて新作を提供してもらったり、北海道の雪にあやかり中谷宇吉郎さんの展示を企画したり、近代化への批評精神を持った砂澤(すなざわ)ビッキや工藤哲巳(てつみ)の彫刻を見つけてきたり、はたまたアンゼルム・キーファーのインスタレーションを展示したいと思い、日本国内の美術館が所蔵するキーファー作品をすべて調べ上げてそこからテーマに合うものを選んだりと、細かなところまで妥協なく決めていきました。もちろんひとりではできないので、アソシエイト・キュレーターとして関わってくれた、専門家の飯田志保子さんに大いに助けてもらいながらですが。

ぼく自身も参加アーティストとして、北海道の空の玄関口である新千歳空港で会期中に流れる「ウェルカムサウンド」を提供しました。そして、美術作家の選定のみならず、以前に見て感銘を受けたシディ・ラルビ・シェルカウイとダミアン・ジャレのコンテンポラリー・ダンス作品『BABEL（words）』をどうしても招聘したくなり、とはいえ芸術祭単体では予算を賄えないからスポンサーを探して東京公演の企画を立てたりと、そんなことまでしていました。彼らのダンス・パフォーマンスは、ピナ・バウシュ亡きあと世界最高峰じゃないでしょうか。

YCAM開館10周年の記念事業と、札幌国際芸術祭のディレクターの仕事を並行してこなしていたこの時期は、すっかりアート脳になっていたと思います。ぼくは小学校高学年の頃から、自宅にあった画集でマネやモネ、ルノワール、セザンヌといった印象派の画家たちの絵を眺めるのが好きでした。下手くそながら見よう見まねで、マネの婦人像を模写していたくらいです。もっとも、現代美術に出会うのは高校に入ってからで、はじめは雑誌でボイスやウォーホルといったアーティストの存在を知りました。

読む本の内容も高校に入って変化しました。高校の図書室で、尊敬する先輩から「これ読んでみたら」と、埴谷雄高の『虚空』を指し示され、父親が家でよく電話で喋っている相手として認識していた「ハニヤさん」と、「ハニヤユタカ」とは、この作家のことかと思いました。音でだけ知っていた「ハニヤさん」と、その漢字が合致した瞬間でした。

時代は60年代後半で、街に出ればアートシアターもある。いま思えばちょっと早熟なくらいで、典型的な若者の行動だけど、映画館でゴダール作品を見てから、新宿にあるジャズ喫茶をひとりで回ったりしていました。よく入り浸っていた喫茶店は「ウィーン」といい、並びにあった「風月堂」のことは前衛詩人気取りのような客が多かったので、ちょっと小馬鹿にしていたんです。だけど、自分自身は学ランに学帽姿。あるいは高校2年生の中頃からはジーパンを穿いて、バンカラを気取っていた。その後、ぼくが通う新宿高校は自分たちの働きかけで制服・制帽などが廃止になりましたが。

ちなみに当時の都立高校は学校群制度が敷かれており、新宿高校は駒場高校と同じグループで、合格した生徒の中から入学者の成績が同程度になるように振り分けられていました。3歳下に、のちに美術家となる岡﨑乾二郎(けんじろう)さんがいて、どういうわけか当時は顔も知らないはずのぼくに憧れ、同じ新宿高校を志望していたらしい。でも、彼は学校群の振り分けで、駒場高校に進学することになりました。新宿高校は男女比がおよそ3対1なのに対し、駒場高校は3対5だったから、本当はぼくの方が駒場に行きたかったのに。

話が横に逸れましたが、芸術に目覚めた高校時代以来と言ってもいいほどアートと真剣に向き合っていたこの時期は、自分の知識をアップデートするために、インプットもたくさんしていました。13年の秋にはアニッシュ・カプーアの展示のためだけにベルリンにまで足を運びました。こちらには観光という意識がないものだから、イミグレーションで「ドイツへはどんな目的で来たんですか?」と尋ねられて「カプーアのエキジビションを見るためだ」と愚直に答えたところ、その職員にポカンとされてしまった。カプーアは震災後に、スイスの音楽祭「ルツェルン・フェスティバル」のための移動式コンサート・ホール「アーク・ノヴァ」を磯崎新さんと共同設計したことで、日本でも有名になりましたね。

また、14年の春には、アメリカのコネチカット州にある建築家フィリップ・ジョンソンの自邸グラス・ハウスまで、中谷芙二子さんによる霧の彫刻の展示を見に行きました。モダニズムで設計された家そのものは小ぢんまりとしていて、四方がガラス張りだからプライヴァシーも何もないんだけど、驚くべきことに、見渡す限りの土地が地平線まで含めてすべてジョンソン家の持ち物なのだそう。父親の資産を受け継いだフィリップは現代美術のコレクターでもあり、敷地内には家よりもずっと大きな、こちらはポストモダン様式で作られたギャラリーがありました。

思い描いたオープニング

芸術祭を率いるためには、その土地の政治家や有力者とも上手く付き合わなくてはいけません。ぼくも一応、税金を使ったプロジェクトの代表者として、商工会議所の青年部や地元の名士たちが集まる場へと出かけては、「ご支援をお願いします」と頭を下げて回りました。本来、そういった社交が一番苦手なのに。一度など、ストレスがたたってか、会合の翌日に熱を出してしまったくらいです。

当時、札幌は弁護士出身のリベラルな上田文雄市長で、脱原発も含めて思想が一致していたからまだやりやすかったけど、安倍晋三首相のお膝元である山口ではいろいろ苦労しましたね。YCAMは山口市の持ち物だから、保守系の市議会議員からは、「坂本なんかをディレクターにするな」という反対意見が出たようです。折しもこの10周年記念事業の準備期間中に山口県知事選が予定されており、ぼくは現職の後継候補に対抗する革新系の候補者と知り合いだったので、現職サイドから「相手方の応援演説はしてくれるな」と、知人を介して圧力を掛けられたりもしました。

それでも、せっかく行政にコミットするならと、札幌ではぼくの側に、ある目論見もありました。YCAMに並ぶ日本のメディア・アートの拠点を、この北の地にも作ろうと思い描いていたんです。その頃、札幌市は「ユネスコ創造都市ネットワーク（メディア・アーツ都市）」に加盟したばかりで、そんなこともあって、必ずしも美術プロパーというわけではないぼくをディレクターに指名してくれたのでしょう。ならば芸術祭が終わったあとも、新設のメディア・アート・センターをベースに文化を発信していけば、世界的にも存在感を示せるだろうと考えました。上田市長もぼくのこのプランを支持してくれ、歴史ある札幌市資料館をアート・センターとして転用する計画に賛同し、そのリノベーションのための建築コンペも実施しました。そして一等を選んだものの、残念ながらそこで計画は頓挫してしまったのです。のちに市長も代わり、担当の役人たちも3年で交代してしまった。無念でなりません。依然として自民党の城下町ではあれ、今も活発に運営されているYCAMは、日本唯一のラボを備えたメディア・センターとして立派ですね。

札幌国際芸術祭の開幕イベントでは、イサム・ノグチが設計したモエレ沼公園を舞台に「北の大地を寿ぐ」という、能楽とアイヌ古式舞踊の合同パフォーマンスを予定していました。野村萬斎さんと観世清和さんらに、ぼくが談山神社で見た『翁』や『高砂 祝言之式』『福の神』を演じてもらい、同時に帯広カムイトウウポポ保存会の会長・酒井奈々子さんの協力で、アイヌ文化の伝承者たちに「サロルンリムセ（丹頂の舞）」や「エムシリムセ（剣の舞）」「オイナ（神謡）」といった演目を披露してもらうことになっていた。

ぼくは、北海道で芸術祭を開くからには、ここが本土からの開拓使とアイヌ民族の戦いの場であったこと、そして近代日本ではアイヌに対する差別が存在したことからも目を背けず、はじめに両者が和解するための儀式を行なわねばならないだろうと考えました。つまりこれは、大和の神とアイヌの神が合同で寿ぐことを目指して立てた企画だったんです。しかし、この日はあいにく始まる直前に土砂降りとなり、中止となってしまいました。実はぼくはその時間に、自宅の裏庭でイベントがうまくいくよう、自己流でアイヌの神にお祈りを捧げていたのです。ひょっとして、それが災いしたのかもしれません。あまりに残念だからと、萬斎さんたちは会場の控室で『翁』の一部である「三番叟」を演じ、映像を送ってくれました。

同じくオープニングでは、これもぼくの構想に沿って、鳩を使ったセレモニーを行なうことになっていました。80年代にまだそれほど観光地化されていないバリ島を訪れたとき、何気なく現地の田んぼ道を歩いていたら、上空から突然、「ヒューッ」という音が聞こえてくる。びっくりして空を見上げると、なんと何十羽という鳩が、笛を付けて大きく旋回しているのです。音の塊は遠くに行っては、また頭上へと戻ってきます。

ぼくはそれを偶然目にして究極の環境芸術だと度肝を抜かれ、ずっと頭の片隅にあったこの光景を、芸術祭のオープニング・セレモニーでぜひ実現したいと思いました。札幌を訪れるたび、地元の業者を訪ねて良い音が鳴る笛の形状を繰り返し調整し、並行して鳩の飼育者にも協力を依頼しては、このパフォーマンス——《Whirling noise - 旋回するノイズ》の準備を進めてきました。そして迎えた本番当日、市長が「札幌国際芸術祭を開幕します」と宣言した瞬間、胸に笛を付けた鳩たちをバーンと一斉に放ったのですが、あろうことか一羽たりとも上空を旋回せず、あっという間にどこかへ飛び去ってしまいました。美しい笛の音を上空で鳴らすこともなく、本当に一瞬にして。鳩たちは、慣れないモエレ沼から一刻も早く自分たちの巣に帰りたかったのかもしれない。もしくは、鷹など猛禽類の気配を周囲に感じて、恐怖を覚えたのかもしれない。とにかく、トホホ……でした。

しかし、そんな今になってみれば笑い話のオープニング・セレモニーにも、残念ながらぼくは立ち会うことができず、ニューヨークの自宅から、ただじっと中継を見守っていました。長い時間をかけて一生懸命に準備してきた芸術祭の会場にも、会期中は結局、一度として訪れることができませんでした。なぜなら、その直前に受けた検査で最初のガンが見つかり、治療への専念を余儀なくされたからです。

まさに青天の霹靂でした。

5 初めての挫折

療養のため滞在したハワイの風に吹かれて

野口整体とマクロビ

ぼくが最初に老いを感じたのは、42歳のときでした。レコーディングをしていたある日、いつものようにスタジオに入り、椅子に座って楽譜を手に取ると、なぜか目の前の五線譜が霞んで音符の位置がよく見えない。はじめは照明が暗いせいかと思い、アシスタントにもうひとつ照明を持ってきてもらいました。ところが、やはり楽譜は霞んだまま。おかしいなと、次は机の高さを調整したりしても、状況は変わりません。これでは仕事にならないので、しばらく呆然として、椅子にもたれかかりました。

そして、何気なく楽譜を再び手に取ると、先ほどまでよく見えなかった五線譜と音符が今度ははっきりと見える。そのまま左手に持った楽譜の位置を前後に動かしてみると、前日までと比べてピントが合うポイントが確実に遠くなっているのです。老眼になってしまったことに気づいた瞬間でした。子供の頃からずっと視力1・5をキープしてきた自分にとって、目の前のものがぼやけるという経験自体が初めてで、衝撃的だった。しかし自力ではどうすることもできません。「老」の字に抵抗感を抱きつつも、仕方なく老眼鏡を購入することにしたのです。老眼鏡を初めてかけて見た世界は、別世界と言ってもいいもので、それまで気がつかずにどれだけ多くのことを見逃していたんだろうと、そのことにもショックを受けました。

その数年後、大貫妙子さんのアルバム制作に久しぶりに関わることになり、ニューヨークでのレコーディング最終日にスタジオへミュージシャン仲間や近所の友人たちを呼んで、打ち上げパーティーを開きました。達成感のある仕事をした後に飲む酒は、いつにも増して美味しい。そんな気持ちよく酔っ払っているぼくのところへ、この日の主役である大貫さんがやってきて、「ちょっと手相を見せて」と言うのです。大貫さんもかなり酔っている様子でした。そのニコニコした表情に安心しきって、ぼくは何も考えず手のひらを差し出したところ、それを見る彼女の顔つきが徐々に強張っていきます。嫌な予感がしていると、続いて、大貫さんはすごく言いづらそうに、こう呟きました。「あなた、このままじゃ先が長くないわよ」。その口ぶりは決して冗談めいておらず、真剣そのものでした。

大貫さんは、ひとつだけ助かる方法があると言います。そうして教えられたのが野口整体でした。野口整体は戦後間もない頃に野口晴哉(はるちか)が確立した治療法で、骨をボキボキと鳴らすようなよくある整体とは異なり、人間の精神性にまで関与する理論を持っているらしい。大貫さんは「整体を始めたら生きづらくなるから」とも話していましたが、いちばん下の息子が5歳だった当時は、まだまだ死ぬわけにはいかなかった。少なくとも彼が成人するまで、あと15年は生きなくてはいけない。ぼくはそれまで、整体はおろかマッサージすらろくに受けたことがなかったのに、大いに好奇心をそそられて、その「最後の手段」である野口整体を受けてみることにしました。

野口整体は東洋医学のひとつの完成形と言ってもいいでしょう。大貫さんが紹介してくれたのは、彼女の中学時代の同級生でもある、三枝誠先生でした。ご自身も少年時代に野口整体で病弱な身体を克服したという、その三枝先生のもとへ伺い、まずは背骨に軽く触れるような治療をしてもらいました。正直に言うと、当初は先生がその手から送ってくれているという「気」をまったく感じることができず、本当に効いているのかどうか分からなかった。でも、お話には説得力があり、秘密結社をこっそり覗かせてもらったような高揚感も相まって、もっと知りたいと思うようになりました。元来ハマり症のぼくは、その時点で手に入る野口晴哉の本をすべて買い込み、読破しました。それからは日本へ帰るたびに三枝先生の整体を受け、ニューヨークへ戻ると見よう見真似で自分でもやってみることを繰り返しました。周囲の人間の身体のどこかに問題があれば、『家庭の医学』代わりに野口整体の本を紐解いて、原因を探ったり。

この頃には理解が深まるにつれ、体調が確かに良くなるように感じられました。三枝先生は合気道にも精通しており、その教えも受けました。代替医療（東洋医療）の先生は、身体に向き合うという共通項からか、武術に通じている方が多い。合気道は他の格闘技とは違い、筋力が強い方が勝つわけではありません。むしろ相手の力が強いほど、それを利用してこちらの技がかけやすくなるのが面白かった。三枝先生からは、古武術の甲野善紀（よしのり）さんも紹介してもらいました。甲野さんは一度、ぼくのコンサート会場に日本刀を持ち込んだこともあります。終演後、楽屋を訪れた甲野さんは、ちょうどその日のゲストとして来ていた空手使いのファッション・デザイナー、山本耀司さんと手合いを始めていました。

また、三枝先生の話を聞いて、ジャンクフードを炭酸飲料で流し込んで満足するようなそれまでの食習慣を反省し、玄米を主食、野菜や漬物や乾物などを副食とするマクロビオティックも取り入れるように。マクロビの創始者である桜沢如一（ゆきかず）の著書も片っ端から読み、一時期はマクロビをさらに先鋭化させて、乳製品や魚、蜂蜜などの動物性食品を一切摂らないヴィーガン——完全菜食主義にも挑戦しました。意外にも抵抗なく受け入れられたヴィーガンの食生活は、とはいえ半年ほどしか続きませんでしたが。

「どんな過酷な環境でも生き抜いてやる」というのがぼくの昔からの信条で、実際、生命力に満ち溢れていた若い頃は3日連続で徹夜しても平気でした。16時間くらいぶっ続けで仕事をしても集中力が落ちることはなく、毎晩深夜の1時や2時までスタジオに籠り曲を作っては、それから街へ出て朝まで飲み歩く。そこからまたスタジオへ戻って、再び作業なんてこともしょっちゅうでした。ぼくがそんな調子だから、当時のスタッフたちは過労で次々に倒れていき、「自分たちが休息するために、坂本にトリカブトを少し盛ってはどうか」と、半ば本気で話し合っていたそうです。

でも、そんな無限の体力があった頃に比べて、40代ともなると人並みに疲れも感じるようになっていました。加えて、普段から動物性タンパク質を摂らなくなると、自然と性格も柔和になってくる。そうしてぼくは、いつしか生きるための闘争心がなくなってしまっている自分に気づいたのです。これはマズい、逆に死に近づいていってしまっているじゃないか、と焦り、そこでヴィーガン生活は終えることにしました。グリーンランドがそうであるように、地球上には自然環境によって植物が育たず、動物の肉しか食物がない地域も珍しくはありません。極論を言えば、生き抜くためには生のネズミだってかじらなくてはいけないかもしれない。生命力を犠牲にしてまで修行僧のようなストイックな食生活をしてしまっては、本末転倒だと思い直したんです。

もっとも、半年間のヴィーガンの実践が無駄だったとは思いません。マクロビをはじめとする食事療法の本質を学ぶことができましたし、以来、身につけるものもなるべく自然由来の素材にしようと心がけるようにもなりました。大貫さんが忠告していたように、ある意味では生きづらさも増したのかもしれませんが、自分にとって大切なこと、やるべきことを見極める癖がつき、「より良い生」のため努力するようになったのは間違いない。闘病中も、食養、鍼灸、漢方、整体などは全身状態の維持や向上のため、病院でのガン治療と並行して続けました。

アメリカの医療

野口整体を中心に、それまでの生活を見直してからの約20年間は、多少の体力の衰えはあれ、健康に過ごしていました。風邪を引いても病院へは行かず薬も飲まず、足湯で治していて、それで何事もなかった。何度か受けた人間ドックでもずっと異常はありませんでした。だから、どこかで油断していたのかもしれません。２０１４年６月、ちょっと喉に違和感があるなと思い、久々に病院へ行ったら、念のため精密検査をしましょう、という話になりました。そして喉の細胞を採取し、調べてもらったところ、中咽頭ガンだと告げられてしまった。まさか自分が、と信じられない思いでした。

最初に頭をよぎったのは、翌月にオープニングを控えた札幌国際芸術祭のことです。ぼくはゲストディレクターとしてプログラム全体に関わってきましたし、開幕直前のここで放り出すのはさすがに無責任だろうと考えました。ガンのことは隠したまま、密かに病院へ通いながら、会場へも予定通り顔を出すという選択肢を取ることもあり得た。それでも、考えに考えた末、ここは治療に専念しようと決心し、芸術祭関連の催しをはじめ年内に入っていた仕事はすべてキャンセルして、ニューヨークに留まることにしました。

ニューヨークでの治療を決めてからも、また別の迷いが生じました。それは西洋医療を選ぶのか、代替医療を選ぶのか、ということです。先ほど説明したように、ぼくは長いこと代替医療に傾倒してきました。周りの人たちにも自然派の治療法を強く勧めてきた。しかし、ガンについては調べれば調べるほど、これが非常に強い病気であることが分かってきます。代替医療だけで中途半端に叩くと、より凶暴になって仕返ししてくる。だから、まずは西洋医療で対処し、免疫力が落ちるところを代替医療でバックアップするという複合的な方法を取ることにしました。どちらか一方だけで十分だとは思えませんでした。

インターネットで検索すると、ガンに効くとされるさまざまな商品の情報が出てきますよね。人参ジュースだったり、微生物の酵素だったり、キノコのエキスだったり。ぼくは決して、そういったものを眉唾だと一蹴するつもりはありません。熱心に探していた時期だってありました。だけど、そういった商品の宣伝文句として謳われている「成功例」は、きっと1万人にひとりくらいのものだろうと思うんです。出てこないだけで、おそらくその背後では9999人は亡くなっているんじゃないか。治ったひとのケースは嘘じゃないとしても、これを飲めば絶対にガンがきれいに消えるなどという夢の商品はない。一方で、外科手術をすればこの確率で改善する、抗ガン剤治療だとこの確率、放射線治療だとこの確率といったように、過去のデータに基づいたエビデンスが西洋医療の方がはるかに蓄積されているのは間違いありません。

西洋医療の中心地であるアメリカは、同時に代替医療の中心地でもあります。国民皆保険制度がいまだに実現しておらず、それを推し進める政治家が極左扱いされてしまうようなアメリカでは、ちゃんとしたガン治療を受けようとすると、医療費がかなり嵩んでしまう。本当は入院が必要な患者でも、保険会社がその患者に支払い能力がないと判断すれば、帰されてしまうくらいですからね。そんなこともあって、比較的安く済む代替医療への期待が大きいのです。さらに、やや意外に思われるかもしれないけど、ぼくが通院していたニューヨークのガン・センターでも、患者向けにハーブや漢方の情報を提供していたり、ヨガのクラスが設けられていたりしました。頼めば鍼灸院の紹介もしてくれる。実は西洋医療と代替医療の距離が、日本よりもずっと近いと言っていいかもしれません。ぼくのように併用するひとも珍しくはない。

アメリカの病院へ本格的に通うのはこのときが初めてだったので、いろいろと驚くことがありました。まずは、院内がとにかく冷えている。昔から、アメリカ人はエアコンが好きだと知っていましたが、なんと病院の中まで16度に保たれているんです。ワインセラーと同じ温度ですよ。それなのに、周りを見るとぼくと同じガン患者が、半袖で平気な顔をしてコーラをガブガブ飲んでいる。待合室ではコーラとコーヒーが飲み放題になっているんです。コーラには発ガン性物質が入っていると言われているし、仮にそうでなくても大量の砂糖を使っていますから、絶対に身体にいいはずがない。国内トップレベルとされるガン・センターなのに、どんな悪い冗談かと思いました。やはりアメリカはすごい。きっと入院したら、ハンバーガーが出てきたのでしょうね。

逆に、さすがアメリカと唸ったのは、院内サービスのデジタル化です。患者ひとりひとりに個人アカウントが割り当てられ、病院で診察を受けたら、その日のうちに専用のポータルサイト上で検査結果がズラッと記されたデータが見られる。例えば血中のタンパク質ひとつとっても、前回の検査時との数値の違いが分かりやすく示されるのです。そのサイトを通じて病院の主治医にも連絡が取れ、予約を取ったり変更したりするのも容易。また、病院みずからアプリを作っていて、そこで薬だけでなく、薬草やハーブ、漢方などの名前を入力すると、現在どこまで研究が進んでいるのか、どんな効能があるか、といったことが簡単に調べられました。患者の利便性の面でも、紙や電話などのコスト面でも、デジタル化は絶対に推進した方がいい。日本でもやる気になれば技術的にはすぐにできるだろうから、ぜひ実現してほしいと思います。

この最初のガンのときは主治医の勧めもあって放射線治療を選択し、抗ガン剤もわずかに投与を受けました。計7週間の治療プログラムが組まれ、ガン細胞に少しずつ放射線を当てていく。前半のうちは想像よりも痛みがなく、正直これならたいしたことはないな、と楽観していたんです。ところが、後半になるにつれ徐々に口腔内の痛みが増し、5週目あたりであまりに耐えられなくなり、先生に「もう止めてください」と泣きながら頼んでしまった。しかし、主治医によると、そこで止めるとガンの力がむしろ倍増して逆襲してくるそうなんですね。「ここで諦めたら絶対に死んでしまうから、治療が終わるまでもう少し耐えて」と説得されて、どうにか乗り切りました。放射線治療のプログラムを終えてからも1ヶ月ほどは患部の痛みが続きましたが、その甲斐あって、効果は出たようです。

喉のガンでとにかく困るのは食事です。放射線治療のせいで喉に限らず、口の中全体がただれてしまって、唾を飲み込むのも辛かった。特に酸味がある食品は激痛を伴います。大好きなバナナにさえ酸味があることを痛みとともに知り、それでも何かしら口から栄養は取らなくてはいけないから、しばらく途方に暮れていました。山芋や、おかゆなど、とろみのあるものはまだ飲み込みやすいからと、4種類の痛み止めを使って何とか食べようとしてみたり。いろいろ試した結果、いちばん良かったのがスイカです。野菜に近いからか、フルーツの中では珍しく酸味がないんですね。そのことに気づいてから、かつて川島なお美さんが「私の身体はワインでできている」と語ったかの如く、「私の身体はスイカでできている」と言わんばかりにスイカばかり食べていた。

ちなみに、あれほど毎晩浴びるように飲んでいたお酒も、この最初のガン治療をきっかけに、キッパリ止めてしまいました。時々いいレストランに行って、食事中どうしてもアルコールを我慢できなくなると、隣でワインを飲んでいるパートナーのグラスを借り、ペロっとひと舐めさせてもらうことはありますが。香りだけで苦みや防腐剤の量が分かるなど、前より感覚は鋭敏になっているかもしれません。

ニューヨークでの生活

もっぱら治療のためではありましたが、この2014年はニューヨークへ移住してから初めて、ほとんど丸一年を自宅で過ごすことになりました。もともとニューヨークに拠点を移したのは、なにもこの街への強い憧れがあったからではなくて、ひとえに利便性ゆえでした。ぼくは仕事柄、若い頃からロンドンやロサンゼルス、さらには他の欧米の大都市へと出張する機会が多かった。しかし、そのたびに毎回はるばる東京へ戻ってくるのが面倒で、いっそのことどこへ行くにも相対的に近いニューヨークへ引っ越してしまえと思ったんです。だから90年代はじめにニューヨークに居を構えてからも、結局は常にあちこちの土地とのあいだを行ったり来たりしていて、あまり自宅に長く留まることはなかった。そもそも自分には定住という概念もありませんでした。

それでも、通年でニューヨークに滞在し、季節の移り変わりやホリデー・シーズンのパレードなどさまざまなイベントを体験する中で、だんだんとこの街に愛着が芽生えてきました。よく保守的なひとが「美しい四季は日本でしか味わえない」と自慢したりしますが、あれは嘘ですね。自宅の小さな裏庭にある木も秋が深まると赤く色づき、冬には葉の落ちたその枝に真っ白な雪が積もるのを見ると、しみじみいいものだな、と思います。

そうやってニューヨークでの暮らしを楽しみながら、この充電期間中には侯孝賢（ホウ・シャオシェン）やエドワード・ヤンらが代表する台湾ニューシネマの作品に熱中して、DVDを取り寄せてはよく自宅で観ていました。エドワード・ヤンの映画の多くは、この当時まだDVD化されておらず、何度かダビングを繰り返された画質の悪いVHSを誰かにもらって、それで観たんじゃなかったかな。振り返ってみると、ここまで長い期間休ませてもらったことは、20代でこの仕事を本格的に始めて以来、初めてのことでした。いや、自分から休みがほしいと言ったことが一度だけありました。『ラストエンペラー』（1987年）でアカデミー賞作曲賞を受賞した直後に、「大きな賞を獲ったんだから、1ヶ月の休暇をくれ！」と事務所に無理を言い、どうにかスケジュールを空けてもらったんです。しかし、若いのに何もせず、ただぼんやりしていると、それはそれですぐに飽きてしまうものですね。ヴァケーションに入ってわずか3日後には「何もすることがないじゃないか。仕事を入れろ！」と、逆に怒り出してしまった。つくづく、わがままな人間です。

ちなみにニューヨークの自宅の近所には、画家で映画監督のジュリアン・シュナーベルが住んでいます。彼はぼくのことをよく誘ってくれるので、体調がいいときは遊びに行ったりもしました。『ラストエンペラー』のプロデューサー、ジェレミー・トーマスの紹介でシュナーベルと知り合った頃、彼は4階建ての家に住んでいました。家の建物全体がピンクに塗られ、中には天井の高い巨大アトリエが設けられている。新表現主義のアーティストとして知られる彼のペインティングは、非常に大判です。アトリエにはその巨大な作品が何十枚も立てかけてあり、行くたびに「この絵は最近描いたんだ」と自慢されます。

シュナーベルは何度か結婚と離婚を繰り返しているのですが、面白いのは、相手が変わると家が上へと伸びていくんですね。最初のパートナーと別れたら4階建てが7階建てになり、また別の相手ができ、しばらくしてその女性と別れると、今度はその家が11階建てになった。本人に伝えるのは憚られるものの、ぼくは彼に関しては画家より、映画監督としての才能に惹かれています。脳梗塞で全身麻痺になり、まばたきだけで回顧録を綴った編集者を描いた『潜水服は蝶の夢を見る』は、特に素晴らしかった。胸板の厚いシュナーベルはとにかくエネルギッシュで面白い男なんだけど、付き合うにはこちらもエネルギーを使うから、最近かかってくる電話はスルーしてしまっています。

ハワイの歴史

ほぼ1年を通してニューヨークで過ごした2014年ですが、放射線治療の後遺症も治まり、ようやく固形物も口にできるようになった12月にはリハビリと称してロンドンに出かけ、「THE ARAKI（あら輝）」の寿司を堪能しました。さらに、年の瀬には日本へ帰り、伊豆の老舗旅館で数日間を過ごすこともできた。

ある時期からは年末になると日本の温泉宿に滞在するという習慣ができ、とりわけ気に入って通っていたのは、熱海の「蓬萊（ほうらい）」でした。ここでは浴場から相模湾に朝日が昇る様子が見えるし、庭には大きな松の木が生えていて、その向こうを漁船が横切るのも風情がある。まさに生きた浮世絵を目にしているようなのです。母親の存命中に一緒に連れていったこともあります。ところが、蓬萊は巨大リゾート運営会社に買われてしまいました。２０１１年の暮れだったか、懇意にしてきた女将さんが申し訳なさそうに、「これからは星野さんに経営をお願いすることにしました」と……。旅館の存続のためには仕方なかったのかもしれないけれど、大切な名前も変えられてしまったし、残念でなりません。

そして、年が明けて２０１５年の2月には、ハワイへ出かけました。ニューヨークでのガン治療のさなか、知人に紹介され、メールでいろいろ丁寧にサジェスチョンしてくださった代替医療の先生がいました。それまで面識すらなかったのですが、何度かやり取りを重ねて信頼関係が構築されたので、せっかくならその先生がいる治療院に実際に通ってみようと思ったんです。先生は日系アメリカ人で、基本的には鍼治療なのですが、定期的に採血しては顕微鏡で赤血球の形や流れ方を見ていました。サイエンスの知識が入った、ハイブリッドの鍼治療と言えばいいのかな。お灸やアロマ、漢方も処方してもらいました。

また、この先生によるケアのもうひとつの特徴として、緑色のペーストを全身に塗る治療があります。素っ裸になって、ミイラのように全身を包帯でぐるぐる巻きにされ、その上からおそらく薬草でできたペーストを塗ってもらう。そのまま30分ほど仰向けで過ごすんです。放射線治療で溜まった毒素をデトックスする効果があるそうですが、とにかくじっとしていなくてはいけないのが辛かった。しかも、その30分間はイヤフォンで先生のお母さんが選んだ曲を強制的に聴かされ、なかには彼女が歌う曲も入っていました。それだけは絶対に受け入れられないので、初日に「ぼくは音楽が好きじゃないからやめてくれ」と伝えました。親子揃ってサービス精神旺盛な、いいひとたちなんですけれどね。

この治療院には、19世紀初頭にハワイ王国を建国した、あの有名なカメハメハ大王の直系の子孫も通っていました。もっとも、初代カメハメハ大王には20名以上もの妻がいて、それから既に何世代もの年月が経っているから、現在は直系の子孫だけで2000人は下らないでしょう。ぼくが紹介されたのもカメハメハ大王のイメージを受け継ぐような恰幅のいい男性で、彼は今もハワイの先住民のあいだでは王として敬われているらしい。

今や誰もが明るい観光地としてイメージするハワイは、実は悲しい歴史を持っています。ハワイ王国の栄華は長くは続かず、19世紀末にはアメリカ本土からの海軍の武力と商人の経済力によって、米国領として併合されてしまいました。日本の陸軍も同じ頃に朝鮮王宮へ攻め入り、それがのちの韓国併合に繋がりますが、世界中どこでも同じことが起きていたんですね。しかし、ぼくが治療院で出会った、カメハメハ大王の血を継ぐその男性は、アメリカ側が行なったのは不法な軍事占領であり到底受け入れられないと、地道に独立運動を続け、何度も逮捕されたそうです。そうした訴えが実を結び、1993年にはついに、アメリカの連邦議会決議でハワイ王国の崩壊は違法行為であったと正式に認められた。当時のクリントン政権は、ハワイの先住民に対して謝罪をしています。国側の謝罪に伴い、ネイティブ・ハワイアンの自治区が設けられ、代替医療の先生がそのエリアでも施術をしているということで、ぼくも連れていってもらいました。ハワイといえど観光客は一切いない、とてもよいところでした。代替医療と武術の近接性については先ほども触れましたが、ハワイの先生もやはり師範として活動しています。危険すぎるということで、長らく秘伝にされてきた、この土地に古くから伝わる独自の武術も披露してくれました。

創られた伝統

ぼくは昔からハワイにはなんとなく行く気がしなかったのだけれど、それはいわゆるハワイアン・ミュージックの持つ雰囲気が嫌いだったからです。あの「♪チャイーン」というスチールギターの能天気な調子が、子供の頃からどうも苦手で。でも調べているうちに、このハワイアン・ミュージックが、実は近代以降に誕生した、括弧付きの「伝統音楽」だったことを知りました。アメリカの領土となって間もない20世紀初頭、ハワイのミュージシャンたちは大陸からやってくる白人観光客を楽しませようと、カントリー・ミュージックを変形させて、あの異国情緒のある音楽を生み出した。つまり、ホテルのディナーショーやプールサイドで演奏するために、いわば支配者側の欲望を取り入れる形で創られた文化だったんです。本来のハワイの民族音楽は、チャント（詠唱）にも似ていて、なかなか味わい深い。だけど、そうした正真正銘の伝統を受け継ぐミュージシャンたちが、同時に資本主義社会を生き抜くため、普段はリゾート用の偽の伝統音楽を奏でている。そのことには複雑な思いがあります。ハワイアン・ミュージックに対する、子供の頃からの自分の生理的な拒否反応は、決して間違っていなかったのですね。

それにしても、こうして近代以降の歴史は辿れるとしても、いちばん最初にハワイへ行き着いた人々は、どうやってあそこに島があると知ったんだろう。彼らは4000キロメートルほども離れた島から来たポリネシア人とされていますが、丸太を切り出して作った原始的な手漕ぎ船で向かったら、少なくとも2～3ヶ月はかかったはずです。そのあいだ、食事はどうしていたのか。釣りで調達しようにも、陸から遠く離れた洋上には、魚がほとんどいない。沖には珊瑚もなく、魚の餌となるプランクトンだっていませんから。きっと、ニワトリは連れていっただろうと思います。毎日卵を産んでくれますからね。また、仮に出発するときに、ハワイ島のおおよその場所を把握していたとしても、流れの速い潮の中で、自分たちの進む方角の正しさをどう確認できたのか。おそらく日が沈んでから、星や月を頼りに位置を確かめるほかに、方法はなかったでしょう。そんなふうに考えていくと、ハワイという土地はつくづく謎めいていていて興味深い。

真の意味での「癒し」

1ヶ月間の仮住まいのためにハワイで借りた家は、8部屋もあってだだっ広かった。しかも治療院での施術は毎日1～2時間で終わってしまうから、とにかく時間が有り余っていました。映画のDVDは持ってきておらず、当時はまだサブスクリプション・サービスも普及していません。なので、ぼくはせっかくならこの機会に、これまで食わず嫌いをしてきた作曲家の音楽をじっくり聴いてみようと考えました。いま思えば、この頃には多少体力も回復してきて、やや仕事寄りの頭に戻ってきたのかもしれない。

知名度にかかわらず、ぼくが真面目に向き合ってこなかった作曲家はたくさんいます。意外に思われるかもしれないけど、あのブルックナーやマーラーにも長らく苦手意識があり、まともに聴いてこなかった。最初はそれらの作曲家たちの曲を全部聴いてやろうと意気込んでいたものの、結局、『レクイエム』で有名なフランスの作曲家、ガブリエル・フォーレの作品に落ち着きました。なぜフォーレが苦手だったのかと言えば、それは彼の曲があまりにも甘美だからです。もともとサロン・ミュージックですからね。加えて、フォーレはパリ音楽院の院長でもあり、アカデミアの権化のようだった。フォーレの存在を知った10代の頃は、あんな甘ったるい旋律を作るジジイが教師として崇められていたことにも腹が立ち、絶対に聴いてやるものか、と毛嫌いしていたんです。いかにも血気盛んな若者らしい考えです。流れ弾でというか、前衛音楽家の一柳慧(いちやなぎとし)さんについても、学生時代に書いた曲がフォーレのようだと伝え聞いて、馬鹿にしていました。

しかし不思議なもので、フォーレの曲を丸々1ヶ月、毎日何時間も聴いていると、次第にその良さに気づいていきます。時間がゆっくり流れるハワイの気候に曲調が合っていたのかもしれないけれど、どこかプルースト的にも思えてきました。実際、プルーストはフォーレの作品が好きで、親交があり、ミニコンサートも主催したそうです。特に初期作品の「ヴァイオリン・ソナタ第一番」が、『失われた時を求めて』の世界に近いかもしれない。このときフォーレを集中的に聴いて苦手意識を克服したのは、歳を重ねてから邦楽を受け入れることができたのと、ちょうど同じような経験でした。その変化は、ひとつには加齢によるものだろうし、また、病気で心身ともに弱っているところへフォーレのある意味で甘すぎるほどのメロディが沁みてきた、ということもあるでしょう。ただ、何にせよちゃんと聴かずに価値判断するのは良くないことだなと反省しましたね。こだわりを持つこと自体が、自分の可能性を狭めてしまってもいるのではないかと痛感した。それはまとまった時間ができて、初めて気づけたことでした。

ハワイで受けた代替医療そのものは、結局どこまで効果があったのか分かりません。それでも、ハワイのリゾートからは隔絶されたエリアに滞在して、そこに吹く風が最大の特効薬だと実感しました。なるほど、一度ハワイに行くとすっかりハマってしまうひとが多いのは、この風の気持ちよさのせいかと。CMに使われた『energy flow』（1999年）が自分の意図しない形で「ヒーリング・ミュージック」として評判になったとき、ぼくは身の毛がよだつ思いがしたものです。歯医者でかかっているようなチープな音楽と一緒にされたようで、本当に嫌だった。ぼく自身が「癒しの教祖」などと持て囃されたことにも辟易しました。そんなこともあり、ぼくは「癒し」という言葉をずっと弾圧し、自分では絶対に使わないようにしてきたんです。ただ、それから十数年が経ち、病身でハワイの風に吹かれて、これは真の意味での「癒し」と言ってもいいのかな、と考え直しました。

このとき、気候の良さに惹かれてハワイのことがすっかり気に入ってしまい、実は無理して別荘も買ってしまいました。当時は、いずれはこの土地に移住してもいいかな、なんてぼんやり思っていたんですね。ところが、体力が回復してからはすっかり関心を失い、その別荘には結局、翌年に一度立ち寄っただけで手放してしまった。購入するときには地元の不動産屋から「いまハワイで家を買ったら、絶対に将来損することはないですよ」と言われ、それも決め手になったんだけど、売りに出すときにはしっかり損をしてしまって。これもぼくの身勝手さを示す、ちょっと恥ずかしいエピソードです。

仕事への復帰

ハワイでの1ヶ月の療養を終える頃には幸い、そろそろ仕事に復帰してもいいのかな、という程度には元気が戻ってきた。そこで、大友良英くんの誘いに乗り、以前に1週間連続のイベントをやったニューヨークのスペース「ザ・ストーン」で、ふたりでコラボレーション・イベントを行なうことになりました。99人しか入れない小さな箱なのですが、2015年4月14日に密かに行なったこのライブが、およそ1年ぶりの音楽活動となりました。大友くんとは古い付き合いだとよく誤解されるけど、実は知り合ったのは東日本大震災の直前なんです。音楽の専門教育を受けていない彼は、ぼくとはまったく異なるアプローチで曲を作る。彼はいい意味で作曲のための知識を持ち合わせてはいないようですが、頭が良く、多くの素晴らしい音楽を知っている。だから一緒にセッションすると、こちらもとても刺激を受けるし、学びにもなるんです。ちなみに大友くんは、ぼくに続き、2017年の札幌国際芸術祭ゲストディレクターを務めました。観客として見に行きましたが、札幌の街のあちこちで自由な音楽を発生させようという、彼らしい取り組みが面白かった。

そうやって少しずつ仕事に戻っていけたらと考えていた矢先、一本の電話が運命を変えることになります。メキシコ人の映画監督アレハンドロ・ゴンサレス・イニャリトゥのミュージック・スーパーバイザーだという女性から事務所に電話があり、いきなり「イニャリトゥが現在作っている映画の音楽を担当してくれないか」と言うのです。その作品こそ、のちにアカデミー賞12部門にノミネートされることになる、『レヴェナント：蘇えりし者』

（2015年）でした。とはいえ、こちらはまだ病み上がりの身ですから、とても本調子とは言えません。だから「実は今もガン治療後の療養中で……」と返事をしたら、彼女は「私もね、前に乳ガンになったんだけど、すぐに仕事に復帰したの。その方が病気は撃退できるのよ」と畳み掛けてきて、交渉の余地を与えない。それで言われるがまま、5月には『レヴェナント』のラッシュ（編集前の映像）を観るためロサンゼルスへ飛ぶことになりました。

『レヴェナント』

イニャリトゥ監督のことは、2000年に公開された彼の長篇デビュー作『アモーレス・ペロス』の頃から注目していました。映像を一目見て、すごく才能があると思った。その後、東京を舞台のひとつにして撮られた『バベル』のクライマックスの場面で、ぼくの曲『美貌の青空』（1995年）を長尺で使ってくれることになり、このとき電話越しに「どうやって使ったらいいですか？」と尋ねられたのがファースト・コンタクトでした。『バベル』はその年のアカデミー賞作曲賞を獲ったので、音楽を担当したアルゼンチン出身のグスターボ・サンタオラヤは、イニャリトゥから「お前のオスカー像を半分、リュウイチにあげろ」と、ジョークを言われていたそうです。

その後イニャリトゥとは、2010年に彼がぼくの北米ツアーを見にきてくれたときに初めて直接会うことができ、『レヴェナント』のラッシュを観るために訪れたロサンゼルスで二度目の対面となりました。この段階では映画もまだラフカットでCGも作られていないから、作中で主演のレオナルド・ディカプリオを襲う熊も緑色の被り物をした人間だったりする。そんな、どこか間抜けで笑ってしまうショットが随所にありながらも、やはりラッシュだけで作品の圧倒的な強度がはっきり伝わったから、ハードな仕事になることは覚悟しつつ、依頼を引き受けることにしたんです。加えて、パートナーからの説得もありました。「いま世界中で、あのイニャリトゥ監督から直に音楽を頼まれるミュージシャンが何人いると思う？　ガンが再発して死んでもいいからやりなさい」と。

イニャリトゥは、映像だけでなく、音へのこだわりも尋常ではありません。『レヴェナント』では、ぼくが任された音楽とは別に音響効果を担当するチームもあったのですが、そちらは結局二度入れ替わりました。最初に任されたチームは一晩でクビになり、次に入ったチームも外され、最終的にルーカスフィルム・チームに無理を言って来てもらったのだとか。監督たちは映画館と同じ上映環境を作り、細部までとにかく徹底的にチェックしていくから、例えば戦闘シーンでインディアンが放つ弓矢の飛ぶ音はもちろん、走っている人間の財布の金具が鳴る音までも聞き逃さない。それで少しでも違和感を覚えたら、翌日までに音を作り直させるのです。

若い頃にラジオDJやコンサートのプロデューサーの仕事をしていたというイニャリトゥ自身、非常に良い耳を持っているのですが、さらに特筆すべきは、彼の作品のサウンド全体のデザインをしているマーティン・ヘルナンデスという人物です。イニャリトゥとは10代の頃からの付き合いで、一緒にバイクに乗ったりして遊んできたというマーティンは、何万枚ものレコード・コレクターで、とにかく音楽に関する膨大な知識を持っている。ぼくの曲も子供の頃からずっと聴いていてくれたそうで、こちらが完全に忘れてしまってい

イニャリトゥ監督とのミーティング

た曲まで記憶しているんです。ぼく以上にぼくの音楽に詳しい奴がメキシコにいたのかと、とにかく驚いた。しかも彼は知識があるだけじゃなく、頭の中にあるイメージを、うまく機材を使ってまとめ上げていく能力にも長けているんですね。ちなみにマーティンはイニャリトゥ監督だけでなく、彼と盟友かつライバル関係にあり、あわせて現代ハリウッドを牽引する「メキシコ映画三人衆」と称されるアルフォンソ・キュアロン監督とギレルモ・デル・トロ監督とも仕事をしています。

映画制作において、監督やプロデューサー以外にもカメラマンはまだ評価されやすいけど、ぼくはマーティンのようなサウンド・デザイナーにも、もっと光を当てるべきだと常々思っている。一口に「サウンド」と言っても、映画の中では俳優のセリフと音響効果、そして音楽と、3種類の音が同時にひしめき合っています。サウンド・デザイナーは、時間の進行に合わせて音量や空間の中での響き方を変化させ、ここではどの音をメインに出すべきかなどを考えながら、コンピュータで細かく調整していく。物凄い作業量です。

『母と暮せば』

実は時を同じくして、ぼくは山田洋次監督の映画『母と暮せば』(2015年)のための音楽も作っていました。こちらの話は最初のガンが発覚するより前から決まっていたものです。前年に行なった「Playing the Orchestra 2014」の東京公演を山田監督と主演の吉永小百合さんが見に来てくれ、その楽屋挨拶のタイミングで映画音楽の件を切り出されたのです。恐れ多くて、コンサート直後の汗が引いていきました。このおふたりから直接お願いごとをされて、断れる日本人がいるとは思えません。だからぼくは『レヴェナント』の仕事を進めながら、並行してもうひとつ、まったく別のタイプの映画にも関わっていたことになる。健康な時期でさえ、2本の映画音楽を同時に進めるなんてことはなかったのに。頭の中の交通整理だけでなく、体力的にも大変でした。

山田監督と仕事をするのは、この作品が初めてです。最初にテーマ音楽ができたところで日本へ行き、成城の東宝の撮影所にある通称「山田部屋」で、監督に聴いてもらいました。そこで監督から「とてもいいですね」とGOサインが出たので、こちらは割と落ち着いて進めていくことができた。たまに、音楽の指示が書かれた直筆のお手紙をいただくこともありました。ちなみに当時、山田監督はご近所に暮らす美術家の横尾忠則さんと仲良しで、毎週日曜日には一緒にトンカツを食べてから、さらにあんみつ屋へ行くという習慣があったそうです。山田部屋の隅っこには「横尾コーナー」が設けられていて、横尾さんが自分のアトリエでひとりきりで絵を描くのが寂しくなると、そこに来て描いていた。横尾さんはすごく人懐っこい方で、別の機会に横尾さんのアトリエに伺って2時間ほど話した後に帰ろうとすると「えっ、もう行っちゃうの？」と、何度も引き留められました。

山田監督は1950～60年代の日本映画黄金時代の撮影所の空気を知る、最後の生き残りです。だからぼくは、『母と暮せば』の仕事を通じ、小津安二郎に代表される、その時代の日本映画にオマージュを捧げるつもりで音楽を作りました。変な言い方になりますが、ぼくは小津作品のことが好きすぎて、逆になかなか観られない。なにせ、観始めた途端に泣いてしまうから。物語が動き出す前に、舞台となる日本家屋の土間や階段が映し出され、そこに昔ながらの黒電話があるだけで、もうダメです。

きっと、この光景はもうどこにも存在しないのだという「非在」の感覚が、どうしようもないほど郷愁を誘ってしまうからでしょう。ブルーズは19世紀後半に、奴隷としてアメリカへ強制的に連れて来られた黒人たちが築き上げた音楽ジャンルですが、不思議なことに、彼らの出自であるアフリカの国々にはブルーズのような音楽はない。既に失われてしまった故郷へのノスタルジアが、新たな文化を生んだのですね。ゆえにぼくは、郷愁の感覚こそ、芸術の最大のインスピレーションのひとつだと思うんです。

ただ、昔はそんな偉大な小津作品の音楽がどうにも解せませんでした。『東京物語』をはじめ、その作品の多くに斎藤高順(たかのぶ)という作曲家が関わっているのですが、流れる曲がなぜここまで凡庸なのだろうと。映像はモホリ＝ナギにも匹敵する構成主義的な美しさがあるのに、音楽はそれにまったく釣り合わないほど緩すぎる。若い頃は義憤にも駆られ、機会があればぼくが小津作品の音楽をすべて作り直してやりたいとも思っていたくらいです。

しかし歳を重ねて、考えが変わってきました。小津安二郎ともあろう偉大な映画監督が、音楽だけはコントロールしていなかったはずがない。きっと作曲家には、「あえて凡庸に作ってくれ」と指示を出していたと思うんです。小津は必ずしも作品としての映画音楽を求めていたわけではなく、彼の映画に頻出する雲やビル、電車や灯籠といった存在と同じようなものとして、音楽を捉えていたんじゃないかと。いっそ、鑑賞者の記憶には残らなくてもよかったのではないか。ぼくは小津作品の音楽の特徴をそう解釈して、こういった表現をすると山田監督に少し申し訳なくもなるけれど、『母と暮せば』の音楽はあえて凡庸に仕上げることに決めました。西洋の作曲家でいえば、シューベルトに近いかな。ハワイでフォーレを克服した話をしましたが、シューベルトも凡庸すぎて、10代の頃はとてもじゃないけど真剣に向き合う気にはなれない作曲家でした。それでも、この歳になって無理して聴いてみると、やはり心に沁みてくるんですね。

そんな経緯で、『母と暮せば』のために頼まれた28曲は、幸いそこまで苦労せず、2015年の夏のうちには仕上げることができたんです。12月12日に公開されたこの映画の音楽が、表向きにはガン治療からの復帰作となりました。余談ながら、ぼくが山田監督の仕事をしている時期、ちょうど日本ではイニャリトゥ監督の前作『バードマン あるいは(無知がもたらす予期せぬ奇跡)』が公開されていました。そして、あるとき山田監督が不意に、「『バードマン』は観た?」と尋ねてきた。守秘義務がありますから、ぼくはそのイニャリトゥの次作に今まさに関わっているのだ、と明かすことはできません。「ええ、観ましたよ」とだけ答えると、山田監督は「すごい作品だよねえ。あんなことをやられたら、もうたまらないよ。映画が作れなくなっちゃう」と悔しそうに語るのです。

同じ映画でも、山田監督とイニャリトゥ監督の作品は、何から何まで違っています。しかも、当時すでに80代になっていた山田監督は、『男はつらいよ』シリーズをはじめ数々の名作を手掛けた大御所です。『母と暮せば』は実に83作目の監督作になる。『バードマン』なんて自分とは無関係だ」と割り切ることもできるはずじゃないですか。にもかかわらず彼は、自分より30歳以上も若い、異国の映画監督の才能に本気で嫉妬している。そのハングリー精神こそが一流の証なんだな、とぼくは話を聞きながら嬉しくなってしまいました。並行してイニャリトゥとも仕事をしていたとは、結局、言えずじまいでした。

そして話は、イニャリトゥ監督から大きな宿題を与えられた、『レヴェナント』へと戻ります。ここまではぼくは、わざと単純化して、自分が『レヴェナント』の映画音楽を任されたと語ってきましたが、最初に女性スタッフから電話でオファーを受けた際に告げられたのは、「We need layers of the sounds」ということでした。つまり、彼らは厳密には「音の重なり」を求めているのであって、明確なメロディのある音楽ではないのだと。

一般的な映画音楽を作ればよいのであれば、まだ理解しやすい。「ここは現代音楽っぽく」「ここは美しい旋律を」など、監督の指示をもとにアプローチすることができますからね。でも「layers of the sounds」とだけ抽象的に言われて、どうしたものかと頭を抱えてしまいました。きっとイニャリトゥ自身の頭の中にも正解はなかったでしょう。だからひとまず自分なりに映像に合わせた「音の重なり」を用意するほかないな、と思い、ロサンゼルスでラッシュを観たあとニューヨークのスタジオへ戻り、すぐに取り掛かることになりました。監督と話し合い、ぼくはこの作品のために書く曲では、いわゆる普通のピアノの音は使わないことに決めました。

デモ音源をいくつか作っては、ある程度まとまったところでイニャリトゥに送り、意見を踏まえて修正していく。彼がニューヨークに来て、一緒に調整したこともありました。例えば、撃ち合いのシーンでよくあるのは銃声に合わせた「バンバン、バンバン」というタイプの音楽ですが、そこであえて綺麗な「ヒューーヒュー、ヒューーヒュー」というタイプの音楽を鳴らしてもいい。それは監督のセンス次第です。どの監督相手でも、最初はそういった探り合いから始まるのですが、こちらがボールを投げ、それに対してダメ出しをされ、まだ見えない的の位置を絞っていくというやり取りがしばらく続きました。

この間、映画の編集も進んでいき、5月に観た粗いラッシュの時点では「ver.1.0」だったのが「ver.1.1」、「ver.1.2」、「ver.2.0」……と次々にアップデートされ、その都度ぼくのもとへも映像データが送られてきました。地球温暖化の影響で、メインのロケ地となったカナダでは雪の量が必要なラストシーンをイメージ通りに撮ることができず、それは後追いで8月にわざわざ南半球のアルゼンチンまで行って撮影することになると聞きました。

音楽に取り入れるため、アイスランド人の女性チェリスト、ヒドゥル・グドナドッティルをニューヨークのスタジオに呼びレコーディングを行なったのも、ちょうどその夏頃でした。メインテーマをピアノとチェロで演奏したり、彼女と長い即興を録音したり。それをマーティンが映像に合わせ、うまく配置して使ってくれました。ヒドゥルの他に、『バードマン』で作品全篇に流れる画期的な映画音楽をほぼひとりで手掛け、自らカメオ出演もしていたドラマーのアントニオ・サンチェスにも関わってもらいました。彼にも同じスタジオで即興演奏を頼み、その音源の一部を使っています。さらに、ぼくがネットで見つけて気に入ったドイツの「フランティック・パーカッション・アンサンブル」というグループにも参加してもらいました。あいにくベルリンでのレコーディングには立ち会うことができなかったけれど、現地にいる長い付き合いのエンジニアに指示を出して、何度も何度もやり直してもらいながら、苦労してどうにか迫力のある音を録ることができた。

『レヴェナント』は翌年2月のアカデミー賞を狙うため、ギリギリ2015年のうちに公開する必要がありました。アメリカ国内での先行上映が12月16日に決まり、その予定で劇場も押さえられていて、逆算すると、遅くとも前の月には作品が完成していなくてはなりません。映像の編集も着々と進んでいき、11月に入る頃には「ver.8.5」にまでなりました。全篇の映像を、通して300回は観たと思います。

『レヴェナント』は156分と長めの映画で、それに応じてどうしたって必要な曲も多くなってきます。デッドラインが間近に迫り、ぼくは時間的にどんどん追い込まれていきました。昔は16時間ぶっ続けで仕事をしてもへっちゃらで、還暦を超えてからも12時間は集中できたのに、やはり病気後の体力では6時間が精一杯。それでも終わらないから、無理して8時間、青ざめながら作業をしているという状態でした。それなのに、一日中スタジオに入っていても1曲もできないなんて日もありました。

そして、これはひとりではもうどうしたって間に合わないと判断し、親友のカールステン・ニコライ（アルヴァ・ノト）に助けを求めました。いつもは忙しいカールステンは、たまたま運よくその時期ぽっかりとスケジュールが空いていて、ぼくの無理を聞き、すぐにラップトップを持ってロサンゼルスまで駆け付けてくれた。幸い、彼のシグネチャーである電子音での加工は、イニャリトゥのイメージにもうまくハマりました。最初はぼくひとりへの依頼だったのが、最終的に『レヴェナント』の音楽担当が「坂本龍一／アルヴァ・ノト」と連名でクレジットされているのは、そういったわけです。

でも、そうして必死に間に合わせたにもかかわらず、実はイニャリトゥの厳しいジャッジによりボツになってしまった曲もいくつかあります。もともと、映画の仮編集版にはガイドという形で、監督のイメージに近い既存の曲が置かれていました。「こんな感じに」

と、リファレンスされる曲ですね。だからぼくは、映像に合わせてそれを超えるような曲を新たに作ったつもりだったけど、結果としてガイドの方が活かされるというケースもありました。監督にそんな判断をされてしまったら、昔なら「何くそ！」と奮起して、仮に時間がなくてもさらに良い曲を作ろうとしたことでしょう。しかしこの時期は、体力も知力ももう限界だった。自分の非力さを認めざるを得ませんでした。もちろん悔しさは残りました。今でもあのとき『レヴェナント』のために、本来持っている自分の力を１００パーセント出し切れなかったことを後悔しています。

ぼくは常々「努力嫌い」を公言していますが、実際、たいした苦労はせずにここまでやってきてしまったんです。体力にだってずっと自信がありました。そこに驕りがなかったと言えば嘘になる。何しろ『ラストエンペラー』の映画音楽は、たった2週間で作ってしまったくらいですからね。それなのに、この『レヴェナント』の仕事では、生まれて初めての挫折を味わいました。今から思うと抗ガン剤治療のあと、頭がモヤモヤしてなかなか集中できなくなる「キーモ・ブレイン」の症状も確かにあったし、イニャリトゥの要望に応えようとして新たに取り入れた機材に四苦八苦していたのも事実です。でも、それは言い訳に過ぎません。

喩えるなら、それまで１００メートルを10秒ジャストで走っていたアスリートが、怪我でのブランクのあと本気で走っても10秒5の記録しか出せなかったというのに近いでしょうか。自分としてはかつてと同じように走れるはずだと思い、そのときのイメージも残っているのに、どうしても身体と脳が追いつかない。こうしたもどかしい感覚は本人にしか分からないかもしれません。自分では記憶にないけれど、パートナーに言わせると、この映画のため必死になっていた時期は夜ごと悪夢にうなされてもいたらしい。『レヴェナント』の音楽はあいにくアカデミー賞レースには引っ掛からなかったものの、ゴールデングローブ賞にはノミネートされ、ロサンゼルスでのセレモニーでカールステンと再会できました。そのことで多少、気は紛れはしましたが。

もっとも、この辛くもあった仕事のおかげで、自分の新たな世界が開けたのは事実で、その後に手掛けた『怒り』（２０１６年）や『天命の城』（２０１７年）の映画音楽は、どこか『レヴェナント』の延長線上にあると言っても過言ではない。そして、ぼくはあれだけ厳しかったイニャリトゥ監督に対し、ひとつ自分の主張を通したことを思い出しました。映画の中盤、死にかけた主人公が治療シェルターに入り、夢と現の狭間で、既に他界したはずの息子と再会するシーンがあります。幻想的かつ感動的なこのシーンのためにどんな音楽を付けるか、監督と侃々諤々の議論をし、締切ギリギリまで粘って曲を書きました。ところが、イニャリトゥは最後まで、ガイドとなった音楽の方を選ぼうとしている。

そこでぼくは、思い切って監督に「Trust me!」と告げて、この曲をなんとか録音するところまで漕ぎ着け、結果的に採用されました。それが割とウケたものだから、映画が完成したあと、ぼくは胸の位置に「TRUST ME」という台詞、その下に「THE REVENANT Music Team 2015」と入れたTシャツを作り、スタッフ全員に配った。背中には「6M23」と、そのシーンと曲の番号も入れてね。このTシャツは、今も大切に持っています。

6

さらなる大きな山へ

『async』制作中のメモと参考資料

一日限りの「教授」業

「教授」というぼくのニックネームは、高橋幸宏くんが付けたものです。彼と初めて出会った頃、ぼくはまだ東京藝術大学の修士課程に在籍していました。きっと、大学院生というだけで当時は珍しかったんだろうと思います。そして一緒にスタジオで仕事をした際に、こちらが和音について理論的に説明したところ、彼が面白がって「教授」と言い出し、それが定着してしまったのですね。

歳を重ねてから、実際に教授をやってくれないか、というオファーもいくつかの大学からありました。でも、『スコラ　坂本龍一　音楽の学校』の仕事で疲れ果てたり、自分がとことん教えることに向いていないのが分かっていたのと、時間的に拘束されるのが嫌なので、あれこれ理由を付けて逃げていたんです。若い頃には、多摩美術大学で東野(とうの)芳明さんの持っていた授業にゲストとして呼ばれたものの、当日の朝まで飲んでいて八王子まで行くのが面倒くさくなり、ドタキャンしてしまったほどのひどい人間ですからね。

ところが、2013年に東京藝術大学に呼ばれ、客員教授の打診をされたときは、なぜだかその依頼を引き受けてしまった。もちろん逡巡はしましたが、やはり母校ということもあり、「客引き役」だとは分かっていても、無下に断ることはできませんでした。まあ、国から何億円引っ張ってきただのと自慢ばかりする当時の学長にはがっかりしましたが。のちに文化庁長官になった方ですし、きっとアートや学問より、括弧付きの「政治」がお好きなのでしょう。

客員教授としての仕事は、年に一度だけ学生の前で話をしてくれればよいということでした。しかしその年はスケジュールの都合、翌年は病気療養のため叶わず、ようやく実現したのが、『レヴェナント：蘇えりし者』の大仕事から解放された2015年末のことです。藝大に所属する学生であれば学部・大学院を問わず、誰でも受けられるようにしたら、定員を大きく超える応募があり、課題を与えて選抜を実施した。三次選考まで行ない、ぼくが答案をすべてチェックして、面白そうな28名を残しました。

そして講義当日を迎え、久々に上野の藝大の教室を訪れたのですが、ぼくは物珍しさもあって、まずは選抜した学生たちに自己紹介をしてもらおうと思いました。今の学生の関心を知りたくなり、手始めにそれぞれの専門分野と好きな映画を答えさせたところ、専門については「ルネサンス期の音楽を研究しています」など、きちんと説明できるし、話も盛り上がる。だけど映画については「最近観た宮崎駿監督の『風立ちぬ』に感動しました」といったことを、平気で口にするのです。もちろん、ジブリが悪いと言っているのではないですよ。それでも大学生、しかも藝大生ならば、もっとトンガった答えが返ってくるはずだと想定していたので、すっかり拍子抜けしてしまった。参加した学生たち全員に同じ質問をして、ゴダールの名前を挙げた者がひとりいただけでした。

仮に自分のプロフェッショナルの分野では良いものを作る才能があるのだとしても、彼らは他のジャンルにはほとんど関心がないのだろうか。藝大生もここまで教養が貧困になってしまったのか、とぼくは呆れてしまいました。結局、それぞれの自己紹介を一通り聞き、討論するだけで3時間を超してしまい、すっかりヘトヘトに。ある意味ではこちらの方が学生に期待しすぎていたのかもしれないけど、これを毎週やるのはとてもじゃないけど無理、自分の仕事ができなくなってしまうと感じました。もっとも、ぼくが現役の藝大生だったら、「大学に坂本龍一が来る」と聞いても、絶対行かなかったはずです。しかし本当は、そういう奴こそが見どころがあるのでしょう。

「もの派」とタルコフスキー

２０１６年の2月から3月にかけては、その年の9月に公開されることになる映画『怒り』の音楽を作っていました。『母と暮せば』（２０１５年）と同じく、これも療養前から決まっていた仕事です。監督の李相日（リ・サンイル）さんからは、「信」と「不信」からなる作品なので、その両義性を持ったひとつの曲を作ってほしい、と頼まれていました。そんなことできるかな、と思ったけれど、要望に応えようと、何とかやってみた。

4月8日から10日には、ぼくが２００６年にエイベックスの中で立ち上げたレーベル commmons の10周年を記念するイベント「健康音楽」を開催しました。若い頃から不健康な音楽ばかり聴き、作ってきた自分ですが、大病をしたことをきっかけに「健康」と「音楽」の関係を一度じっくり考えてみようじゃないか、とコンセプトを立ててみた。commmons 所属アーティストのライブのほか、落語会、ラジオ体操、呼吸のレッスンやヨガのワークショップなども企画し、フード・ブースにもこだわりました。

そして4月末からは、新しいアルバムの制作に取り掛かりました。特に締切も設けず、音楽についてこれまで習い、蓄えてきた知識を一旦すべて排除して、真っ白なキャンバスに向き合うつもりで作ってみようと思った。ただ、そうするとはじめは3ヶ月くらい、まったくアイディアが出てこないんですね。それでも何か手を動かしたくて、まずは好きなバッハの曲をアレンジしてみました。霧のかかったグレーな雰囲気のミックスを5曲くらい仕上げたところで、これはこれでいいなあ、全篇バッハのアレンジからなるアルバムにしてみても面白いかな、なんて思ったり。

しかし他方で、『アウト・オブ・ノイズ』（２００９年）以来となるオリジナル・アルバムが、他の作曲家へのオマージュに終始してしまってよいのだろうか、という迷いもありました。そんなことをぼんやりと考えている時期に、大きなインスピレーションを与えてくれたのは、李禹煥（リ・ウーファン）先生の作品です。ぼくは彼を心の師として尊敬するあまり、直接教えを受けたわけではないのに、つい「先生」と敬称を付けて呼んでしまう。１９７０年前後に、李先生や菅木志雄（すがきしお）さんらが美術界に華々しく登場し、彼らは「もの派」と総称されていました。李先生らは、人間の小賢しい想像力などかなぐり捨て、ごろっとした「もの」の存在こそを見るべきだと主張します。石や木などの自然素材を未加工のままポンと展示する行為にこそ、強度が宿るのだと。

大学に入ったばかりのぼくは、そんな「もの派」の哲学に、なんてカッコいいんだと感銘を受けつつも、このコンセプトをすぐに自分の音楽に応用しようとまでは考えなかった。というか、音楽にどう活かせばよいか分からなかった、というのが正直なところです。でも、それからおよそ半世紀が経ち、新たなアルバムのため途中まで進めていたバッハのアレンジ曲も捨てて再び無心に戻ると、不意に李先生のペインティング——大きなキャンバスに、太い筆で短い線が引かれた作品のことが頭をよぎりました。

これは人間の脳の習性だと思うのですが、ぼくたちは夜空の星を見ると、つい明るい点と点を線で繋ぎ、星座を描いてしまいますよね。実際には、それぞれの星同士は何万光年も離れているのに、あたかも同じ平面上にあるものとして捉えてしまう。同様に、白いキャンバスにひとつ点を打ち、2点目を打った時点で、ぼくたちはそれらふたつの点を直線で繋いでしまいます。さらにそこへ3点目を打ったら、今度は三角形を作ってしまう。これを音楽に置き換えても同じで、例えば『レヴェナント』のメインテーマをとってみても、最初の2音を聴くだけで、我々はそこに意味を求めてしまいます。

ぼくは李先生の作品に触発され、新しいアルバムではそういった、すべての事物に意味を見出そうとする脳の習性を否定したいと思いました。加えて、生物学者の福岡伸一さんからも示唆を受けました。青山学院大学の教授を務めつつ、ロックフェラー大学の客員教授でもある福岡さんとは、彼がニューヨークに滞在しているときにはよく食事を共にする仲です。福岡さんに言わせると、夜空の星同士を勝手に繋いでしまう人間の脳の特性、つまり理性のことをロゴスと呼ぶのに対し、本来の星の実像のことはピュシスと呼ぶ。フィジクス（物理学）の語源で、「自然そのもの」という意味ですね。ある頃からは福岡さんとご一緒するたびに、ぼくたち人間はどうしたらロゴスを超えてピュシスに近接しうるかということが話題になっていました。もう、しつこいくらいに。

普通の音楽は、音と音の関係を緻密に構築するように作っていきます。しかし、ぼくはこの新たなアルバムでは、その真逆の方法論に挑んでみようと考えました。それで、再びゼロから制作を始めた当初は、ニューヨークの路上で拾った石をコツコツ叩き、擦り合わせて鳴らした音をレコーディングし、それこそ音楽で「もの派」を体現できないだろうか、と試みた。他にも真夏の京都へ行き、蟬の声が響く山でフィールド・レコーディングをしたり、フランスのバシェ兄弟による音響彫刻（音の出るオブジェ）を録音させてもらったり、イタリア生まれの彫刻家ハリー・ベルトイアの音響彫刻の音を録るためにマンハッタンの美術館を訪れたり、と。

そういった試行錯誤を繰り返しながら、結局7ヶ月ほどをかけて、その間ほかの大きな作曲仕事は入れることなく、レコーディングを進めていきました。ある段階で、アルバム全体を括るもうひとつの大きなコンセプトを思いつき、それも創作の後押しになりました。「架空のタルコフスキーの映画のサウンドトラック」というのが、そのコンセプトです。タルコフスキーは『Sculpting in Time』という本で語っている通り、そもそも映画には音楽は要らないのだと主張しました。世界それ自体に既に音があるのだから、わざわざ後から足すことをしなくても、映画は音楽に満ちているじゃないかと。

例えば『サクリファイス』では、タルコフスキーにとって大きな存在であるバッハの『マタイ受難曲』を使っていたりはするものの、別の部分で流れる尺八の曲は、最初は風の音にしか聞こえない。また、『ノスタルジア』におけるサウンドトラックは水でした。非常に注意深く設計された水の音こそが映画音楽なのです。ぼくはタルコフスキーが遺した7本の長篇作品を改めて見返しながら、次第に、ある意味では映画音楽を否定した彼の作品の音楽を、もし自分が任されたならどうするだろうか、という大それた考えを持つようになりました。そうしたコンセプトには「layers of the sounds」を、とオーダーされた

ニューヨークの自宅の庭での
フィールド・レコーディング

イニャリトゥとの仕事からの影響も、当然あったと思います。

アルバムのミックス段階では、プロデューサーであるパートナーに諭されて、車上でのリスニングをしてみました。アメリカでは車を運転しながら音楽を聴くひとが多い。だから、エンジン音など車自体が出すノイズや、外の環境音とも混ざり合ったときに消えてしまうようなミックスでは駄目なのだと。彼女に言わせれば、前作の『アウト・オブ・ノイズ』はちょっと音が繊細すぎて、車の中ではよく聴こえなかった。それで今回のアルバムは仮ミックスの段階でCDを焼き、エンジニアのスタッフも一緒に車に乗り込み、マンハッタンの街中をぐるぐる運転して回りながら試聴を行ないました。

すると、驚くべきことにこの作品は、外の音と混ざり合うことで、むしろ面白さが倍増するんですね。車が赤信号で停まり、横に並ぶバスのモーターが「ブルルルッ」と鳴るのが聞こえると、それがかえって良いブレンドになる。ハドソン川のほとりにヘリポートがあり、絶好のタイミングでヘリコプターが降りてきて、さすがにうるさすぎるかなと思いながらも近づいてみると、爆音の中でも音楽は消えない。それをみんなで確認して、このアルバムのミックスの方向性は間違っていなかった、と安堵しました。

『async』

『async』というタイトルを思いついたのは、制作終盤のことです。ひょっとすると名前を付けること自体、ロゴス的な概念化に陥ってしまうのかもしれないけれど、「無題」でもなんでも、作品には何らかのタイトルが必要とされている。ぼくは20代の頃に対談した先輩作曲家の諸井誠さんから、当時はＹＭＯの活動をしていたこともあり、「ずいぶんきっちり合う音楽を始めたよね。でも、そのうちズレることを目指したくなるんじゃないかな」と言われました。若い時分はその指摘がピンと来なかったものの、ずっと頭の片隅に残っていて、折に触れては諸井さんの言葉を思い出していた。ズレに向かうタイミングが、このときようやく訪れたのですね。加えて、一時期ハマっていたTwitterなどのＳＮＳからは意識的に距離を取り始めたこともあり、すべてが同期されていく時代の流れにはあえて背を向け「非同期」を求めようという気分をタイトルに込めました。実際にこのアルバムの中では、いくつかの曲が「非同期」を文字通り体現しています。

アルバムが完成し、２０１7年3月29日に発売されてからも、これまでのように一作ごとにあっちこっちに飛んでいったのとは違い、せっかく苦労して作った『async』をさらに発展させたいと強く思いました。また、このアルバムは自然の音環境と同じように三次元の空間での聴取体験こそが本来の姿であって、ＣＤなどはあくまで、立体的な音楽を二次元のメディアに定着させたものにすぎない、とも考えていた。そのため、リリース直後からワタリウム美術館で行なった「坂本龍一｜設置音楽展」では、その理想の聴取空間を実現しようと努めたのでした。

「設置音楽展」のメイン会場では、ぼくが信頼するオーディオ・メーカー、ムジークエレクトロニク・ガイザイン社製のスピーカーを使い、『async』の全曲を5・1chサラウンドで聴ける環境を作りました。本来ならば、一音一音に対してひとつずつスピーカーを割り振るべきなのかもしれないけれど、幻想ではあれ、なるべく現実世界の音のあり方に近づけるため工夫した。春になると田舎の田んぼで何百匹ものカエルが一斉に鳴きますが、本当はそれぞれの個体ごとに音程もリズムもバラバラなはずです。雨の音だって、人間側はついそこに一定の規則性を見出してしまうけれど、実際には風や雨量に左右されながらランダムに降る、「非同期」なものに違いない。アルバム全体を通して「事物そのものの音」を目指したのですから、この展示では可能な限り、そういった自然界の音の環境を再現したいと思った。そのイメージを形にするため、これまで何度もインスタレーションを一緒に作ってきた高谷史郎さんに、映像配置や会場全体の構成の相談役になってもらいました。同じ年の12月からは、初台にあるＩＣＣで、この展覧会を発展させた「設置音楽２」も開催しました。

「設置音楽展」には、その頃はまだ面識もなかった李先生がお越しになり、ポストイットに書き残してくださった感想を後日、美術館の職員から受け取りました。また、この展覧会のため、タイの映画監督でアーティストのアピチャッポン・ウィーラセタクンが特別に映像作品を提供してくれました。アピチャッポンとは２０１３年のシャルジャ・ビエンナーレで面識を得たのですが、そこではすれ違いざまに軽く挨拶したくらいだった。その後はしばらくご無沙汰していたものの、彼が16年12月に東京都写真美術館で個展を行なうために来日したタイミングで、再会することができたのです。そこでぼくはまだ世に出ていない『async』のミックスを彼に渡し、「もし何か引っかかる曲があれば、映像を付けてくれないか？」と厚かましくも尋ねてみました。

相手はカンヌ国際映画祭でパルムドール（最高賞）も受賞しているような方ですから、もちろん簡単に引き受けてくれるとは思っていません。でも、アピチャッポンは「聴いてみます」と快く受け取り、しばらくして「この曲とこの曲をくっつけて、長くしたらいいんじゃないかな」と、提案があった。それで特別ヴァージョンを用意して彼に送ったところ、コラボレーションという形でヴィデオ・インスタレーション《first light》を作ってくれた、という次第です。夢と神話とジャングルが一体になったような彼の映像は、やはり何度見ても素晴らしい。難解さもあり「睡眠不可避」と言われたりもするけれど、観客側の眠りも作品と共にあるような気さえします。その後、今度はアピチャッポンからの依頼で彼の初のVR作品『太陽との対話』（２０２２年）のための音楽を作るなど、交流が続きました。

日本ではできなかった表現

それから、4月25日・26日のニューヨーク「パーク・アヴェニュー・アーモリー」での公演を皮切りに、『async』をもとにしたパフォーマンスを何度か行ないました。最初こそアルバムの内容を忠実に再現するような演奏会だったのですが、高谷史郎さんにも演出に関わってもらって、回を重ねるごとに徐々に舞台芸術、あるいはインスタレーションの要素が強くなっていった。ニューヨーク公演の会場は１００人ほどしか入らない小さなホールながら、ビョークや、ワンオートリックス・ポイント・ネヴァー（ＯＰＮ）、ヨハン・ヨハンソンなどのミュージシャン、さらにはパフォーマンス・アーティストのマリーナ・アブラモヴィッチや、李先生と並びぼくにインスピレーションを与えてくれた福岡伸一さんも観に来てくれ、やけに豪華な客席になりました。

ちなみにマリーナ・アブラモヴィッチは、美術界では「パフォーマンス・アートのグランドマザー」とも称される伝説的な存在で、過激な表現で知られています。ステージ上で自らの手の指のあいだをナイフで素早く突いていく「ロシアン・ゲーム」を行ない、実際に怪我するところまで続けたり、《Rhythm 0》というパフォーマンスでは、彼女がナポリのStudio Morraにマネキンのように佇み、近くのテーブルに置かれた72個のアイテムでなんでもしてください、とオーディエンスに訴えかけました。アイテムの中にはなんと拳銃と銃弾もあり、さすがに発射されることはなかったものの、彼女は攻撃的になった観客によってハサミで服を切り刻まれたりもした。そんなエピソードを知っているものだから、ぼくはマリーナはさぞかしおっかない女性だろうとビビっていたんだけど、対面してみたら意外や意外、すごく優しい人でした。気の利く、かわいらしいお姉様という感じで。

また、ヨハン・ヨハンソンはニューヨーク公演の翌日にうちに来て、ぼくがパフォーマンスのために高谷さんと共作したガラスの楽器――というか音響インスタレーションのような装置を使わせてくれ、と言うんです。ヨハンはそれがいたく気に入ったようで、半日くらいずっとひとりで音を鳴らして録音していた。彼が当時手掛けていたサウンドトラックに使うつもりなんだと話していました。このときは元気そうだったのに、残念ながらヨハンはそれから1年も経たずして亡くなってしまいました。

翌18年にはフランスで計6公演、これは《dis•play》というタイトルでしたが、同じく『async』をもとにしたパフォーマンスを行ないました。ちょうどダムタイプ展が開かれていた、坂茂（ばんしげる）さん設計のポンピドゥ・センター・メスも会場として使いましたし、パリ日本文化会館での公演にはなんと、制作のため現地に滞在中だった李先生も駆けつけてくれ、そこでついに対面することができました。

さらに次の年、19年にシンガポールで行なったパフォーマンス《Fragments》は、とりわけ印象深い。シンガポール国際芸術祭に高谷さんの舞台作品『ST/LL』が招聘されていて、音楽の一部をぼくが担当していたこともあり、ぜひ現地で観たいと思っていました。そのことを伝え聞いた主催者から、せっかくなら演奏もしてくれないか、と誘われたのです。それで『ST/LL』の上演の数日後に、そのままの舞台を使って『async』に基づくパフォーマンスをすることにしました。

ステージにはプールが作られ、そこに水が張られている。水の上にはピアノやギター、ガラスのインスタレーションなど、音の出る「島」がいくつも浮かんでいて、ぼくは必要に応じて水の中をジャブジャブと歩いていき、それらの楽器や「もの」を手に取って、即興的に音を鳴らします。水の波紋も映像としてリアルタイムに投影し、『async』の内容を完全に換骨奪胎した、自分でも満足のいくパフォーマンスになりました。ひと目見てこれは普通のピアノ・コンサートではないと分かるので、さすがにこのときばかりは『戦メリ』を演奏してくれ」などという客席からのプレッシャーは感じなかった。

考えてみれば、アルバムは音楽市場の中で流通させるために作られたフォーマットで、一枚あたりおよそ60分という収録時間も含めて、便宜的に与えられた形に過ぎません。新しい音楽ができたら、特定の場所に数名だけのお客さんを招待し、茶室でもてなすように発表をしたっていい。今やCDも売れない時代になってしまったから、ひょっとするとそちらの方がお金になるかもしれません。

かつて朝日出版社が出していた『週刊本』シリーズのひとつの号で、ぼくは「本本堂未刊行図書目録」(1984年)という特集を組みました。それは当時、自分が主宰していた出版社「本本堂」の、これから刊行したいけれど実現不可能かもしれない書籍の企画を集めたものでした。高松次郎さんや井上嗣也さんら、たくさんの方々に関わってもらい、全50冊のタイトルと装幀を中身より先に作ってしまった。そのうちの一冊として装幀家の菊地信義さんの発案による、中上健次さんの作品が毎日更新されていくバインダーのような本があったんです。まだインターネットもない時代で実現できませんでしたが、「一冊の本」や「一枚のアルバム」といったまとまった形式を壊そうとするアイディアは、80年代から持っていたんですね。

この『async』ベースのパフォーマンスは、自分でも新たな表現のステージに到達したという手応えがあったんだけど、残念ながら日本国内では開催できませんでした。フランス公演にはシンガポールの芸術祭関係者が来ていて、それが翌年の招聘に繋がりました。さらに、そのシンガポール公演には香港のイベンターが来て「次はぜひうちで」と言ってくれたりもしたのに、同じような熱心さで向き合ってくれる日本の会社や劇場はひとつもなかった。というか、ぼくが今こういった音楽活動をしていることを日本のひとたちはほとんど知らないのでしょう。だから、海外での公演にわざわざ出向くこともない。昔は日本が海外アーティストの招聘の面でも世界をリードしていたのに、新たな鎖国の時代に入ってしまったのかな、と寂しくなりました。もちろん、ぼくの事務所から馴染みのプロモーターに声を掛ければ、きっと呼んでくれるところはあるだろうとも思うんです。しかし欲を言うなら、坂本は今どんな表現をしているのかと情報のアンテナを張り、追いかけ、せめて日本から近いシンガポールぐらいなら観に来るというような情熱がほしい。でも、それはこちらの甘えかな。

ぼくは、いつも自分の気の向くままにアルバムを作ってきたけれど、逆に言うと作品ごとに趣向がバラバラで、アーティストとしての統一感がないことがちょっとしたコンプレックスでした。要するに、シグネチャーがない。例えば山下達郎くんやブライアン・イーノだったら、どのアルバムを聴いても確固たるシグネチャーを感じられますよね。でもまあ、自分は彼らとは違って好きなことばっかりやっているからしょうがないかな、とこれまでは割り切ってきたんです。

それでも『async』を作り上げたときは、シグネチャーを確立したというニュアンスとは少し違いますが、ここで得たものを決して失いたくない、次もこの達成の延長線上にある、さらなる大きな山へと向かっていこうと強く思いました。アルバムの完成時に「あまりに好きすぎて、誰にも聴かせたくない」というコメントを出した背景には、そんな個人的な感慨もあった。だからそれ以降は、『async』で摑んだものを大事に大事に発展させようとしています。

李先生の作品に出会ったのは18歳の頃だったから、ひょっとすると当時から「もの」としての音楽の道へ、一直線に進むこともできたのかもしれません。しかし、その道を歩まなかったのは、若い頃のぼくがお金と女性に目が眩んでしまったから。具体的なことについては想像にお任せしますが、今となってみれば、その人生を後悔してはいない。きっと還暦を超えて、大病も経験し、俗世の欲望に振り回されない清貧な状態になったことでようやく、自分が登るべき山が姿を現したのでしょうね。いわば長い螺旋を描くようにして、原点回帰したわけです。

アジアでのプロジェクト

『async』のリリース後は、韓国との仕事が続きました。ひとつは『さよなら、ティラノ』（2018年）という絵本を原作にしたアニメ映画で、2017年4月に最初のミーティングを行なっています。監督は日本人、作画も日本の手塚プロダクションが任されていましたが、メインのプロダクションは韓国の会社。加えて、中国の映画会社も出資していました。中心となる若い韓国人プロデューサーが音楽監督にぼくを指名してくれ、日中韓の共同制作というプロジェクトに惹かれて、受けることにしたんです。アニメーションのための音楽は久々で、子供たちにも伝わる音楽にしなくてはならないという難しさがありましたが、中心になる何匹かの恐竜のキャラクターから発想し、割と楽しく作ることができました。

『さよなら、ティラノ』は18年10月の釜山国際映画祭でプレミア上映され、韓国では翌19年に一般公開されたものの、日本での公開はちょうどコロナの影響も受けて延びに延び、2021年末になってしまいました。もちろん誰のせいでもないのですが、ちょっと旬の時期を逃してしまったな、という点では無念さが残ります。不思議なもので、観客にとってはいつ視聴しても初めての経験なのに、やっぱり完成してからすぐに世に出さないと作品の勢いが衰えていくというか、しなびてしまうんですね。まるでナスのように。寝かせると味わいが増す、ワインやウィスキーとは違う。

17年6月には、イ・ビョンホンとキム・ユンソクをダブル主演に迎えた韓国映画『天命の城』（2017年）の音楽を作っていました。エージェントを介してではなく、ぼくのホームページの問い合わせフォームに直接依頼があり、その心意気に応えたくて、すぐにポジティブな返事をしました。『天命の城』は1636年に朝鮮半島で起きた「丙子（へいし）の乱」を題材にした歴史大作で、清への臣従を拒んだ李氏朝鮮の王・仁祖（じんそ）を中心とする、47日間の籠城戦が描かれます。清によって攻め入られた李氏朝鮮は、南漢山城へと避難し、和睦か交戦かのあいだで揺れる。しかも季節は冬で、厳しい寒さと飢えを凌ぎながら、それでも何とか抵抗しようとするわけです。結末を明かしてしまうと、最後は朝鮮側が負けて、王の仁祖が自ら九度も地面に額を付け、清の皇帝に謝らざるを得なかった。これは清が始まったばかりの頃の話でもあるので、清の最後の皇帝を描いた『ラストエンペラー』と対をなす作品だと言ってもいいかもしれません。

　こうした史実は、ぼくもこの映画に関わる中で初めて知ったことですが、朝鮮半島の歴史の中で十本の指に入るほどの悲劇とされているらしい。韓国では今も「李」がもっともメジャーな苗字のひとつですが、この屈辱的な事件のせいで、自分が李氏朝鮮の末裔だと認めたくない人も一定数いると聞きます。でも、ぼくはむしろ、それくらい国内で忌み嫌われている「丙子の乱」のエピソードをあえて描こうとした製作陣の意志に感銘を受けたし、韓国映画の音楽を一度は手掛けてみたかったから、オファーがあって嬉しかった。以前に韓国の友人として名前を挙げたキム・ドクスにも協力を要請し、彼の紹介で若い伝統楽器のミュージシャンたちに演奏をしてもらいました。ちなみに、この作品の監督・脚本を務めたファン・ドンヒョクは、のちにNetflix作品『イカゲーム』を手掛け、世界的に大ヒットさせることになります。

『さよなら、ティラノ』と『天命の城』の仕事のあいだには、ニューヨークのマンハッタンにあるクワッド・シネマのリノベーション・オープンに合わせ、「坂本龍一レトロスペクティブ」が開催されました。ぼくが過去に関わった映画のうち、ペドロ・アルモドバル監督の『ハイヒール』（1991年）や、ブライアン・デ・パルマ監督の『ファム・ファタール』（2002年）など8作品が選ばれ、特集上映されたのです。クワッド・シネマは、日本でいう名画座のようなダウンタウンの小さな劇場で、若い映画人たちが運営している。彼らはアナログ・レコードに惹かれるのと同じく、映画も手に入るものに関してはフィルム上映にこだわっていて、実際なかなかいい雰囲気でした。大学でフィルム・スタディーズを専攻した息子は、「映写のフォーカスが甘い」だの「映写機の回し方が上手くない」だの文句を言っていましたが。病気治療のため2014年をほぼ丸々ニューヨークで過ごしたこともあってか、こうして地元住民のひとりとして扱ってもらえて、嬉しかったな。

『CODA』

2017年8月末からは、4年ぶりにヴェネツィア国際映画祭を訪れました。ただし、このときは賞の審査員としてではなく、単なる参加者としてですが。ぼくを撮ったドキュメンタリー・フィルム『Ryuichi Sakamoto: CODA』が、この映画祭で特別にスクリーニングされるというので、立ち会うことになったのです。日米ハーフである監督のスティーヴン・ノムラ・シブルさんとは、震災後に知り合いました。原子力工学者の小出裕章さんがニューヨークで福島の放射能汚染に関する講演をすることになり、ぼくは最前列で話を聞いていました。その姿をたまたま会場に居合わせたシブルさんが見ていて、直後に「あなたの映画を作らせてもらえないか」と連絡をもらったのです。当初は「NO NUKES 2012」のライブ映像を中心とする、脱原発活動に重きを置いた企画でした。珍しく日本でも社会が変わるような雰囲気があり、その激動の空気をぼくの姿を通して記録しておくことにも意味があるかもしれないと、あまり深く考えずにオーケーしたのでした。

しかし映像を撮り進めるうち、もう少し時間をかけて、坂本龍一のアーティストとしての全体像を収めようと、コンセプトが変化していきました。ぼくには自分をヒロイックに描いてほしいという欲望も、生活を晒したいという欲望も皆無。だけど、監督の腰の低さに乗せられて、次第にこの人になら委ねてもいいかな、という気持ちになっていました。が、そうこうするうち、ぼくがガンに罹ってしまい、シブルさんはこのまま撮影を続けていいのかと一時は相当悩んでいたようです。だから、いっそこちらから彼の背中を押してあげようと思い、「良かったねえ、これで映画も大ヒットだよ」なんて冗談を飛ばしていました。

とはいえ、闘病中に自宅やプライヴェート・スタジオに撮影クルーに入ってもらうのは抵抗があった。それで、これは当初の計画にはなかったものの、大学卒業後に映像作家として活動を始めた息子に関わってもらうことならできるかもしれない、とサジェスチョンしました。もちろん、息子がその提案を受けるか、さらに息子が撮った映像を監督がいいと思うかは別問題です。判断はふたりに任せましたが、直接話し合った結果、息子が「やる」と言ったそうで、結局、14年以降のニューヨークでの映像はほぼすべて彼が撮ることになりました。

あるとき、ぼくがひとりで集中してピアノの練習をしていたら、どうも人の気配を感じ、ふと振り返ると、そこに息子がいてカメラを回している。映画には、「いやあ、やられた」というぼくの言葉とともに、その映像が収められていますが、あんな下手な演奏風景を撮られるのは、相手が身内でなけりゃ許さなかったでしょう。

そして、ぼくが映画の中で一番気に入っているのは、フィールド・レコーディングのため林に入っていくシークエンスです。カメラがぼくから離れ、木を登っていくシャクトリムシを捉えた短いショットが素晴らしい。ぼくはシブルさんに「これをカットしたら、映画を降りるから」とまで強要しました。坂本龍一を追ったドキュメンタリーなのは観客には分かりきっているから、ぼくが常に映っている必要はないと思います。

『CODA』では、最終的に『async』の制作までを記録することになり、そのメイキング・フィルムとしても観ることができます。『CODA』、つまり「終結部」というタイトルは、ぼくが1983年にリリースした同名のアルバムとは関係なく、映画制作の終盤にシブルさんが付けたものでした。もちろん、ぼくの大病という予期せぬ事態が起きたこともあり、このタイトルのままだと意味が重すぎてしまうのでは、という迷いも生じたらしい。ぼく自身も、自分の人生がここで終わるようで抵抗があった。それでも原発事故をはじめとして、世の中全体が「終結部」に向かっているのではないか、という監督の当初の問題意識、さらには新たな音楽を完成させるプロセスの、その最後までを収めたフィルムというふたつの意味から、結局このタイトルのまま発表することに決めたのです。むしろ、それを逆手に取って、ここからまた新たな章が始まるという発想でいこう、と。この作品は11月はじめに日本でも公開され、ぼくも珍しく、初日の舞台挨拶に立ちました。

グールドへの恩返し

12月には「Glenn Gould Gathering」という、グレン・グールド生誕85周年記念イベントのキュレーションを任されました。ぼくは小学生の頃から、グールドに夢中でした。前傾姿勢で演奏する彼の真似をしすぎて、すっかり猫背でピアノを弾く癖がついてしまい、先生に注意されたこともある。そんなグールドへの憧れをさまざまな場所で公言してきたところ、母国カナダのグレン・グールド財団が聞きつけ、カナダ建国150周年のタイミングとも合わせて何かやってくれないか、という話がきたのです。1982年に50歳の若さで亡くなったグールドとは、もちろん面識はなかったものの、一方的に影響を受けてきた。以前にソニー・ミュージックからぼくが選んだ彼の演奏のベスト盤『グレン・グールド坂本龍一セレクション』(2008、09年)を出したこともありますが、今回も彼に恩返ししなきゃという気持ちで引き受けることにしました。会場には東京のカナダ大使館からも近い、赤坂の草月会館が選ばれました。

グールドはわずかに作曲作品も遺しているにせよ、基本的には演奏家です。彼がピアノを弾いた作品のうち、とりわけ有名なのはバッハの『ゴルトベルク変奏曲』やベートーヴェンの『ピアノ協奏曲』ですが、演奏家をどうやってトリビュートすればいいのか、考えてみれば難しい。そこで、ぼくは友人アーティストのカールステン・ニコライ(アルヴァ・ノト)とクリスチャン・フェネスに声を掛け、さらにルクセンブルク出身の気鋭のピアニスト、フランチェスコ・トリスターノにも参加してもらうことにしました。フランチェスコとはこのときが初共演でしたが、彼もグールドと同じく『ゴルトベルク変奏曲』を演奏したアルバムを出している。さらに、バッハが大先輩の作曲家ブクステフーデに会うため400キロも徒歩で旅をしたというエピソードから着想して、そのふたりの曲と自作曲を織り交ぜて弾く面白いコンセプトのアルバム『ロング・ウォーク』を作っていたりと、前から気になる存在でした。

そんなフランチェスコが奏でるクリアなピアノの音に対し、ぼくはプリペアード・ピアノやシンセサイザーを演奏し、さらにカールステンの電子音とフェネスのノイズを重ねる形で、グールドにオマージュを捧げるコラボレーション・コンサートを行ないました。とりわけカールステンのアイディアが冴えていて、グールドといえば演奏中の鼻歌が有名ですが、それに着目したんですね。カールステンは、ぼくがバッハの曲を演奏するのに合わせ、彼のガールフレンドによるハミングを重ねてみせた。さすがは現代美術家だと思いました。ステージ背後のスクリーンには、グールドの住んでいた家や近所の公園、お墓を撮った映像も流しながら。コンサートのほかにも、グールドが愛した日本文化の紹介として、安部公房の原作を勅使河原宏監督が映画化した『砂の女』の上映を行なったり、夏目漱石の『草枕』について語る彼の肉声を使ったインスタレーションを用意したり。草月会館1階にあるイサム・ノグチ作の花と石と水の広場――草月プラザには、生前のグールドが演奏した通りに鍵盤が動くという仕掛けの、自動再生装置の付いたピアノも置きました。

ぼくとしては、こんな形でいいのかな、と最後まで迷いながらのイベントでしたが、幸いグールド財団のひとがすごく喜んでくれ、コンサートとインスタレーションを一緒にしたこのパッケージをそのままカナダをはじめ世界各地に持って行ってくれないか、とも頼まれました。それはあまりにも大変なので断りましたが、コンサートは3日間で5公演、1公演500人としても計2500人しか観ていません。だからまあ、もったいないと言えばもったいないですね。

余談ながら、草月会館はぼくの前衛音楽との出会いの場でもあり、10歳の頃に母に連れられ、高橋悠治さんと一柳慧さんのコンサートに行ったことがあるんです。そのときに悠治さんが弾いていた赤いベーゼンドルファーのピアノのことを、色の珍しさもあって憶えていたところ、グールドのイベントの下見のため会場を訪れたらステージの裏にまだ置かれているのを発見し、大いに感動した。そして、この赤いピアノを目にした瞬間、もう50年以上も前のコンサートの記憶が鮮やかに蘇りました。確か悠治さんは、ピアノ内で目覚まし時計を鳴らしたり、ピアノの弦に向かって野球のボールを投げたりしていたはずです。子供心にその演奏の奔放さに驚き、音楽の自由について教えてもらいました。

ベルトルッチとの別れ

そして2018年を迎えますが、この年には恩人のベルナルド・ベルトルッチとの別れがありました。年明けの2月、ぼくは審査員として呼ばれたベルリン国際映画祭のためドイツに滞在し、選考の傍ら、クラシック部門で上映された小津安二郎の作品『東京暮色』に関して、同じく小津作品に大きな影響を受けてきたヴィム・ヴェンダース監督と共にプレゼンテーションを行なっていました。映画祭という場の面白さを教えてくれたのもベルトルッチですが、ちょうどその頃に彼から突然電話がかかってきて、「おい、リュウイチ。

俺もお前と同じ、喉のガンになったぞ」と言う。その口調は決して暗くはなく、「This is my love（これが俺の愛だ）」などと、ジョークを飛ばしていました。彼はどんなときだってジョークを口にするのです。

続けてベルトルッチは、「一刻も早く見舞いに来てくれ」と言います。「ドイツからならイタリアまで近いじゃないか」と。でもぼくは、映画祭のあとすぐに、フランスの3都市でのコンサートを控えていました。ベルトルッチは「そんなものはキャンセルして、俺のいるローマへ来い。とにかく会いたいんだ」と粘っていましたが、悩んだ末に、やはり旅程変更は難しそうだったので、行かず仕舞い。結局、彼はその年の11月に亡くなることになり、このときの電話が最後の会話になってしまいました。無理してでもローマに寄っておくべきだったな、と今は悔やんでいます。

もっとも、ベルトルッチは延命措置を止めたあと、最後の1ヶ月は自宅で過ごし、毎日ワインをガブガブ飲み、医療用大麻もバカスカ吸っては、大盛り上がりだったそうです。友達も連日たくさん遊びにやってきて、彼が他界したあとで未亡人のクレアから聞くには、「あんなに笑ったことはないというくらい笑って、楽しく逝ったのよ」と。きっと幸せな最期だったのだろうと思います。

自らのルーツ

3月には、NHKで『ファミリーヒストリー』のスタジオ収録が行なわれました。家族の歴史を本人に代わって取材するという趣旨の番組ですが、もし若い頃に話をもらっていたら辞退していたかもしれない。でも不思議なもので、自分も高齢になってくると、亡くなった親に先祖のことをもっと聞いておけばよかったという気持ちが芽生えてくるものです。そこで、知るのが怖いという気持ちもありつつ、思い切って出てみることにしました。

うちは両親ともに、九州がルーツです。これ以降の情報は、基本的にすべてこの番組のスタッフが調べ上げてくれたものですが、父方の曾祖父・兼吉は福岡藩の主・黒田家に仕える足軽でした。隣の久留米藩との国境にある、三奈木村というところで、敵の侵入を見張っていた。英彦山という山を下った道のふもとに住んでいたことで、殿様から「坂のふもと」、転じて「坂本」と名付けられたそうです。ぼくが昔から抱いていた「先祖は落武者ではないか」という予感は、ある意味では当たっていたのですね。資料の裏付けが取れず、番組内では紹介されなかったものの、兼吉からさらに遡った祖先はもともと隠れキリシタンで、異教徒に寛容であった黒田家にその昔、拾われたという話もあるらしい。

兼吉は現在の福岡県朝倉市にある甘木という町に移り住み、そこで「料理坂本」という料亭を開きました。甘木は福岡と大分を結ぶ交通の要所で、幸いお店は繁盛した。兼吉は次第に町の有力者となり、今も地元の神社の鳥居には寄進者として名前が彫られています。その神社の境内では素人相撲やプロ力士を呼んでの興行も行なわれ、兼吉がその世話役を務めていました。驚くべきことに番組スタッフは、1975年に地元の新聞社が町の長老に甘木の歴史を取材した際、録音していたカセットテープまで探し出し、そこには兼吉に関する「このひとは親分でした。親分にもいろいろありますけど」という証言が収められていました。番組内ではさすがに直接的な表現はされなかったものの、ひょっとしてやくざ者として有名だったのかな、とも思います。

兼吉の長男が、ぼくの父方の祖父である昇太郎で、彼は若い頃から芸事が好きな少年として知られていました。素人歌舞伎を嗜み、当時の地元紙には「最も喝采を博した甘木藝界の達者である」という記述も残されています。「福岡の團十郎」とも呼ばれる瓜実顔の美男子で、俳優の人気投票をするとダントツの1位だったとか。昇太郎は、父親の経営する「料理坂本」で働いていたタカという女性と結婚し、その長男としてぼくの父親・一亀が生まれます。昇太郎は趣味が高じて29歳で「甘木劇場」を立ち上げ、経営主となるのですが、そのわずか2年後にある事件が起きてしまう。喜劇の上演中、劇場で喧嘩が起き、巻き込まれた窓口の男性が刃物で刺されて亡くなってしまったのです。昇太郎はこの殺人事件の責任を取り、劇場の経営から身を引くことになりました。

その後、昇太郎は一転して福岡の生命保険会社に就職し、サラリーマンとして単身赴任の生活をすることになりました。外回りの営業だったそうです。しかしわずか数ヶ月後に、赴任先で別の女性ができ、そのことを残酷にも妻であるぼくの祖母に告げた。そして彼女は、残された6人の子供を女手ひとつで育てることになりました。こんなひどい昇太郎の姿を見ているから、きょうだいたちはみんな真面目で、特にうちの父親は長男として責任を背負って頑張っていたようです。後年、ぼくがチャラチャラした生活を送っているのを知ると、父親は「俺たちは堅気でやってきたのに、お前がこうなるとは……」と、ガックリ肩を落としていました。まあ、祖父の遊び好きが隔世遺伝してしまったんですね。血は争えない。

そんなぼくの父親・一亀は、日本大学文学部へ進学した翌年に太平洋戦争が勃発し、戦局が悪化すると、学徒出陣を命じられました。彼は佐賀にあった通信隊に入り、当初は

「家族のため、俺は潔く死ぬのだ」と、軍人としての使命に燃えていたようです。それから旧満州の東安に配属され、そこでは仲間にひたすらモールス信号を送っていたのだとか。極寒の地で指が凍傷になり、その治療のため麻酔なしで爪を剝がされたという辛い経験を綴った手記も、番組内では紹介されました。

そして1945年になると、今度は本土決戦に備えるため一亀は日本へ呼び戻され、そのまま福岡・筑紫野の通信基地で終戦を知ることになりました。父の弟の証言によると、終戦後に帰ってきてからの一亀は家に籠りきりで、しばらく何も手につかなかった。自分は無事なのに、旧満州で共に過ごした仲間は終戦後もシベリアで強制労働をさせられていることへの罪悪感もあったらしい。半年後にようやく近所の鋳物工場で働き始めるものの、同僚たちが給料の安さに不満を持っていることを知り、自分が中心になって団体交渉を持ちかけた。ところが、社長を前にすると他の工員が押し黙ってしまったことにも腹を立て、すぐに辞表を叩きつける——なんてこともあったそうです。

その後、一亀はもともと好きだった文学に再び目覚め、地元の有志と共に『朝倉文學』という同人誌を立ち上げては、自らも小説を書くようになりました。軍国主義への反省から、戦争へ向かう世の中に疑問を持つ青年を主人公にした作品だったようです。その同人誌が、たまたま甘木に療養に来ていた編集者の目に留まり、一亀は「東京の出版社で小説の編集者として働いてみないか？」と誘われます。その出版社こそ、彼が定年まで勤めることになる河出書房でした。

一方、母方の曾祖父・下村代助は、今の長崎県諫早（いさはや）市で農業を営んでいました。もともとは、梁が剝き出しになった掘建小屋のような家に住む小作農であった代助は、日露戦争の頃に、造船業で賑わう佐世保へ移り住みました。そこで市役所の「臨時雇い」となるのですが、その実情は、腰に鈴を付けて走り回り、呼び止めた人から何かしらの仕事をもらうという「なんでも屋」だったそうです。

代助の三男として生まれたのが、ぼくの母方の祖父・弥一でした。弥一は幼い頃から勉強熱心で、小学校の授業で知ったリンカーンを尊敬していました。貧しい家で育ちながらアメリカの大統領にまで上り詰めたリンカーンに自分を重ね合わせ、立身出世を夢見ていたのです。しかし、下村家の経済状況では、旧制中学への進学は厳しい。そこで小学校を出たあと弥一は、一旦は海軍工廠（こうしょう）の見習い工として働くことになるのですが、進学の夢を諦めきれず、地元の佐世保中学校の校長の家を自ら訪ね、編入させてほしいと直談判しました。その校長も偉いもので、「試験を受けて合格したら、編入を認めてあげよう」と答えた。そこで、眠くなると膝にキリを刺しながら猛勉強した末に、弥一は合格点を取り、中学4年生に編入させてもらうことになりました。

その後、弥一は奨学金をもらって熊本県の旧制第五高等学校へと進学し、学生寮で、生涯の友となる池田勇人と出逢います。池田勇人はのちに首相となり、「所得倍増計画」を掲げて日本の高度経済成長を推し進めた人物ですが、彼とは高校時代から天下国家を論じる仲であったらしい。さらに池田と共に弥一は京都帝国大学の法学部へ進学し、数年後に小学校時代の恩師が娘を連れて京都へ遊びに来たことがきっかけで、その娘・美代と結婚することになりました。

弥一は大学卒業後、共保生命保険へ就職し、のちに吸収合併を重ねて野村生命保険、東京生命保険と名前を変えたその保険会社で、取締役まで務めることになります。美代とのあいだには、ぼくの母・敬子をはじめ、1女3男をもうけました。そしてある時期にぼくの父方の祖父・坂本昇太郎が弥一の部下となり、お互いの子供の話になった。昇太郎が長男は東京の出版社で働いていると話し、弥一が家に帰って娘にそのことを伝えると、本好きの敬子は、ぜひそのひとが編集した本を読んでみたいと言う。そこで——家族を捨てて出ていったのに勝手なものですが——昇太郎が息子に電話し、上司の家まで本を届けてくれないかと頼んだところ、一亀は自分が手掛けた椎名麟三の『永遠なる序章』を携えて、下村家を訪ねました。そこで、ぼくの両親が初めて出逢ったのです。ふたりが結婚するのは、それから2年後のことでした。

『ファミリーヒストリー』のスタッフは本当にすごいですね。番組では、こうした坂本・下村両家の歴史が、さまざまな資料とともに詳しく紹介され、最後は父・一亀が付けていた日記の一節が読み上げられました。以前に語った通り、父は家では常にムスッとしていて、口を開けば「バカヤロー」と言うような人間です。ぼくは怖くて目を直視することすらできず、まともに話をした記憶がない。だけど、そんな父は人知れず、息子が出た雑誌の記事やテレビのラテ欄を切り抜いてスクラップしていました。そして、ぼくが生まれた日の日記には、「男子生る！　何かしら微笑みを禁ずることができないのだ」という記述があったんです。それに続けて、「婦長に抱かれた赤児を見る。大きく、きれいなのだ！」と。生前、面と向かって褒めてくれたことは一度もありませんでしたが、生まれたときはこんなに感情を露わにして喜んでいたのですね。収録で泣くつもりはなかったのに、さすがに涙を禁じ得ませんでした。

ちなみに母親は生前、「あなたはバラエティばかり出ているけど、ＮＨＫからは声は掛からないの?」と、ぼくによく嘆いていたものです。ダウンタウンのコント番組で演じた「アホアホマン」役を嫌々やらされていたと勘違いし、勝手に怒っていたのでしょう。本当は事務所が止めても、ぼくの方から出たいと言ったのに。だから母親は亡くなったあとではあれ、自分たちの家族がこんな素敵な番組に取り上げてもらえて、満足しているんじゃないかな。

叔父の幼少期の遊び

それから2018年3月末には、「樂焼(らくやき)」で有名な京都の樂吉左衛門さんの窯を訪れました。今は代替わりして16代目になっていますが、このときに応対してくれたのは15代目の光博さんです。樂さんとは以前にトークイベントでご一緒し、こちらが「なかには失敗する焼物もあるんでしょう?」と尋ねたところ、「もちろん、たくさんありますよ」と答えていた。彼のその話を聞き、ぼくは常識がないから、そうした失敗作を譲ってもらえないだろうか、と考えたんです。

実はこの時期、半分冗談、半分本気で、『async』の次のアルバムは焼物にしようと構想していました。購入したひとそれぞれが焼物を割り、その割れる瞬間にだけ鳴る一度きりのサウンドを楽しんでもらえたらという狙いの、究極のコンセプチュアル・アートです。樂さんの失敗作を譲り受け、音の研究の参考にしようと思って頼んだところ、さすがにそれは無理だという。考えてみれば当然ですが、失敗作が万が一にも世に出たら、樂さんの名前に傷がついてしまいますからね。彼に聞くと、上手くいかなかったものは段ボールにどんどん投げ捨て、再び土に戻して次の作品に使うのだそうです。とはいえ、ぼくとしては焼物が割れる音を聴きたいだけなので、実物を持って帰れなくてもいい。交渉の結果、樂さんのところであれば割っても構わない、と許しを得られ、失敗作を片っ端から割っては音を録らせてもらいました。もっとも、一口に「失敗作」と言っても、それは樂さんの主観で判断しているだけで、素人目にはそれ自体ものすごく価値があるものに見えるのですが。20個くらい割ったところで、さすがに良心の呵責に苛まれて止めました。

結局、焼物としてのアルバムはリリースしなかったものの、2021年3月に数量限定で発売したアート・ボックス『2020S』では、デザイナーの緒方慎一郎さんのディレクションで唐津の陶芸家・岡晋吾さんに協力してもらい、オリジナルの陶器の皿を作りました。その皿をぼくが割ったときの音を使った『fragments, time』という曲と、割れた陶器の破片そのものもアート・ボックスには収録し、購入者のもとに届けています。それぞれが一点ものの作品ですね。

そもそも、こんなことを思いついたのは、母方の叔父の幼い頃のエピソードが印象に残っていたからです。『ファミリーヒストリー』の続きになりますが、ぼくの母親には3人の弟がいて、昔から毎週末のように白金にあった祖父母の家に行っては、彼ら叔父たちに遊んでもらっていました。長男の由一(ゆういち)は東京大学で国際関係論を学び、ローザ・ルクセンブルクの研究者となった。彼は東西冷戦に突入して間もない頃に東ドイツへと亡命し、保守的な政治思想を持っていた父の弥一は、息子を失ったように落胆したそうです。しばらくして由一は、日本語が堪能なドイツ人のパートナーを連れて戻ってきましたが。彼は90代になってからも、元気に暮らしています。

真ん中の叔父・了二は、２０１８年1月に亡くなりました。彼はシャンソンなどフランス音楽が好きで、ぼくは幼い頃にそのレコード・コレクションを勝手に引っ張り出して聴く中で、ドビュッシーと出会った。その当時の了二は慶應義塾大学のラグビー部に所属していて、毎週末ドロドロになって帰ってきていました。その下に、のちに高校の数学教師となる三郎がいて、彼は早稲田大学に通っていたので、了二とはよく「早慶戦だ！」と言って喧嘩していたものです。ぼくにドイツ音楽を教えてくれた三郎も、２０１６年の11月に亡くなってしまいました。

その三郎が、まだ1歳だった頃に、茶碗やお皿を縁側から敷石に落っことして遊んでいたそうなんです。台所から食器をくすねてきては割り、その音を聴いて楽しんでいたのだと。三郎は「バリン」という太い音より「チャリン」という澄んだ音が好きで、そういった音を出すものは決まって有田焼など、薄めの高価な器だったらしい。すごいのは三郎の母親、つまりぼくの母方の祖母で、普通なら子供がそんな遊びをしていたらすぐに叱るところ、黙ってその様子を見ていたという。「ああ、この子は音に敏感なんだわ」と呟きながら。祖母自身も、ヴァイオリンを習っていた音楽好きのひとでした。下村家で語り継がれてきたそんな昔の話が頭のどこかに残っていて、ぼくは焼物で音を鳴らすというアイディアを思いついたのです。これも「もの」としての音楽ですね。

編集者の立場から作家をサポートしていた父には、創作の先輩として生前もっと話を聞いておけばよかったと後悔することもある。しかしぼくは両親だけでなく、叔父をはじめとする親戚からも、多くのものを受け継いできました。こうしてみると、自分という人間はつくづく、周囲の大人たちから影響を受けて作られてきたんだなと思います。

7

新たな才能との出会い

サンダーキャット（左）、フライング・ロータス（右）と
ニューヨーク・ブルックリンのライブ会場で

ブレックファスト・クラブ

2017年1月のドナルド・トランプのアメリカ大統領就任は、ぼくにとっても非常にショッキングな出来事でした。そもそも自分はアメリカの市民権は持っていないので、投票はできないのだけど、まさかトランプが当選するとまでは考えもしなかった。いわばヒットラーが合衆国の大統領になったような、由々しき事態です。前年末の選挙の結果を受けて、周囲には泣き崩れるアメリカ人がたくさんいたし、なかには国外に移住してしまったひともいました。

それでも、こんな時代だからこそ、今まで以上に音楽やアートが必要だとも強く感じました。政治的なメッセージを作品に託すといったストレートな意味ではなく、政治から自立した、普遍的とまでは言わずとも、息の長い世界があるのだと示すこと。その後のパンデミックの状況下でもそうでしたが、世界が困難に直面したときに音楽やアートがあることが、人々にとってどれほどの救いとなるか――おそらく政治家にはなかなか分かってもらえないでしょうが。

だからという訳ではありませんが、18年になった頃から毎月一度ほどのペースで、同じくニューヨークに暮らす友人たちと「ブレックファスト・クラブ」と称する朝食会を行なう習慣ができました。ローリー・アンダーソンや、以前アップル社に勤めていたイエイン・ニュートンが毎回の参加者で、アート・リンゼイも彼がニューヨークにいるときは顔を出していた。それぞれがミュージシャンだったり、音楽が好きなひとたちだったりするけど、不思議と音楽のことは話題に上らず、もっぱら「最近は何を読んでる?」といった本の話や、政治・社会のトピックで盛り上がる。毎回4人くらいで、マンハッタンのダウンタウンのあちこちのカフェで近況報告をし合うという、ゆるい集まりです。

ぼくが治療のため日本で過ごす時間が長くなってからは、Zoomでも何度か実施しました。お店と違ってオンラインだと席数が限られていないから、何か企画する際には各々知り合いの活動家にも声を掛けて、ひとつの画面上に40~50人が顔を揃えたこともある。そのときは、2020年の大統領選へ向け、アーティストとして声を上げようということで集結したのでした。

グラス・ハウスでの経験

2018年5月からは、韓国・ソウルの中心地にオープンした私設アートスペース「piknic」の柿落(こけら)とし企画として、「Ryuichi Sakamoto Exhibition: LIFE, LIFE」展が始まりました。前年12月の東京滞在中に、アート関係の仕事をしているという韓国人の若いご夫婦と女性のキュレーターが訪ねてきて、彼らは準備中の新スペースで、ぼくの展覧会を企画したいのだと言う。「設置音楽」展を見て、声をかけてくれたようでした。「それで、いつからやるつもりなの?」と訊くと、「翌年の春」と答えます。この時点でオープニングの予定日まで半年は切っていたから「無理無理。準備に最低でも1年間はかかるよ」と断ったのですが、熱意に負けて企画を進めること自体はオーケーしたところ、なんと彼らはその短期間で展示を間に合わせてしまった。

担当したキュレーターがとても優秀で、彼女がいなかったら到底実現できなかったと思います。piknicはさほど大きなスペースではないので、作品によっては本来のサイズより縮小せざるを得なかったものの、この展覧会では《LIFE – fluid, invisible, inaudible...》（2007年）から『async』（2017年）の5・1chサラウンド再生空間まで、過去十数年に高谷史郎さんと手掛けた主要なサウンド・インスタレーションをまとめて見せることができました。また、《water state 1》（2013年）は、YCAMでの発表時は桂離宮の内部空間を模した石組を設えていたのを、この展覧会では山水画を意識してちょっと配置を変えてみた。若い頃は『ブレードランナー』のようなテクノな世界観こそがカッコいいと思っていたのに、歳を重ねていつしか山水画に惹かれるようになり、そのジジくささに気付いて自分でも驚きました。ちなみに、日本画家ではとりわけ長谷川等伯が好きです。

韓国では建築や庭園によく石を取り入れることもあってか、ソウルのど真ん中に巨大な石屋さんがありました。高谷さんとそこを訪れ、最初はあまりの選択肢の多さに途方に暮れながらも10個の気に入った石を選び、piknicの展示会場まで運んでもらった。そして、石を使うとどうしても李禹煥（リ・ウーファン）先生の真似事のようになってしまうものの、《water state 1》の中心となる水面の周囲に、見えない線で描かれた大きな三角形を作るようにして石の適切な位置を探り、置いていきました。このような空間的なアプローチは、音楽を作る上でも刺激を与えてくれます。石づかいの大先輩である李先生もこの展覧会を見にきてくださって、5ヶ月の会期で計6万2000人の集客があったと聞いています。

さらに今度はオーストラリアへと飛び、カールステン・ニコライ（アルヴァ・ノト）と一緒に、メルボルンとシドニーでライブを行ないました。2002年から続けてきたカールステンとのコラボレーションは、正直に言うと5枚目の共作アルバム『Summvs』（2011年）を出したところでもう、やり尽くしてしまった感があった。ぼくがピアノ担当、カールステンが電子音担当という役割分担が固定されてしまい、これ以上続けたところで、なかなか新しい表現にはならないだろうな、と。ふたりとも言葉にこそしませんでしたが、同じ思いでした。しかし病気療養後、『レヴェナント：蘇えりし者』（2015年）での協働を経て、久しぶりのパフォーマンスとなった16年9月のグラス・ハウスでのライブから、それまでとはまた違った化学変化が起きるようになりました。

グラス・ハウスでのパフォーマンスは草間彌生展のオープニングとして企画されたもので、会場の都合上、ピアノを入れることができませんでした。それでぼくは仕方なく、久しぶりにシンセサイザーやシンギング・ボウル（スティックで鳴らす、ガラスの器）など音の出る道具を持ち込み、ふたりで即興演奏をすることにしたら、結果的にそれが良かった。ピアノと電子音という長年の役割分担が崩れたことで、自分たちにとっても新鮮な音が生まれました。ぼくのアイディアは、フィリップ・ジョンソンが設計したこの建物そのものを楽器に見立ててみようというものでした。ゴムのマレットでガラスの壁の表面を擦ったり叩いたりして出した音を、スピーカーで拡張していく。ちょうど演奏開始直前に外が豪雨になり、ガラスの壁に激しく雨が打ち付け、その音もマイクが拾います。雨はパフォーマンスが後半に差し掛かった頃に止み、地平線まで続く林の向こうに夕日が見えてきまし

グラス・ハウスでのパフォーマンス
Photo courtesy of the Glass House

た。天候までドラマティックにサポートしてくれたように感じ、終演後、ぼくはカールステンと固くハグをしました。この40分ほどのパフォーマンスの音源は『GLASS』(2018年)というタイトルで、カールステンのレーベル「NOTON」からリリースされています。

そのブレイクスルーの経験が鮮烈だったので、オーストラリア公演では与えられた時間のうち半分はピアノを使ったこれまでのレパートリー、もう半分は別の楽器も使った即興で組み立てました。そして、既存曲と即興が切れ目なく続くようにしようと話し合って臨んだところ、非常に満足のいく出来になった。シドニーの有名なオペラハウスでのパフォーマンスを終えたあとは、毎回打ち上げでかなりお酒を飲むカールステンがいつにも増して上機嫌で、ぼくも大きな感動に包まれ、ここでもハグを交わしたのでした。彼の場合も『レヴェナント』以降、それまでとは音楽との向き合い方が変わったのかもしれません。

「Kajitsu」のための選曲

思いがけず大きなニュースになった2018年の出来事として、ニューヨークの和食レストラン「Kajitsu」のための選曲がありました。その頃、「Kajitsu」は2フロアを使って営業していて、2階がメインの精進料理のお店、1階がカジュアルな「Kokage」というお店になっていた。アメリカにいながら美味しい手打ち蕎麦が食べられるということもあり、ぼくとパートナーは、それぞれの店によく通っていたんです。今は独立して、同じニューヨークで「odo」という自分の店を構えている当時のシェフ、大堂浩樹くんとも懇意にしていました。京都の「和久傳」や東京の「八雲茶寮」などで修業を積んだ彼の料理人としての腕が素晴らしく、ゲストを連れていくことも多い、お気に入りのレストランでした。

しかし、あるとき「Kokage」で食事をしていると、BGMが気になってしょうがない。ブラジルのポップスや、マイルス・デイヴィスのようなジャズをごちゃ混ぜにしたプレイリストがどうにも凡庸で、かつ、うるさすぎる。そのことに気づいたぼくは、次第にせっかくの料理を味わえなくなるほど我慢ならなくなり、帰宅したあと出過ぎた真似だと知りつつも、思い切って大堂くんにメールを送ったのです。「きみの作る料理は桂離宮のように美しいのに、店でかかっている音楽はトランプ・タワーのようだ」と。そして、勝手に選曲をさせてもらうことにしました。少し前に中谷芙二子さん、田中泯さん、高谷さんとのパフォーマンス《a・form》のためノルウェーのオスロを訪れた際には、ムンク美術館でR&Bが流れていて、あまりのミスマッチに憤慨したことがありました。さすがにそこではクレームを入れることはしなかったものの、普段から贔屓にしているレストランでなら、多少のわがままは許されるかな、という甘えもあった。

3時間弱のプレイリストにはあえて自分の曲は入れず、ゴールドムンドの『Threnody』やエイフェックス・ツインの『Avril 14th』などのアンビエント・ミュージックを中心にまとめ、さらに珍しいところでは高橋アキさんが弾くジョン・ケージの『Four Walls』第一幕第一場も入れました。実は最初のヴァージョンの選曲は、パートナーから「店の雰囲気に比べて暗すぎる」とダメ出しをされ、一度ボツにしてまた選び直した。友人の音楽キュレーター、高橋龍くんの協力もあり、結果として店内の壁や家具の色ともマッチした、適度に明るさのあるプレイリストになったと思います。当初これは1階の「Kokage」のための選曲で、2階の「Kajitsu」ではもともと音楽はかかっていなかったのに、好評を博したため一時はどちらのフロアでも流してくれることになりました。

　仕事のつもりは一切なく、お節介でしたことに過ぎないのですが、たまたま聞きつけたニューヨーク・タイムズの記者がお店とぼくに取材し、大きな記事として取り上げてくれました。本紙ではカラー写真付きで紹介され、しかもネット配信版が各国のニュースサイトにピックアップされたものだから、世界中で大反響に。記事を見て「Kajitsu」へ実際に足を運んだというお客さんもかなりいたようです。このプレイリストは、Spotifyのサービスを使い、ニューヨーク・タイムズのアカウントがまとめているので、気になる方は探して聴いてみてください。

若いアーティストとの縁

　2019年は年明けすぐに、フライング・ロータス（フライロー）の訪問がありました。その直前に「ニューヨークへ行くから会ってくれないか？」と連絡を受けたんです。まずは家の前のカフェで落ち合うと、彼はいきなりぼくのことを「センセイ」と日本語で呼ぶ。アメリカでは、日系人から空手を習う少年を主人公にした映画『ベスト・キッド』が大ヒットしたことで、目上の人に対する「センセイ」という呼称がすっかり浸透しました。フライローは日本のサブカルチャーに異様に詳しく、楳図かずおや『ガロ』で仕事をしていた佐伯俊男のエログロ系の漫画を偏愛しているそうです。

　フライローと会ったのはこのときが初めてだったのですが、それ以前に、友人のサンダーキャットとはやり取りがありました。サンダーキャットは、2013年に彼が発表したアルバム『Apocalypse』のラスト・トラックで、ぼくがバルセロナ・オリンピックの開会式のために書いた『El Mar Mediterrani』（1992年）をサンプリングしている。当時、この楽曲の使用許諾のため、丁寧にマネジメント経由で連絡してきてくれたのです。もともとオーケストラで演奏した曲で、変なことを考えるなあと思っていたけれど、聴いてみると見事なポップスに昇華されていて驚きました。

　サンダーキャットは凄まじいテクニックを持った天才ベーシストで、本人の歌声にもグルーヴ感がある。どちらかと言えばフライローの方がお兄ちゃんのような関係性で、弟分のサンダーキャットの作品プロデュースも手掛けているのですが、このふたりはとにかく仲がいい。しかも、どちらも根っからのオタクです。サンダーキャットは『ドラゴンボール』や『北斗の拳』の大ファンで、日本へ来たら必ず中野ブロードウェイへ立ち寄り、関連グッズを買い漁っているらしい。ドレッドヘアに全身真っ黄色の服を着て、さらにレッグ・ウォーマーもつけるなど、いつもギャルみたいなド派手でかわいらしい格好をしています。ちなみにサンダーキャットは、ぼくが知らないうちに企画されていた70歳記念アルバム『A Tribute to Ryuichi Sakamoto – To the Moon and Back』（2022年）で、『千のナイフ』（1978年）のカヴァーをしてくれました。

　そして1月のニューヨークでのフライローとの初対面のあと、熱心にせがまれて、今度は6月にロサンゼルスにある彼の自宅スタジオでレコーディングを行ないました。フライローはジャズの世界で知らぬ者はいないアリス・コルトレーンを大叔母に持ちますが、作る音楽はヒップホップやエレクトロがベースです。そんなフライローと一緒に、ぼくは2日間みっちりキーボードの演奏をしました。このとき録った素材に関しては「君が自由に料理して使っていいよ」と伝えましたが、まだリリースされていません。とはいえ、気にはしてくれているようで、たまに「どうしましょうか？」と相談の連絡が来たりする。好きにしてくれていいんだけど、勝手にいじっちゃまずいと思っているのかな。

フライローはとにかく音楽にひたむきな奴で、一日中ずっと自宅スタジオに籠って曲を作っています。少なくともぼくが見た限り、その家には他の住人の姿はない。ただ、作業中にミュージシャンの友達が遊びにやってくると、「サックスを吹いてよ」と気軽に頼んでいたりしました。家中の至る所にさまざまな楽器が置いてあり、フライローはこのとき、「ピアノを弾けるようになりたいんだ」と口にしながら、買ったばかりのスタインウェイで一生懸命に練習していました。初対面の際には彼から頼まれて、ぼくも自分の書いた曲の譜面をあげたりした。ピアノについては初心者ながら、大叔父であるジョン・コルトレーンの難曲にも頑張って取り組んでいます。

音楽に対してはとにかく真面目なのに、フライローはまるでそのエネルギーの原料のように、朝起きてから夜寝るまで四六時中マリファナを吸っている。常にバクバク煙を吐いているから、ものすごい消費量になると思います——念のため言い添えておくと、カリフォルニア州では合法で、問題ないのですが。こちらにも幾度となくジョイント（大麻を紙で巻いたもの）を勧めるので、「いや、ぼくは吸うと何もできなくなっちゃうから」と伝え、なんとか断っていました。滞在中、1日目の夜はフライローの行きつけだというロサンゼルスの寿司屋に連れていってもらい、2日目の夜はお返しに、ぼくとパートナーの知人が経営する日本料理店に招待することにしていました。でも、その日は彼があまりにマリファナを吸いすぎてヘロヘロになり、「俺は無理だから、ふたりで行ってきてくれ……」と声を振り絞るような感じで言われ、直前に欠席となってしまいました。

ぼくのことをリスペクトしているという海外のアーティストを紹介されることはそれまでもありましたが、まさか21世紀のブラック・ミュージック・シーンを牽引するフライローやサンダーキャットのような存在にも知らないうちに影響を与えていたとは、我ながら驚きです。彼ら新たな才能との出会いは、こちらとしてもとても刺激になる。他にも近年は、ワンオートリックス・ポイント・ネヴァー（OPN）とも交流しています。彼はグラス・ハウスでのぼくとカールステンのパフォーマンスにまで、わざわざ足を運んでくれていました。そのときは挨拶するくらいだったんだけど、後日、ビョークの自宅での私的な集まりに揃って招かれ、そこで初めてゆっくり語ることができた。もともとぼくはその数年前、最初にOPNの曲を耳にしたときに、これは抜群にセンスがいい奴が出てきたなあと、いちリスナーとして衝撃を受けていたんです。特にアナログ・シンセサイザーの使い方が上手いと思っていた。だから話し出すと、いきなりお互いどんなキーボードやプラグインを使っているのかといった専門的なトピックになり、また彼もかなりのタルコフスキー好きだということが分かって、とても面白かった。

ビョークには若い才能を見つける鋭敏な嗅覚とネットワークがあり、これはと思ったアーティストはかなりの確率で彼女が先に接触しています。そんな、どこか業界のフィクサーのようでもある彼女のことを、ぼくは裏でこっそり「ビョーク姐さん」と呼んでいる。本当は彼女の方がずっと年下なのにね。ビョーク姐さんからはたまにメッセージが来て、少し前には「今度、東京に行くんだけど、和太鼓が買える店を知らない？」と尋ねられました。そこでぼくは、浅草にある「宮本卯之助商店」を教えてあげた。姐さんのために、おすすめのレストランの予約をアレンジしたこともあります。

若い才能ということで言えば他にも、この年の8月には、韓国のバンド「SE SO NEON」とランチをしました。女性のギター&ボーカル、男性ベース、男性ドラムのトリオ編成で、バンド名は韓国語で「新少年」という意味だそう。彼女たちのことは春ごろに、たまたまニューヨークで放送されていた韓国チャンネルで見て知りました。リーダーのファン・ソユンのギター演奏がすごくカッコよくて、あっという間にファンになってしまい、ネットで検索してみたのですが、まだインディーズでなかなか情報が出てこない。直後に彼女たちが出演したニューヨークのフェスに行き、共通の知り合いに紹介されたりして、親睦を深めていきました。ソユンはなんと1997年生まれで、ぼくからすると孫でもおかしくない年齢です。でも、ミュージシャン同士だから同じ目線で、互いにタメ口のような感じでコミュニケーションが取れる。彼女たちとは、「いつか一緒にアルバムを作りたいね」なんて話もしました。

李先生からの依頼

話は前後しますが、2019年の頭には李先生から、フランスでの彼の大規模な回顧展のための音楽を依頼されました。李先生のことは、『async』に大きなインスピレーションを与えてくれた存在としてご紹介しましたが、まさかそのわずか数年後に直に仕事を頼まれるとは想像もしなかった。大いに恐縮しながらも、李先生の作品を思い浮かべてぼくなりに「もの派」を体現するような1時間程度の曲を作りました。まさに「もの」の音がひたすら続いていくような作品だから、それを音楽と呼んでいいのかは分からないけど。自分の敬愛するアーティストとこうして仕事をご一緒できるのは本当に光栄だし、幸福なことです。

会場での音響の最終チェックとレセプション・パーティーのために、2月末には現地にも3日間だけ滞在しました。坂茂さんが設計したポンピドゥ・センター・メスは、展示室内での音の響き方は悪くないものの、率直に言って、動線にはちょっと難がある。楽屋から建物2階のレストランへ食事に行くには、一度外へ出なくてはいけないのです。また、屋根が大きくカーブを描くようにうねっていて、デザインとしてはカッコいいのですが、その窪んだ部分に水が溜まってしまって大変なんだと美術館のスタッフから聞きました。

このように実際にある建物を訪れてみて、建築家は使う側の身になって想像しきれていないのかな、と首を捻ってしまうことは珍しくありません。東京駅の近くにある東京国際フォーラムは最悪の例で、建物の入り口までは10トン・トラックが横付けできるのですが、そこからさらに8つに分かれたホールまで大道具を搬入するには、手前で荷を4トン・サイズのトラックに移し替えないといけないと、開館当初はよくコンサートのスタッフが嘆いていました。また、大阪のとあるホール内の搬入エレベーターは、天井高こそあるものの横幅がすごく狭く、キリンは入るのにピアノは入らないという、おかしなサイズだったりもする。一体どう考えたら、そんな設計ができるのでしょう。

それとは反対に、以前にも話題にしたギリシャのアテネにある円形劇場は、今から2000年近く前に作られた建物なのに、音の響き方がとても良かった。結局、使い勝手の良し悪しは、技術というよりも設計者がどれだけ深く利用者の立場で考えているかによると思います。ぼくは訪問したことがないけれど、山口県の秋吉台国際芸術村にはルイジ・ノーノのオペラ『プロメテオ』を上演する目的で磯崎新さんが設計したホールがあり、たったひとつの作品のために作られた空間というそのコンセプトも含め、興味をそそられます。

京都会議

それから19年5月には、とあるプロジェクトのため京都のダムタイプ・オフィスを拠点に、約2週間の集中合宿を行ないました。中心メンバーは高谷史郎さん夫妻と浅田彰さんとぼく。小津安二郎監督が脚本家の野田高梧（こうご）とともに温泉宿に籠り、『晩春』や『東京物語』など代表作の構想を練り上げたというエピソードに倣い、ここぞというときには合宿をすることにしています。京都には久々の長期滞在だったので、御所のあたりを散歩したり、大仙院や龍安寺で枯山水の庭を見たり、馴染みの女将がやっている「開居（かんきょ） 吉田や」でみんなで食事をしたりもした。

思えば『LIFE』（1999年）のときも、上演1年前の正月にこの面々で集まり、作品の骨子を固めたのでした。浅田さんの恐るべき情報密度の早口に乗せられてバーッと2時間の舞台の大まかな台本が決まっていき、高谷さんがそこにどんな映像を、ぼくがどんな音楽を付けるべきかと考えた。膨大な引用からなるオペラなので、ぼくのパートナーは、そこからサンプリング・クリアランスを専門とするアメリカの弁護士の協力を得つつ何百という権利処理の責任を負い、地獄の1年間になったと愚痴を言っていました。元イギリス首相ウィンストン・チャーチルの音声使用に伴う人格権のクリアランスがもっとも大変で、弁護士を介して最終的に遺族からの許諾が得られたのは、大阪城ホールでの初日公演の幕が開く、わずか30分前だった。差し替えの素材すら用意していたものの、ギリギリのところで間に合いました。

そんな大変な思い出も共有している、このメンツでの合宿のことを身内では「京都会議」と呼んでいます。今は主にパリを拠点に活動する、高谷さんと同様ダムタイプに深く関わってきた池田亮司くんが京都にいるときは、彼も参加する。亮司くんとぼくはミュージシャンだから、自分たちのことを「京都会議」の分派の「新京都楽派」と称しています。戦前に「近代の超克」を提唱した、西田幾多郎や田邊元らの流れを汲む学者グループ「京都学派」を踏まえたネーミングで、「学」の字を音楽の「楽」に替えてみた。ハイドン、モーツァルト、ベートーヴェンが代表する18世紀後半から19世紀初頭の「ウィーン楽派」に対して、後発世代のシェーンベルク、ヴェーベルン、ベルクが「新ウィーン楽派」と呼ばれたことにもあやかっています。

もっとも、ぼくたちはただグループと称して遊んでいるだけで、「新京都楽派」の作品は何もない。最近はNODA・MAPの音楽を手掛けていたりする、やはりダムタイプのメンバーでもある原摩利彦くんもよく顔を出してくれるから、彼も若手構成員ですね。能や日本庭園の研究者である弟の原瑠璃彦くんとあわせ、京都育ちの面白い兄弟です。このように京都には創作上の仲間が多く、とりわけ浅田さんは熱心に「老後はここで過ごしたらいいよ」とも誘ってくれていた。そんなこともあって一時期は、デヴィッド・ボウイが来日のたびに足を運んでいたという九条山の一角に土地を買い、「終の住処（ついのすみか）」を築こうとも考えていたのですが……。

台湾の少数民族

19年の5月末から6月頭にかけては、前にお話ししたシンガポール国際芸術祭での高谷さんとのパフォーマンス《Fragments》のあと、その足で台湾へと向かいました。ぼくが音楽を提供した半野喜弘監督の映画『パラダイス・ネクスト』（2019年）と、蔡明亮（ツァイ・ミンリャン）監督の映画『あなたの顔』（2018年）がちょうど同じタイミングで台北で上映されるということで、立ち会うことになったのです。この少し前に東京で知り合った音楽家で俳優の林強（リム・ギョン）さんに紹介される形で、彼がよく一緒に仕事をしている憧れの侯孝賢（ホウ・シャオシェン）監督とも念願かなって初めてお会いし、数時間、食事を共にすることができました。

台湾も大好きなところです。侯監督やエドワード・ヤン監督の作品では、日本統治後の独裁政権時代のことがよく描かれます。そして、映画の中に統治時代に建てられた和式の建物が頻出することを、ぼくは内心いぶかしくも思っていました。調べてみると、現実にそうした建物の多くには、蔣介石と共に大陸から逃れてきたエリート層の家族が住んでいたのですね。抗日戦争を長年戦ってきた彼らは、台湾で日本建築に住むことをどう感じていたのでしょう。

今日でも台湾のそここには「昭和の街並み」があり、普通の人々が暮らしています。まあ、ぼくたちが見るから、それが昭和を想起させるのでしょうが。一方、いま日本で辛（かろ）うじて残っている「昭和の街並み」は、どこもテーマパークのように過度にノスタルジックな演出がされていて嫌になる。植民地だった台湾の方がかつての日本の風景を保っているというのは、考えてみれば皮肉な話です。

この台湾滞在中には、1日だけオフの時間を作って、台湾原住民族の居住区を訪れました。日本統治時代には、陸軍によって差別的に「高砂族」と総称されていましたが、実際には高砂族などという民族はない。現在、台湾政府が公式に認めているのは16の少数民族で、昔はそれぞれ争っていたそうです。訪問を受け入れてくれたのは、このうち台湾の東側、花蓮県の山中で暮らす「ブヌン族」でした。10代の頃から文化人類学や考古学を好んできたぼくは、グリーンランドでもハワイでもそうでしたが、その土地でもともと暮らしていた人々の生活や文化に直接触れたいと思うのです――たとえこの地球上に、もう純粋な形では残っていないのだとしても。

ブヌン族の人たちは、歌と踊りでぼくたち一行を歓迎してくれました。楽器を使わず手拍子だけの伴奏で歌われる彼らの音楽は、歌詞のあるもの、ないもの、さまざまです。その中で特にぼくが以前からどうしても一度聴きたいと思っていたのが「八部和音唱法」で、これは歌詞がなく母音だけで歌われ、次第に音程がズレながら変化していきます。非常にユニークな唱法で、ルイジ・ノーノやジェルジ・リゲティの書く現代音楽にも通じる複雑さと豊かさを持っている。彼らによると、この歌い方は蜂の飛ぶ「ブーン、ブーン」という音や、滝の水の落ちる音を模しているのだそうです。

彼らが歌ってくれた他の曲の中には、明らかにこれは讃美歌じゃないか、と感じてしまうものもありました。しかし、グリーンランドのイヌイットもそうであるように、彼らもこのキリスト教由来の音楽を自分たちのものとして受け入れて歌っている。このところ日本では某新興宗教団体のことが盛んに議論されていますが、15世紀以来、アマゾンの奥地から極東の島国まであらゆる場所に宣教師を派遣して世界を「洗脳」してきた本家バチカンのカトリック教会と比べれば、支配力も集金力も微々たるものですね。

滞在中、ブヌン族の皆さんにはとても良くしてもらいましたが、彼らはもともと「首狩りがうまい」として恐れられてきた、戦闘的な民族です。ぼくに対し、「南方でアメリカ兵を殺すのは簡単だったんだ。あいつらは背が高くて、草むらの中にいても頭が見えてしまうからね」とも、冗談交じりに語っていた。つまり、彼らの祖父や父は戦時中、日本兵または軍属として徴用され、南方の島々で戦わされていたのですね。逆にそれ以前、台湾に日本が侵攻した際には、それまで互いに敵対していた原住民たちが一丸となって立ち向かい、ブヌン族は得意の弓矢で抵抗運動の一翼を担ったそうです。

「大島渚賞」創設

2014年に発覚した中咽頭ガンの寛解が確認できたのは5年後のこの時期で、いま振り返ると、病気のこともさほど気にせず、再び自由に世界中を旅することができていた。旅の合間にも、女性宇宙飛行士を主人公にした『約束の宇宙（そら）』（2019年）の音楽や、フォト・ジャーナリストとして水俣病の真実を伝えようとしたユージン・スミスの姿を描く『MINAMATA—ミナマタ—』（2020年）の音楽、さらには『君の名前で僕を呼んで』でぼくの曲を使ってくれたルカ・グァダニーノ監督に頼まれ、彼の友人フェルディナンド・シト・フィロマリーノ監督の『ベケット』（2021年）の音楽などを作っていました。

それから11月末にはまたカールステンとのデュオでのライブのためイタリアへ向かうの

ですが、ぼくは1日早くローマに入り、前年に他界したベルトルッチの自宅を訪ねました。18年11月26日の朝、ベルトルッチが亡くなったという知らせを受けてすぐ、ぼくは彼のために小さな曲を書いた。いや、書かざるを得なかったのです。スケジュールの都合で、ローマの劇場で行なわれたメモリアル・セレモニーに出席することは叶いませんでしたが、その追悼曲『BB』を演奏する姿を収めた映像を会場では流してもらいました。ベルトルッチの自宅へはたくさんの真っ白な薔薇を送り、1年越しにようやく弔問に行ったこのときもまだ、その白い薔薇が山盛りのドライフラワーとなって飾ってありました。

『音楽は自由にする』（2009年）にも書きましたが、ぼくの人生を決定づけた恩人をふたり挙げるとするなら、それは大島渚とベルナルド・ベルトルッチになると思います。役者として『戦場のメリークリスマス』（1983年）への出演を依頼してくれた大島さんに対し、若い頃のぼくは生意気にも「音楽をやらせてくれるなら出ます」と言い放った。今でこそ数多くの映画音楽を任されていますが、その第一歩が『戦メリ』でした。さらに、この作品がカンヌに出品されることになり、映画祭のパーティー会場で大島さんにベルトルッチに引き合わせてもらったのです。ベルトルッチは『戦メリ』でのデヴィッド・ボウイとぼくが抱擁する場面を、世界でもっとも美しいラブシーンだと激賞し、数年後に、そのパーティー会場でも熱く構想を語っていた『ラストエンペラー』（1987年）の音楽をオファーしてくれた。わずか2週間で全曲を仕上げろという無茶なオーダーでしたが、彼の命令に何とかして応えようとしたことが今に繋がったと言っても過言ではありません。

ベルトルッチの死とともに、その5年前、2013年1月15日に亡くなった大島さんのことも再び考えていたこともあり、「ぴあフィルムフェスティバル（PFF）」から彼の名を冠した「大島渚賞」創設の相談をされた際は、若い頃の恩返しをしたいという気持ちもあって断ることはできませんでした。そして、ぼくにとっては大任過ぎると思いつつも、依頼された審査員長のポストを引き受けることにしたのです。大島渚賞は、映画の未来を拓き、世界へ羽ばたこうとする、新しい才能に対して贈る賞です。大島さんは若い表現者を常に応援していましたからね。審査員には黒沢清監督とPFFディレクターの荒木啓子さんが就任することになりました。

賞の発表は毎年3月頃に行なわれ、2020年の第1回では、候補リスト以外からぼくが推薦した映画監督・アーティストの小田香(かおり)さんが受賞者に選ばれました。タル・ベーラ監督のもとで学んだ彼女の作品は、ボスニア・ヘルツェゴビナの炭鉱を撮った長篇デビュー作『鉱 ARAGANE』も、マヤ文明の洞窟湖を撮った『セノーテ』も、どちらも素晴らしかった。音もいい。常に権力に抗ってきた大島さんの思想に通底する態度も感じられ、ぜひ小田さんに記念すべき最初の賞をもらってほしいと思いました。あいにく第2回と第3回では、ぼくが推すべき監督の作品は見つからなかったものの、決して妥協しないということも含めて、可能な限りこの賞に協力できたらと考えています。もっとも、大島渚の名前にふさわしい、絶対に世界に紹介しなくては、と思わせてくれる日本映画がなかなかないことは大問題で、ぼくたち3人の選考会では常にそのことが議論となるのですが。

尊敬する山下洋輔さん

19年の12月には「山下洋輔トリオ結成50周年記念コンサート 爆裂半世紀!」に、サプライズ・ゲストとして参加しました。山下トリオの歴代メンバーが勢揃いし、さらにタモリさん、麿赤兒さん、三上寛さんがゲスト出演するという豪華なイベントで、ぼくは洋輔さんと「HAIKU」（1989年）という曲で即興演奏をしました。「HAIKU」はその名の通り、「5・7・5」のリズムを奏でます。弱くても強くても、低音でも高音でも、どう弾いてもいい。即興の途中にどちらかが「ジャジャジャジャジャ」とやると、相手はそれにすぐ呼応しなくてはいけないという、それだけが決まりです。自分の演奏だけに集中していると相手の音が聞こえなくなり、テンポよく反応できないので、常に相手側にも注意を払う必要があるというのも、ジャズの本質を押さえたこの曲の魅力でしょう。

ぼくは10代の頃から洋輔さんの演奏を新宿ピットインなどで見て、一方的に知っていました。自分の中でジャズの記憶と、高校時代を過ごした新宿の風景は密接に結びついているから、このイベントが新宿文化センターで行なわれたこともよかったですね。ここには昔、何度もライブを聴きに来ました。洋輔さんとは不思議と交友関係もかなり重なっていて、YMOのマネージャーでぼくがアカデミー賞を獲った直後、不幸にも若くしてメキシコで事故死してしまった生田朗（あきら）くんが、大学時代に彼の事務所でアルバイトをしていたという縁もありました。

こんな思い出もある。80年代のあるとき、ぼくはニューヨークで、ビル・ラズウェルがプロデュースする、元セックス・ピストルズのジョン・ライドンのレコーディングに参加していました。同時期にちょうど洋輔さんもライブのためニューヨークに来ていて、3日続けて夜になると合流し、ビルの行きつけの日本風の居酒屋で朝まで飲み明かした。酔った勢いで洋輔さんとジョンが喧嘩を始めたのを、ぼくが「まあ、まあ」となだめたり、ローリング・ストーンズがちょうどレコーディングしているというので、そのスタジオまで押しかけたり——行ってみると本人たちは不在で、エンジニアがひとり黙々と作業しているだけだったのですが。そんなふうに飲んだくれていたニューヨーク滞在の最終日の明け方、「みんなで洋輔さんの部屋に行こうぜ」と言ってホテルに寄ったら、ベッドの上にはピアニカとセロニアス・モンクの楽譜が置かれていた。そして、さんざん酔っ払っていたぼくは、勝手にそのピアニカを拾い上げ、試しにモンクの曲を弾いてみたんです。それが強い印象を与えたようで、のちに洋輔さんがこの日のことをエッセイに書いていました。

洋輔さんは今でこそフリー・ジャズのピアニストとして知られていますが、活動初期にはすごくスタンダードなジャズ・ナンバーの演奏もしていました。卒業校の国立音楽大学では、もともとクラシックの作曲理論を学んでいましたし、弾こうと思えばバッハやショパンの曲だって弾くことができる。ジャンルは異なれど、音楽の下地になっている部分はぼくと共通しているんです。そんなこともあって、ちょうど10歳年上の洋輔さんのことを、スタイルを崩さず活動し続ける先輩ミュージシャンとして心から尊敬しています。

辺野古基地の問題

19年の年末は例年通り伊豆の温泉宿で過ごし、年明けすぐ20年1月2日に東京から沖縄へと移動しました。3日後に控えた吉永小百合さんとのチャリティ・コンサートの前に、どうしても辺野古の様子を見ておきたかったのです。辺野古の米軍新基地建設のことは、以前から看過できないと考え、発言を重ねてきました。15年に、今ではもう長い付き合いとなった沖縄民謡の歌手、古謝美佐子さんらのグループ「うないぐみ」とコラボレーションし、「弥勒世果報（みるくゆがふ） - undercooled」をリリースした際には、その収益を新基地建設の反対運動を支援する「辺野古基金」に寄付しましたが、実際に現場を見るのはこのときが初めてでした。

　船底がガラス張りになった船に乗せてもらって、埋め立て予定海域に近づくと、辺野古の青い海と色鮮やかな珊瑚礁がそれはもう美しかった。この美しい自然を壊して基地を造るなんて、どうかしているとしか思えません。アメリカと日本に主従関係があるように、日本国内にも本土と沖縄の主従関係があり、沖から広大な米軍基地の建設予定地を見て、その差別的な非対称性を痛感せずにはいられませんでした。福島原発と同じく、中央が必要とする危険な施設を、遠く離れた地域にだけ押し付けているのが今の日本だと思います。民主主義がまったく機能していない。陸に戻ると、辺野古のゲート前には、正月の三が日にもかかわらず反対派の住民が座り込みをしていて頭が下がりました。

　吉永さんは沖縄で詩の朗読会をするのは初めてだったそうですが、いつも通りの神々しさを発揮していました。普段は原爆詩を扱うことが多いものの、このときは沖縄戦のことが綴られた詩や、戦没者追悼式のために子供たちが作ったという詩も読み上げていました。ぼくはその横で、ピアノ伴奏をする。常にオーラを身に纏っている吉永さんですが、お高くとまっているかというと、決してそんなことはありません。むしろサバサバしていて、豪気があるとすら言ってもいいかもしれない。打ち上げではお酒もよく飲むし、ご飯も人一倍バクバク口にしています。スタッフを気遣い、「みんなで食べましょう」と率先して声をかけることだってある。

横にはいつも「敬ちゃん」という吉永さんを長年サポートするマネージャーがいて、彼女は福島出身ということもあり、原発事故にもカンカンになって怒っている熱い方です。だけどおかしいのは、その敬ちゃんはメールが一切使えないんですね。ＦＡＸとガラケーでやりくりしていて、たまに吉永さん本人がマネージャーの代わりにぼくに直接、業務連絡のメールを送ってくださることもある。吉永さんと敬ちゃんは、側（はた）から見るとそんな不思議な関係性だけど、かけがえのない仕事仲間なのだと思います。

そういえばぼくは一度だけ、吉永さんの旦那さんともお会いしたことがありました。吉永さんは人気絶頂期の28歳で、テレビ・プロデューサーの岡田太郎さんと結婚されていますが、彼は表舞台には決して出てこない方で、イベントに付き添ったりすることもない。でもあるとき、ぼくがパリのレストランでご飯を食べていたら、こちらの姿に気づいたらしく、向こうから「吉永の夫です」と話し掛けてきてくれました。旦那さんは世界遺産を巡るのが趣味で、よくひとりで海外旅行をなさっているのだそうです。普段は妻の仕事相手に挨拶することなんてないのに、ぼくが吉永さんの朗読会をサポートしていることに感謝してくださっていて、思い切って声を掛けたんだとおっしゃっていました。吉永さんのお相手らしく、とても素敵な紳士でした。

コロナ禍の始まり

それからニューヨークへ戻り、今度はコゴナダ監督の『アフター・ヤン』（２０２１年）のオリジナル・テーマを作りました。コゴナダは韓国系アメリカ人で、小津安二郎を信奉するあまり、その創作上のパートナーであった脚本家の野田高梧の名前にちなんで、自らの監督名を付けたらしい。ぼくは小津映画を引用して作られた彼のVlog（video blog）を以前から見ていて、素晴らしいセンスに惹かれていました。モダニズム建築の街を舞台にした初長篇作『コロンバス』も、静かでスタイリッシュな作品だった。だから彼からのオファーを喜んで引き受けました。

しかし、この頃、突如として世の中の雲行きが怪しくなってきました。新型コロナウィルスが流行り始めたのです。中国の武漢で発生したウィルスはすぐさま世界中に広まり、日本でも横浜港に到着したダイヤモンド・プリンセス号の乗客に感染者が見つかったあたりで、北京にある現代アート研究機関ＵＣＣＡ（Ullens Center for Contemporary Art）から急遽、オンライン・コンサートの打診がありました。「Sonic Cure（良楽）」と題されたこのコンサートは、コロナ禍で孤独を感じている人々を励ますために企画されたものです。

ぼくは二つ返事で出演を決め、30分ほどの即興パフォーマンスを収めた映像を送りました。武漢という工業都市は、実は音楽業界ではシンバルの名産地として知られています。ぼくのスタジオに置いてあるシンバルにも「中国武汉制造　MADE IN WUHAN CHINA」という刻印があった。映像にはその文字も映し出され、コメント欄には中国に暮らす人々からの「私たちを励ましてくれているんですね。ありがとう！」というメッセージがたくさん投稿されていました。何しろ人口が桁違いですから、2月29日に行なわれたこの配信は、アーカイブも含め、３００万ビューものアクセスを記録したらしい。最後は「大家（ダージャー）、加油（ジャーヨウ）（みんな、頑張れ）」と中国語で言って締めました。このコンサートには、ぼくの他にも8人のミュージシャンがリモート出演しています。

徐々に移動が制限されつつありましたが、3月上旬からは1ヶ月ほど、日本に滞在しました。主な目的は高谷さんとの1週間の「京都会議」で、これまでのブレインストーミングで断片的なアイディアは出揃ったので、それらをいわばパズルのピースとして枠に収め、作品の全体像を創り上げていく作業をした。また、その頃ぼくが古代日本の出雲と大和の関係に関心を持っていたこともあり、この滞在時はプロジェクトとは別に高谷さんに丸一日付き合ってもらい、一緒に奈良を旅しました。

大和の中心地である奈良には、なぜか出雲系の遺構が多く、石上(いそのかみ)神宮のように出雲の霊を祀った神社もある。また、近畿を治めていたとされる邇芸速日命(にぎはやひのみこと)の墳墓もひっそりと残されています。ぼくは大和の前に日本を支配していたのは出雲王朝だと思っています。しかしその後、戦いに勝ち日本を統一したのは、後発の大和側でした。その大和朝廷が今の日本に繋がるわけで、常々この国のあり方に疑問を持っている身としては、どうしても消されてしまった出雲のことが気になってしまうのです。

コロナの影響はさらに広がり、ぼくも出演を予定していた3月の東北ユースオーケストラの定期演奏会は、残念ながら中止に。緊迫した空気で外出自粛が呼びかけられる中で、音楽を聴くことで少しでもホッとしてもらえたらと思い、4月2日には三味線奏者の本條秀慈郎くんの協力を得て、演奏の無料配信を行いました。本條くんのソロ、ふたりの即興、ぼくのソロという3部構成で、演奏の合間には「換気休憩」を設け、その時間を利用して医療関係者にインタビューもした。コロナ禍の初期、日本ではまだこのような配信ライブがほとんど行なわれていなかったので、先駆けになったと言ってもいいかもしれません。

本條くんもまた、サンダーキャットのように若くして物凄いテクニックを持った演奏者で、たまたま知り合いに誘われて足を運んだニューヨークのコンサートで存在を知りました。伝統音楽から現代音楽まで縦横無尽に弾きこなすその姿に魅了され、終演後に「明日、うちに遊びに来ない？」と誘ったら、すぐに来てくれることになった。そこで、彼の技術からすれば物足りないかもしれないほどシンプルな三味線のための曲をその日のうちに書き、弾いてもらったんです。そうしてできたのが、『async』に収録している『honj』でした。そう、この曲名は彼の名前に由来します。

奇妙な時間感覚

そうこうするうち日本でも4月7日に緊急事態宣言が出て、ニューヨークへ戻る飛行機の便は4月5日から8日へと3日間延期となりました。この時点では東京よりニューヨークの方が人口あたりの感染者数が格段に多く、周囲の人からは「えっ、このタイミングで帰るんですか？」と驚かれたりもしました。でも他の先進国に比べて検査数が桁違いに少なく、政府の対応にも期待できない日本より、アメリカの方がまだマシだろうと考えたんです。2014年の療養生活で愛着の生まれた自宅で、ゆっくり過ごしたいという思いもありました。

出発のために訪れた成田空港はがらんとしていて、機内にもたったの15人ほどしか乗客がいない。到着先のJFK空港でも、いつもは大混雑のイミグレーションが貸切状態になっていました。空港のあるニューヨークのクイーンズからマンハッタンまで車で移動すると、普段は観光客やタクシーでごった返している日中の5番街から、人も車もその姿を消している。文字通り、もぬけの殻になっているんです。喩えは悪いけど、中性子爆弾でも落ちたのかな、というくらいの現実離れした光景でした。街の様子が一変してしまったという意味では9・11以来の、あるいはそれ以上の衝撃だった。

自宅のそばには救急病院があるのですが、脇には冷凍トラックが横付けされていました。コロナで亡くなった患者さんの遺体を、一時的に安置するためですね。まだその頃は新型コロナウィルスについては分かっていないことだらけで、遺体からの感染の可能性を考えると、病院内にしばらく置いておくわけにもいかない。だから死亡が確認され、その後の処置が公的に決まるまではひとまず別の場所へ移し、そこから最終的には火葬場へと運んでいたんでしょう。

帰国後2週間の隔離とコロナ禍での暮らしは、自分にとってはさほど苦になりませんでした。朝起きて、メールをチェックし、午後はスタジオで音楽を作り、夜になったら寝る——用事がない限り大して出歩きもしないという生活は、外食の楽しみがなくなってしまったこと以外、それまでとさほど変わりませんでしたから。ぼくはSkypeを使い始めた頃から、打ち合わせやインタビューはオンラインで十分だと思っていました。だいたい、複数の国にまたがって参加者がいるプロジェクトの場合は、対面での会合自体が大変です。日本の仕事相手の多くは「直接会った方がいい」と言っていましたが、こちらはニューヨークに住んでいるのだから、物理的になかなか難しかった。必要に迫られてZoomが普及し、リモート・ミーティングが一般化したという意味では、このパンデミックによって仕事が効率化された面もありました。

そんな生活を続ける中で、いつしかある習慣が生まれました。ニューヨーク市内の病院では、夜7時に医療従事者のシフトの交代があるのですが、その時刻になると街中の至るところから拍手や鐘を鳴らす音が聞こえてくるんです。自らの感染リスクを覚悟の上で働いてくれている医療従事者を労い、応援するため、住民たちが方々で「お疲れさま」というメッセージを込めて一斉に音を出しているのですね。ぼくも毎日夜7時には庭に出て、「ピーッ!」と石笛を吹いていました。自然発生的に根付いたのであろうこのカルチャーは、4月から数ヶ月は続いたんじゃないかな。一種の音楽パフォーマンスとして捉えても、とても面白いものです。これもヨーゼフ・ボイスの言う「社会彫刻」でしょうか。

5月に入ってからは「incomplete」というプロジェクトを始めました。ブレックファスト・クラブのメンバーであるローリー・アンダーソンやアート・リンゼイも含めて計11組のミュージシャンに声を掛け、それぞれぼくと一緒に音楽を作ってもらった。そして、その曲を収めた動画を、YouTubeで順次公開していきました。コロナ禍の当初は、誰しも今まで経験したことがない奇妙な時間感覚を味わったと思うんです。それまで絶えず動いていた社会が、急に止まってしまったわけだから。でも、その感覚はきっと人によって少しずつ違う。そうした微妙な差異がある個々の感覚を持ち寄って、音楽として記録できたらと考えたのでした。この生活の終着点がどこなのか、いつまで続くのかも分からない。この時間はコンプリート(完了)しない、という思いを、プロジェクト名には込めました。コロナは世界共通の現象だから、なるべく多くの地域のミュージシャンに関わってほしくて、中国の古琴奏者ウー・ナや、イラクのウード(アラブ圏で使われる弦楽器)演奏家キャム・アラーミなどにも参加してもらった。

3・11のときもそうでしたが、世の中が急激に変化するのは非常にショッキングなことです。しかし一方でぼくには、このショックを簡単に忘れてしまいたくはない、という強い思いがありました。こうした百年に一度のパンデミックは、我々のほとんどにとって、きっと人生で最初で最後の経験でしょうし、そうであってほしい。さらに言うと、コロナのグローバルな規模での感染爆発は、人間たちが過度な経済活動を推し進め、自然環境を破壊してまで地球全体を都市化してしまったことが遠因として考えられる。その反省を未来に活かすためにも、自然からのＳＯＳで経済活動に急ブレーキがかけられたこの光景を、しっかり記憶しておかなくてはいけないと思うのです。

ガンの再発

そして２０２０年６月に受けた検査で直腸ガンが発覚し、再び闘病生活を余儀なくされる——という、冒頭で明かした流れに繋がります。もっとも、ぼくがガンの再発を公にしたのは翌年１月のことで、それまでは近しいスタッフにすら病状を伏せて、既に決まっていた仕事を淡々とこなしていました。月曜から金曜まで、密かに週５日の通院をしながら。６年前の中咽頭ガンの治療ではパートナーに付き添ってもらっていましたが、この時期はコロナ対策で患者本人しか病院に入れず、基本的にひとりで、かかりつけのガン・センターへ通っていました。行き帰りにイースト・リバーの横の道を通り、あまりに毎日眺めているものだから、水の動きから「今は上げ潮だな」とか、ちょっとした変化に気づくようにもなってきた。

通院を続けていた２ヶ月のあいだには、日本からヨーゼフ・ボイスのエッチング作品が届くという、ちょっと嬉しい出来事もありました。コロナ禍で来館者数が激減し、経営危機に瀕したワタリウム美術館が、運営資金を募るためにクラウド・ファンディングを実施した。ぼくもワタリウム美術館には、先代の和多利志津子館長の頃からお世話になってきたので、まとまった額を寄付したところ、その返礼品として貴重なボイス作品を手にすることができたのです。大切なコレクションの一部を手放さなくてはいけなくなった美術館のことを思うと、気の毒にもなるのですが。

9月末には、ぼくが音楽を担当することになったNetflixのアニメ『exception』(2022年)のため、ストリングスのレコーディングを行ないました。コロナの影響で予定が飛んだものもあったので、実に7ヶ月ぶりのスタジオ録音となりました。もちろん全員マスクを着けての演奏です。ニューヨークでは3月からロックダウンが続き、彼らはその間ずっと仕事がなかった。そもそもあらゆるお店が閉まっていて、ジャズ・クラブでのアルバイト演奏をすることすらできなかったのです。幸いニューヨークは失業補償が手厚く、給付金はしっかり支払われ、この日に集まった数十人のオーケストラのメンバーの中には、コロナ前よりむしろ実入りが良くなったひともいたらしい。それでも「ようやく仕事で演奏できる日が来て嬉しいんだ」と呟いて、涙ぐんでいたりもしていました。当然ながら人間は、働かずにただお金が与えられても、それだけで満足できる生き物ではありません。

10月にはつんく♂さんと共に、翌年にリリースされることになる小児ガン治療支援のチャリティ・ソング『My Hero～奇跡の唄～』を作りました。つんく♂さんが歌詞を、ぼくがメロディを提供した一曲です。つんく♂さんとは、長年同じ業界にいながら面識すらなかったのが、ちょうど同時期にお互い同じ喉のガンにかかったことで接点ができた。ある日、向こうから突然メールが届き、病気に関する情報交換をするようになりました。彼は不幸にも最初の治療が上手くいかず、声帯の全摘出を余儀なくされたわけですが、ぼくが自分の経験から試してみて良かったことを教えたり。彼がニューヨークを訪れた際に、直接お会いすることもありました。

このチャリティ・ソングの話は、まずエイベックスからぼくのところへ来たのですが、そんな経緯もあって、ぜひつんく♂さんをお誘いしたいと思いました。ありがたいことに彼は快く引き受けてくれ、メールのやり取りで曲を作り上げていった。つんく♂さんの書く歌詞に合わせてメロディを変えてみたり、逆にメロディに合わせて少し歌詞を変えてもらったりといった調整を重ねながら、初めてにしてはスムーズに共同作業ができました。ガン患者同士には、お互いを他人だと思えない、不思議な絆が生まれるんです。

つんく♂さんとの仕事は小児ガン治療の支援を呼びかけるためのものでしたが、この時点ではぼくはまだ自分の病気についてどこか楽観的というか、直腸で再発したガンの治療は順調なのだと信じきっていました。最初のガンを担当した女性主治医が「絶対に治すわよ」と、力強く断言してくれたこともあり、この病院を信頼していました。今度も無事に快復したら、わざわざ再発のことを明かして世間を騒がせる必要はないとすら考えていました。ところが、その直後に日本の病院で「肝臓にもガンが転移しています」と診断され、さらに余命宣告までされてしまったのです。

奇しくもこの2020年、世界中が疫病に翻弄されるのと時を同じくして、ぼくは自分自身の抱えた病と改めて向き合わざるを得なくなりました。

8 未来に遺すもの

『TIME』のためのノートと譜面

MRプロジェクト

2020年に実施された『新潮』の日記リレーの企画で、ぼくはこんなことを書いています。

「12月3日（木）@TYO
エジプトの空港で止められ荷物を開けられフライトに乗れない、何の罪だか分からないカフカ状況、家に帰れない悪夢。
12月4日（金）@TYO
人間ドックへ。いろいろボロボロだ。悪いものは食べてこなかったし、この6年お酒も少量だったのだが。」

当時は具体的には記しませんでしたが、肝臓へのガン転移を告げられたのは、この人間ドックでのことでした。病院からは、そのままもう少し詳しい検査をさせてほしいと言われたものの、転移の事実があまりにショックですぐには受け止めきれず、この日は一旦帰らせてもらった。そして1週間後の12月11日に再検査を受けたところ、「何もしなければ余命は半年」と宣告されてしまったのです。

しかし、ぼくはその翌日にピアノ・ソロの生配信を控えていました。これまでの人生で経験がないほど自らの死を間近に感じ、その状態のまま公演当日を迎えることになった。

このオンライン・コンサートは、真鍋大度（だいと）くん率いるライゾマティクスに映像演出に入ってもらっていました。真鍋くんとは、YCAMでの《LIFE – fluid, invisible, inaudible...》（2007年）滞在制作の際、彼が映像プログラミングを担当してくれて以来の付き合いです。生配信の映像では、ぼくが弾く曲に合わせて背景が誰もいないホールになったり、寂しげな灰色の部屋になったり、朽ち果てた建造物のある荒れ地になったりと、次々に移り変わっていきましたが、それらはすべてライゾマティクスがリアルタイムで合成したCGでした。

実際にピアノが置かれていたのは360度グリーンバックのスタジオで、影ができないよう四方八方からライトが煌々と照らすなか、多くのカメラや機材を冷やす必要もあり、冬場なのに冷房をガンガンに効かせていた。病気のこともあって身も心も冷え切っていたのですが、ピアノ・ソロは自分が少しでも気を抜いたら、そこで終わりです。仮に横にバンドメンバーがいたり、バックトラックが流れていたりすれば、多少は力を抜くこともできますが、ソロの場合そうはいかない。この日は『The Seed and the Sower』（1983年）、『Before Long』（1987年）など久しぶりに演奏する初期の曲を含め、キャリア全体を俯瞰したレパートリーになりました。最悪の状況ながら、どうやって全15曲を弾き終えたのか、今となってはほとんど記憶がありません。プロデューサーとしてスタジオに立ち会っていたパートナーだけが病状を知っていて、坂本龍一の演奏はこれがもう最後になるかもしれない、と覚悟していたようです。

ただ、実はこのピアノ・ソロの生配信は言ってみれば「前哨戦」で、続けて12月14日から16日にかけて「本番」であるミックスド・リアリティ（複合現実）（MR）作品のための撮影が予定されていました。ＭＲの撮影がしばらく前に先行して決まり、人に見られる形で弾かないと演奏の精度が上がらないという練習嫌いのぼくの持論に沿って、後からピアノ・ソロの方が設定されたという経緯です。ＭＲは未来永劫残るものなので、生半可な演奏はできません。しかし、撮影に関わる人数も多く、この時点ではまだ再びガンに罹ったことすら周囲に明らかにしていなかったので、こちらの都合で直前にスケジュールを変更することはどうしてもできなかった。もっとも、手術後の体力の落ちた状態だととてもじゃないけど演奏なんて無理だから、振り返って考えるとそれがギリギリのタイミングではありました。

　ＭＲには以前から興味がありました。いまメディア・アートの世界はヴァーチャル（仮想）・リアリティ（現実）（ＶＲ）作品の全盛期ですが、ＭＲはＶＲよりさらに一歩進んだ技術だとされています。モーション・キャプチャーで演奏の様子を記録しておけば、ディヴァイス上のアプリを介して、いつでも現実世界の中にホログラムのようにその姿を立ち上がらせることができるし、ぼくが死んだ後に自動再生のピアノと組み合わせて仮想的なコンサートを開くこともできる。あと半世紀早く、この技術が生まれていたら、カラヤンの「弾き振り」のコンサートだってＭＲで再現できたかもしれません。

　このプロジェクトを持ちかけてきたのは、アメリカで映像制作会社を経営する、プロデューサー兼ディレクターのトッド・エッカートという人物です。彼はマリーナ・アブラモヴィッチの現在の私生活のパートナーでもあって、実はふたりの初デートの行き先となったのが、『async』（２０１７年）のリリース直後にぼくがニューヨークで行なったパフォーマンスだった。つまり、ぼくは知らないうちに縁結びをしていたことになりますね。トッドは映像やアートの業界ではそれなりに知られた存在で、彼のもとへは、とある世界的な人気バンドからも自分たちのMR作品を手掛けてくれないかという相談があったらしい。だけどトッドはその誘いは断り、「昔からファンとして追いかけてきた坂本龍一の演奏姿を、どうしても記録しておきたいのだ」と、熱い気持ちを伝えてくれました。なんと彼は、『LIFE』（1999年）の上演を見るためだけに、わざわざ1泊で日本へ足を運んだこともあったそうです。

MR用の撮影は、ピアノ・ソロの配信と同じ、緑一色のスタジオで行なわれました。顔や指先などにモーション・キャプチャー用のマーカーをたくさん付けて、3日間をかけ、『戦場のメリークリスマス』（1983年）や『シェルタリング・スカイ』（1990年）などの代表曲を少しずつ収録していきました。基本的には「前哨戦」として臨んだ生配信の演目と同じレパートリーです。照明が眩しく、目がチカチカする環境で弾かなくてはならず、なかなか難しかった。また、そうして採集されたデータから実際のMRの映像を作るには、ものすごく手間がかかるそうです。撮影中は、レンズに光が反射するのを避けるため普段かけている眼鏡は外し、髪の毛も邪魔にならないようべったり撫で付けていました。そうした細部をひとつずつ現実のぼくの姿に寄せて、あくまで自然に見えるよう、後からCGで加えていかなくてはなりません。

三次元の映像制作の大変さもあって、当初の予定よりスケジュールが押したものの、このMR作品は23年6月にニューヨークの新たな文化施設「The Shed」でお披露目することになりました。その後もマンチェスターほか、世界各地で公開される予定と聞いています。ちなみに『KAGAMI』というタイトルには、この作品がぼくの身体のリフレクション、写し鏡として存在するという意味を込めました。タルコフスキーへのオマージュでもある。

余命宣告直後のピアノ・ソロとMR用の撮影は、自分でもよくやったなと思うけれど、逆に言えば、その仕事があったからこそ絶望的な精神状態にも耐えて生き延びられたのかもしれません。

子供たちへの告白

年末年始は日本で過ごすことが多いのですが、ある時期からその滞在に合わせて子供たちと集まり、ご飯会をする習慣ができました。普段はそれぞれバラバラに住んでいるし、年に一度くらいは顔を合わせる機会を持とうじゃないかと。この2020年の年の瀬にも、子供たちとその家族が一堂に会しました——子供のうちひとりはアメリカにいて、参加できなかったのですが。今では孫もふたりいて、文字通り、おじいちゃんです。そして、この機会に言わなくてはいけないと思い、ぼくは自分の置かれた状況を正直に明かしました。「ちょっと報告があります」と、話を始めた瞬間、それまでワイワイと賑やかだった席が、氷水を浴びたように冷え切っていくのが分かりました。ぼく自身も辛かったけど、これぱっかりはしょうがない。ずっと黙っているわけにはいきませんから。とにかくこの年の暮れは暗澹たる心境で、アメリカ大統領選挙でドナルド・トランプにジョー・バイデンが勝利したことが、せめてもの良いニュースでした。

それでも、子供たちに病状を告白してからは潔く気持ちを切り替え、割と冷静に、死を見据えていろいろ具体的なことを検討していきました。日本で治療をするとして、ずっとホテル暮らしというわけにもいかないから、住まいをどうするのか。仮にすぐに死んでしまった場合、誰に訃報を伝えるべきなのか。葬式はどんな形式で行なうのか……そういった細かなことをあらかじめきちんと決めておかないと、自分の意に反したことになってしまうかもしれません。『音楽は自由にする』（２００９年）以降の活動を振り返る、本書のための口述筆記を生きているうちにしておかなくてはと考えたのも、その一環です。こうした細かな段取りのすべてを、パートナーが一切うろたえたりすることもなく組んでくれました。彼女はそういう気丈なひとなんです。ぼくが反原発運動を活発にしていた時期、「ひょっとして日本政府に目を付けられて、刺客を送られるんじゃないか」という話になった。それに対してパートナーは、「あなたが暗殺されたら、世論が反原発にグッと傾くから、それはそれでいいんじゃないの？」と口にしていたくらいですからね。

そして年明け２０２１年の1月14日に、最初に説明した大きな外科手術を受けることになります。本当はその時点でも、まだ病状を公にするつもりはありませんでした。ところが、ちょうど手術の真っ只中に、どこから聞きつけたのか某スポーツ紙が「坂本龍一、重病」というスクープを打とうと、関係者のところへ確認の電話をしてきた。それで、万が一にも間違った情報が世に出てしまってはいけないからと、急遽、事務所の判断で新たなガンに罹患したことを明かすコメントを発信したのでした。もっとも、ぼくはそのあいだ全身麻酔で眠っていて、知る由もないのですが。

中国での大規模展覧会

入院の最中にも、もともと決定していた仕事はぼくが不在のまま進んでいきました。ひとつは中国・北京の私設美術館「M WOODS」での展覧会です。18年に韓国・ソウルの「piknic」で行なった「LIFE, LIFE」展のオープニングに、北京から若い美術館オーナーの夫妻が来てくれて、「自分たちのスペースで、この展示のさらに大きなヴァージョンを開催できないだろうか?」と相談されました。ジョージ・ブッシュとも懇意にしている資産家の一族に生まれた御曹司が亭主、モデルのような美貌のインターネット・セレブリティが妻という、一昔前の中国では考えられなかったほど現代的なカップルです。ヨーロッパの高級車を乗りこなす男の側が、「一緒になってくれたら、君に赤いフェラーリを買ってあげる」と言って求婚したところ、彼女が「車なんていらないから、私のために美術館を作ってよ」と返事をし、それで実際に建ててしまったという、冗談みたいなエピソードを聞かせてもらいました。

ぼくは面白いと思い、乗り気だったんだけど、彼らの活動はどうしたって金持ちの道楽のように見えてしまう。だから「M WOODS」は中国の美術業界で相当に評判が悪く、ぼくは知人から、「あんなところで個展を開いたら、あなたは評判を落としますよ」と忠告までされました。ならば実際にこの目で見て判断しようと考え、彼らと知り合って割とすぐに北京へ視察に出かけたんです。招待されてしまうと、いざというときに断れないから、自分で旅費を負担するようにしました。北京を訪れるのは、90年代にコンサートをして以来のことです。その頃とは別の街じゃないかと錯覚するほどすべてが新しくなっていて、空港ひとつとっても成田空港の10倍もあろうかという大きさ。いつの間にか大発展を遂げていて、度肝を抜かれました。

「M WOODS」は、1950年代の工場跡地を転用して作られた中国最大の現代アート・

エリア「798芸術区」の一角にあります。ここには広大な敷地に、何百もの美術館やギャラリー、飲食店が集結している。「M WOODS」の施設のうち、当時は最初にできた方だけが使われていて、ぼくの展覧会を開きたいと言われた北京中心部の新館はまだ工事中でした。建物の外側はほとんど完成していたものの、内装はこれからという状態で、ホワイト・キューブとしてもブラック・キューブとしても使えると説明を受けました。

　オーナー夫妻とじっくり話してみると、博物館で見るような巨大なダイヤの指輪をつけた晩晩（ワンワン）という名の妻が、非常に優秀だということがすぐに分かりました。彼女はコロンビア大学の大学院を出てから、ニューヨークの有名ギャラリーでインターンをしていたというエリートで、さすがは結婚相手に美術館をねだるだけあるな、と。また、ぼくの作品の中には政治的なものもあるから、中国では展示できないんじゃないかと質問したところ、「それは確かにそうだ」と言う。でも、彼らは「表向きに政治的なメッセージは出さずとも、自由な精神を持つことの大切さを作品に託すことはできるんじゃないか」と上手い落としどころを提案してくれて、信用できるなと思い、任せてみることにしました。

「坂本龍一：Ryuichi Sakamoto: seeing sound, hearing time」と題されたこの展覧会は、2021年の開催が決まったものの、あいにくコロナ禍と入院が重なり、ぼくは現地を訪れることができなくなってしまいました。それで代わりにインスタレーションの共作者である高谷史郎さんや、キュレーターの難波祐子さんら、12名のチームに日本から設営に行ってもらうことに。中国はコロナ対策が特に厳しく、空路で北京に直接入ることはできずに、高谷さんたちはまず大連で隔離されました。その間、ホテルの部屋から一歩も外に出てはならず、毎日検査をされて、3週間後に陰性が確認できてからようやく北京へ入れたと聞きます。彼らには大変な思いをさせてしまいました。

でも幸いなことに、「M WOODS」のスタッフもとても優秀で、日中の奇跡のチームワークにより、ぼくの主要インスタレーションを網羅した過去最大規模の素晴らしい展示になったと思います。《LIFE - fluid, invisible, inaudible...》は、それまで9個の水槽を天井から吊るしていたのを、会場の広さもあって、特別に12個に増やしたヴァージョンにしました。全体として、音とノイズ、さらには音と静寂との境界を味わってもらえる展覧会になったんじゃないかな。海外からはもちろん、中国国内でも移動が禁止されていた時期だったので、あいにく北京在住者しか見に行くことができなかったことが惜しまれます。それでも、約5ヶ月の会期で計10万人近い来場者があったそうです。2023年の夏には、成都にオープンする「M WOODS」の第三の美術館で「Ryuichi Sakamoto: SOUND AND TIME」が開催されます。

『TIME』

21年6月18日から20日にかけては、オランダのアムステルダムで、ぼくと高谷さんが演出するシアターピース『TIME』の3公演が行なわれました。19年と20年の「京都会議」は、この作品のためのものでした。『async』の完成後、ここまで登ってきた山の向こう側にさらなる大きな山があるんじゃないかと直観した、という話をしましたね。そのときぼくが閃いたのはパフォーマンスとインスタレーションが境目なく存在するような舞台芸術で、どこで発表するとも決めずに、高谷さんと準備を進めてきた。すると、タイミング良くホランド・フェスティバルから、2021年のアソシエイト・アーティストのひとりとして声がかかり、そこでの初演が決まったのです。
『TIME』は能の影響を受けた音楽劇と呼べるもので、舞踊家の田中泯さんと笙奏者の宮田まゆみさんに出演を頼みました。ステージ上に水が張られ、背後のスクリーンには高谷さんによる「夢の世界」の映像が展開します。泯さんは水場を渡るためのまっすぐな道を作ろうと挑戦し続け、人類を象徴する。対して宮田さんは、笙を持ちながらいとも簡単に水場を渡り、自然を象徴する。ストーリーがあってないような作品なので結末を明かすと、泯さん演じる人類はどうにかして水、つまり自然を征服しようと試みるものの、最後には大洪水に呑み込まれ、死んでしまいます。ぼくは人類と自然にまつわる神話を描いてみたかったのでした。そして、道を作ろうとする場面の他に、夏目漱石の『夢十夜』や能の演目『邯鄲』、さらには荘子の「胡蝶の夢」といった文学作品の一節を引用し、そのテクストを泯さんに朗読してもらいました。

　武満徹さんは『遠い呼び声の彼方へ』所収の「時間の園丁」で、「無限の時間に連らなるような、音楽の庭をひとつだけ造りたい。自然には充分の敬意をはらって、しかも、謎と暗喩に充ちた、時間の庭園を築く」と書いています。要するに、彼は無限の時間のような音楽を作ろうとしたわけですが、ぼくが『TIME』に込めたのは、武満さんとは似て非なる「時間は幻想である」というメッセージでした。『TIME』というタイトルを掲げ、あえて時間の否定に挑戦してみた。

　では、なぜ「夢の世界」を描いたのか。それは、夢では時間というものの特性が破壊されるからです。『邯鄲』では悟りを求めた男が5分だけ昼寝をするものの、夢の中ではあっという間に50年が経っている。「胡蝶の夢」では思想家の荘周が居眠りをしますが、荘周が蝶になった夢を見ているのか、それとも蝶が荘周になった夢を見ているのか、次第に分からなくなる。そんな夢と現実の区別がつかない世界を表現できたらと考えました。

コンセプトは二度目のガンが発覚する前に固めていたものの、実際に作品を仕上げていくプロセスは、病室からのリモート参加とならざるを得ませんでした。当然、オランダでの上演に立ち会うこともできず、ぼくはストリーミングで見守ることに。ただ、映像を見ているだけでも、1時間前のことがたった1分前のことに感じられたり、ある瞬間が何度も繰り返されたりしているように感じられて面白かった。少なくとも自分は、この舞台を通して現実世界とは異なる種類の時間を体験することができました。

それでも、反省点がなかったわけではありません。やはり台本というものが一直線の時間軸に縛られているのは事実で、本当は作品の中身や長さが、毎日即興的に変わっていくものを構想していたのです。だからこの先、世界各地で予定されている『TIME』の公演では、偶然性を重んじたジョン・ケージの「チャンス・オペレーション」に倣い、帽子の中に数字の書かれた紙を入れてその場で引き、対応する場面を上演するといった試みを取り入れてもらってもいいかな、と考えています。まあ、相当に準備しないとスムーズにできないだろうから、出演者にも照明さんにも、大きな負担をかけてしまうのですが。

最強のサポート体制

手術と入退院を繰り返していた2021年の前半、何とかしなくては、と常に頭の片隅にあったのは、Netflixのアニメ『exception』（２０２２年）の音楽という、前年から取り組んでいた課題でした。この作品はエピソード8まであり、映画のサウンドトラックだと数本分に相当する、3時間ほどの音楽を求められていました。それでも年明けの手術の前に、半分のエピソード4までは仕上げていたのですが、残りの4話分を夏のうちに納品する必要があった。体力的に自分ひとりでは最後まで完成させられないことも考えて、代役の人選も進めていました。ところが、虚ろな表情で病室のソファーにどうにか座っているのがやっとだったにもかかわらず、不思議と音楽を作っているあいだだけは痛みも嫌なことも忘れ、一日数時間しか集中力が続かないながらも辛うじて9月には最終エピソード分の作曲を間に合わせることができた。ぼくはこう見えて、責任感がかなり強いんです。

続けて「コム デ ギャルソン」の副社長でもあるファッション・デザイナーの渡辺淳弥さんからの依頼で、彼のブランド「ジュンヤ ワタナベ」の２０２２年春夏レディース・コレクションのための音楽を手掛けました。このシーズン、渡辺さんは「アジアの郷愁」というテーマで、中国風のジャケットなどを発表した。それに合わせて、ＹＭＯ時代のぼくの曲『Tong Poo』（１９７８年）のリアレンジをリクエストされたのです。ファッションショーで流すものだという条件を踏まえて、ぼくは最初、少しビートを入れたヴァージョンを作り、我ながらいい出来じゃないかと納得して送ったところ、なんとそれはボツを食らった。どうもデザイナーの頭の中には水のたゆたう大河があり、思い描いていたイメージとは違うと却下されてしまったのです。もちろん向こうはぼくのシリアスな病状は知らないから、しょうがないんだけど、命を削って作っているのに、嫌になってしまいます。それでブツクサ文句を言いながらも、仕方なく希望に沿って、よりゆったりしたアレンジを作り直しました。でも悔しいことに、客観的に聴いてみると、確かに後から作って採用されたヴァージョンの方が優れている。映画音楽のケースもそんなことが多いのです。

複数のヒアリングの結果、日本でのガン治療を任せることにしたのは東京のとある大病院で、担当の主治医や先生方には本当にお世話になりました。さらに、その担当医と並行して、ぼくにはふたり、個人的に体調の相談をしている専門家がいる。ひとりは甲野善紀さんの紹介で知り合った、彼のところで稽古をされていた若林理砂さんです。彼女は鍼灸師として活動し、もちろん武術にも造詣が深い。14年に中咽頭ガンが発覚した頃から、代替医療の視点でさまざまな意見をくれていて、食事療法や漢方に関する助言もしてもらっています。

もうひとりは、仮にイニシャルから「K先生」としておきますが、移植外科の権威です。ぼくは「リアル・ブラックジャック」と呼んでもいるものの、もちろん漫画とは違い、医師免許は持っていますよ。ぼくが病院で受けた説明に分かりづらい部分があると、彼はデータや画像を踏まえて細かく解説してくれる。正確に言えば主治医という立場ではないものの、常にセカンド・オピニオンを提供してくれる大切な方で、気持ちの上では「もうひとりの主治医」と思えるような存在です。そして、ありがたいことに若林さんからもK先生からも、毎日のようにぼくの体調を気にかけるメッセージが届き、その日の体温や症状をもとに各々の見地から具体的なアドバイスをしてくださる。何かあればすぐにメールで答えてくれる病院の先生方を含め、最強のサポート体制で、西洋医療と代替医療の両輪でいくという最初にガンに罹って以来の方針が続いていることになります。

ウクライナのイリア

そして2022年を迎え、この長く続くコロナ禍での闘病生活にもどこか慣れてしまった頃に、もうひとつショッキングな出来事がありました。2月24日、ロシア軍がウクライナへ侵攻したことです。まさか自分が生きているうちに、また新たな戦争の始まりを目撃しなくてはならないとは。しかも、第二次世界大戦以来、欧州では最大規模の軍事侵攻だと報じられました。ぼくはアメリカをはじめとするNATO諸国が善でロシアが悪だという、単純な二元論は取りませんが、ウクライナという主権国家を圧倒的な武力で侵略するロシアの行為は、絶対に許されるものではない。ただ、それと同時に、シリアやイエメン、パレスチナなどで日々命の危険に晒されている人々のことを、我々は今のウクライナ人と同じくらい気にかけてきたかという反省がすぐに去来します。

一刻も早く暴力が止んでほしいと願いながら、毎日CNNなどでウクライナ情勢を追う中で、ぼくはある映像に胸を打たれました。それはキーウに住む若きヴァイオリニスト、イリア・ボンダレンコが、地下シェルターでウクライナの伝統民謡を奏でる姿です。のちに彼に共鳴した世界29ヶ国、94人のヴァイオリニストたちが演奏に加わるという動画も、YouTubeにアップされました。とても胸に響く音楽で、涙なくして聴くことができません。そんな経緯で、弱冠20歳だという彼の存在が気になっていたところ、突然アメリカの友人作曲家キース・ケニフから「ウクライナ支援のチャリティ・アルバムを作る企画に参加してくれないか?」と、声がかかった。奇しくも、「イリアと一緒にやらないか?」と。キースとはしばらく連絡をとっていなかったから、まさかのコインシデンス（偶然）に驚きました。

ぼくは喜んでその誘いを受け、彼のためにヴァイオリンとピアノのための曲を書き、譜面を送りました。イリアはその譜面を見ながら、やはり地下シェルターで演奏をし、iPhoneで録った音源を送り返してくれた。それにぼくがバックトラックを加えて完成させたのが、『Piece for Illia』という曲です。ウクライナ国歌の一節も引用し、自分でもなかなか良い曲になったな、と満足のいく仕事となりました。4月末にリリースされた、この曲を収録したアルバムが、実際のところどれくらいウクライナ支援に貢献したのかは分かりません。売上からの寄付金の額を見れば、ひょっとして微々たるものかもしれない。でも、ぼくにとっては辛い状況に置かれたイリアが、自分が書いた曲を美しい音で真剣に弾いてくれたというだけで、十分に実のある出来事でした。

訪れたことがない国でも、ひとりでも知り合いがいれば、そこはただの異国ではなくなります。ぼくにとってイリアは、ウクライナとの縁を作ってくれた大切な存在で、直接会ったことこそないけれど、友人と呼んでもいいでしょう。むろん、知り合いがいなければ他人事でいいかというと、決してそんなことはない。でも世界のどこであれ、そこに暮らすひとの顔が具体的に思い浮かぶと、ニュースの見え方がまったく違ってきます。ぼくはある時期から、自分が社会的な活動をするときに「売名行為」と揶揄されることを、一切気にしなくなりました。もちろん「単に名前を売りたいだけなら、こんなに面倒臭いことはしないよ」と、内心毒づいてはいるものの、それを表立って口にすることはしません。

きっかけは、20世紀の終わりにＵ２のボノが中心となって進めていた、アフリカ最貧国の対外債務帳消しを求める運動「ジュビリー2000」に参加したことでした。当時、ブライアン・イーノから「お前も日本代表になってくれ」と頼まれ、それまでの社会的な発言は控えようという方針を転換して、この運動に加わることにしました。日本ではいまだに芸能人などが政治的な発言をすることに対し、世間の抵抗感がありますが、ぼくは以来、「仮に自分に有名性があるなら、むしろそれを積極的に利用したほうがいい」と開き直ったのです。たとえ偽善だと批判を受けても、それによって社会が少しでも良くなるなら、いいじゃないかと。エコロジーへの取り組みにしても、震災後の活動にしても、その信念に支えられています。そして一度繋がりができたら、簡単に降りることはできない。

東北ユースオーケストラ

そうした社会活動のひとつに、東日本大震災後に立ち上げた「こどもの音楽再生基金」から発展した、「東北ユースオーケストラ」があります。3年間の基金の取り組みが終わったあと、お互いにせっかく知り合えたのだからもっと一緒に何かしたいね、という気持ちで、被災地で子供のオーケストラ団員を募ってみることにしました。すると驚くほど多くの子たちが手を挙げてくれて、「ルツェルン・フェスティバル アーク・ノヴァ 松島 2013」でのコンサートをきっかけに、毎年3月に東京と東北の各地で定期演奏会を開く体制ができた。メンバーは岩手・宮城・福島の3県出身の小学生から大学生までで、受験や進学などで欠員が出ると、補充メンバーを募集します。今ではなんと100名近くの大所帯になっている。なかには津波の泥水で家も楽器も流されてしまった辛い経験をしている子もいるし、あるいは震災直後に生まれて、そもそもあの地震の記憶がない最近入った子もいます。東北出身という点では共通しているものの、ひとりひとりのバックグラウンドはさまざまです。

ぼくは彼らの活動を、音楽監督という立場から見守り続け、時には作曲家の藤倉大くんにお願いしてワークショップを開いたり、子供たちの合宿に参加したりすることもありました。学校の部活だと、後輩はひとつ上の先輩にさえ気を遣わなくてはいけないけれど、このオーケストラの中ではみんなが平等です。メンバーには並行して地域の楽団に関わっている子もたくさんいますが、彼らは口々に、「こんなに上下関係のない集まりは珍しい」と言う。誰かが命じたルールというわけではなく、自然にそうなっていたのでした。小学生と大学生がタメ口で話しているのを見るのは、何とも嬉しいものです。そして、この東北ユースオーケストラの発足当初から、ぼくはいつか彼らのために特別な新曲を書き下ろしたいと考えていました。

その思いが形になったのが、2020年の頭にスコアを納品した『いま時間が傾いて』です。ところが、この年と翌年の定期演奏会は、あいにくコロナ禍の影響で中止になってしまい、お披露目が叶わなくなった。そして辛い2年間の活動休止ののち、22年3月にようやくコンサートを開催できることになり、『いま時間が傾いて』の初演が決まりました。この曲は、普通はなかなか使われることがない、11拍子を取り入れています。「3・11」をきっかけに誕生したオーケストラだから、追悼の意味も込めて、どうしても11という数字にこだわりたかった。

また、オーケストラのメンバーそれぞれに見せ場があるように、各パートが活躍できる展開にもしようと工夫しました。曲を書いているときにも、演奏する子たちの顔が頭に浮かんでいたし、絶対にそうしたかったんです。もっとも、11拍子は誰にとっても聴き慣れないものだから、なかなかリズムを摑むのが難しい。単に機械的に11拍子を数えようとすれば、どうしてもズレていってしまうので、曲の構成上、弦楽器は「4と4と3」、木管楽器は「3と3と3と2」といったように分割し、パートごとに計11になるようなリズムの組み合わせを考えました。結果、子供たちが演奏するにはかなり複雑な曲になってしまい、自分で書いておきながら、ちょっと申し訳ない気持ちにもなりましたが。

それでも、本番直前の彼らの合宿でもZoomを使って遠隔指導をし、3月22日の盛岡公演では無事、『いま時間が傾いて』を発表することができました。中継でその様子を見ていましたが、見事な演奏でした。集まって練習できないあいだにも、個々に努力してくれていたからこそですね。そして盛岡公演の4日後、3月26日には東京のサントリーホールでも公演が予定されており、ぼくもできれば会場に顔を出したいと考えていました。とはいえ、体調のこともあるので約束はできなかったのですが、幸いにも当日は具合が良く、参加できることになった。久しぶりに人前に立つ機会となりました。『いま時間が傾いて』のラストは、11の鐘の音で締められます。自分も舞台袖で聴きながら、その鎮魂のための鐘の音が聞こえてくると、込み上げてくるものがありました。全体として暗く、不気味な印象を与える部分もある曲だけれど、最後にはかすかな光を響かせることができたかな。

この東京公演の第1部のプログラムは、2年越しに実現した『いま時間が傾いて』の演奏会と、吉永小百合さんも協力してくださった詩の朗読会。吉永さんもぼくも、当然ながらロシア軍によるウクライナ侵攻のことを意識していました。吉永さんは平和への願いを込め、沖縄戦没者を追悼する詩などを読み上げ、ぼくは彼女の依頼もあって書いた、長崎が舞台の『母と暮せば』（2015年）のテーマを弾きました。

そして第2部では、東北ユースオーケストラに、3・11以降の自然災害の被災者で結成された「つながる合唱団」が加わり、ベートーヴェンの交響曲第九番、いわゆる「第九」の演奏を行ないました。「第九」は、岡田暁生さんが『音楽の危機《第九》が歌えなくなった日』に書いている通り、このコロナ禍で感染対策の面からもっとも避けられる曲となってしまった。非常にスケールが大きく、ステージに上がる人数だけでもオーケストラ団員100名、合唱団員60名にもなります。それでも、もちろん全員PCR検査でコロナ陰性を確認してからですが、ぼくは今あえてこの大人数で70分以上の「第九」を盛大に演奏することに、出演者も観客も何らかの意味を見出してくれるのではないか、と思ったんです。音楽を奏でる喜びと高揚感を味わうのは、パンデミックの状況下であろうといつであろうと、必要なことですから。

D2021の仲間

東日本大震災後の活動が発展して生まれたもうひとつのプロジェクトに、「D2021」があります。2012年にぼくの呼びかけで始まった脱原発を掲げる音楽フェスティバル「NO NUKES」は、その後もほぼ毎年、開催されてきました。もちろん継続することに意義があるのですが、次第に出演者も演出も固まってきてしまい、ちょっとマンネリ感が出てきたのも事実。しかも原発のことだけでなく、安倍晋三政権が進めてきた安保関連法案や、大量生産・大量消費モデルの限界、さらには差別や貧困など次々に考えなくてはならない問題が浮上します。そこで「NO NUKES」としての活動には19年のフェスティバルで一旦区切りをつけ、アジアン・カンフー・ジェネレーションの後藤正文くん（Gotch）や、元SEALDsの奥田愛基（あき）くん、哲学研究者の永井玲衣さんといった若い世代に運営を任せることにしました。

当時ぼくは、柄谷行人さんが『世界史の構造』で打ち出した「交換様式D」という概念に、強く関心を持っていました。柄谷さんによれば「交換様式A」が贈与と返礼の互酬、「B」が支配と保護による略取と再分配、「C」が貨幣と商品による商品交換で、「D」は「A」を高次元で回復したものとなるらしい。なかなか謎めいていて、最新刊の『力と交換様式』では「D」が向こうからやってくる、霊的な「神の力」であるという表現もされていますが、ぼくは若い友人たちと柄谷さんのテクストを読みながら、この「D」のアソシエーション（共同体）が容易に定義できないからこそ面白いと思うようになりました。

そこで柄谷さんの概念を借り、「NO NUKES」を刷新して作る団体は震災（Disaster）から10年（Decade）という意味も込め、「D２０２１」と名付けました。危機（Crisis）や資本主義（Capitalism）という「C」の先の世界を考えよう、といった狙いもありました。２０２１年の３月には日比谷公園を借り切って大きなイベントを行なう計画があり、スポンサー企業も見つけて準備を進めてきたのですが、残念ながらコロナの感染拡大によって流れてしまった。抵抗の声（Demonstration）、民主主義（Democracy）、ダンス（Dance）、対話（Dialogue）、多様性（Diversity）など、さまざまな「D」を掲げ、音楽ライブはもちろん、エネルギー、ジェンダー、教育など各分野の専門家を呼びワークショップも行なう、充実したプログラムだったんですけどね。いつか実現できるといいな。

近年親交のある経済思想家の斎藤幸平くんも、「D2021」の配信トークイベントに何度か出演してくれています。斎藤くんのことは、彼がドイツ語で書いた博論をもとに日本語で再構成した、『大洪水の前に　マルクスと惑星の物質代謝』をきっかけに知りました。ぼくは学生運動や、その後の柄谷さんの著作の影響下で『資本論』を読んでいたけど、ソ連崩壊のあと、世間では旧来的なマルクス主義に対する忌避感も募るなかで、こんな今どきの若者がマルクスを真正面から研究していることに、まず驚きました。しかも、彼はマルクスの晩年の草稿研究を現代のエコロジー論へ接続しようという、非常にアクチュアルな問題意識を持っています。書名にある「大洪水」とは、地球温暖化によって海面水位が上昇してしまった未来の暗喩でもありますね。90年代から環境保護活動に取り組んできた自分の関心とも重なるので、ぜひ一度話を聞いてみたいと思った。

そこで、Facebookで斎藤くんのアカウントを見つけ、ぼくの個人アカウントから連絡してみたんです。そのDMはどうやら「坂本龍一のなりすまし」だと勘違いされ、一度は無視されてしまったんだけど、のちにGotchが「あれは本物だよ」と斎藤くんに伝えてくれたことで本人から返信があり、何度か対談をしました。ぼくが病気治療のため『RADIO SAKAMOTO』を不在にしている間には、彼が代理で臨時ナビゲーターを務めてくれたこともあります。斎藤くんは東京大学をたった3ヶ月で中退し、奨学金を得て、学部時代はアメリカのコネチカット州にあるウェズリアン大学に留学しているのですが、実はうちの息子もその大学に通っていました。在籍期間は重なっていないものの、息子にとって斎藤くんはすぐ上の先輩にあたる。リベラル・アーツ教育で有名なこの大学は、実験音楽の大家であるアルヴィン・ルシエが最近まで教鞭を執っていたりもして、なかなか魅力的。そんな縁もあり、斎藤くんのことはどこか他人とは思えなかったりもします。

知り合った当初は大阪市立大学の教員だった斎藤くんは、22年の春に東大に移籍し、東京へと引っ越してきました。彼のパートナーがピアニストで、それまで使っていたグランドピアノを置けるだけの広さの住居を都内で借りようとすると、それだけで国立大の月給以上の家賃になってしまうという。その話を聞き、家探しの相談に乗ったこともありますが、結局は諦めてしまったようです。「脱成長論者が家にピアノを置こうとするなんてけしからん」という意見もあるようだけれど、ぼくに言わせれば、そんな批判はナンセンス。人はパンのみにて生きるのではありません。柄谷さんが「交換様式」から世界を捉えようとしているのに対して、斎藤くんは「生産様式」にこだわって考えている。そのコントラストが面白く、いつかこのふたりが真剣討論する日が来ることを期待しています。

ダムタイプ新メンバー

柄谷行人さんはかつてダムタイプの作品を見て「考えてみれば、これも交換様式Dだ」とダジャレ混じりに語ったそうですが、ダムタイプの「dumb」は「バカな」「マヌケな」といったネガティブな意味を持つ形容詞です。京都市立芸術大学の学生たちが1984年に結成したアーティスト・グループで、95年にHIVによる敗血症で若くして亡くなってしまった古橋悌二さんを中心に活動してきました。古橋さんの没後は高谷史郎さんが全体を統括していますが、リーダーというわけではありません。集団内にヒエラルキーを作らないようにしているんですね。もうひとつ彼らの特徴として、プロジェクトごとにメンバーが入れ替わるという点が挙げられます。ダムタイプは2022年のヴェネツィア・ビエンナーレでの日本館出品作家に選ばれ、同時期にミュンヘンの美術館ハウス・デア・クンストでも個展を開くことが決まっていました。そして、京都会議で彼らのオフィスを訪れることも多かったからか、ぼくもダムタイプの両プロジェクトに誘われ、気づくとメンバーになっていました。グループに所属するのはYMO以来のこと。所属と言っても、とても緩いもので、出入りは自由なのですが。

せっかく参加するならと、ぼくは積極的にアイディアを提供させてもらいました。ヴェネツィアで発表したのは《2022》というタイトルの新作インスタレーションで、コンセプト段階から関わった。日本館の2階展示室には、このパビリオンの設計を手掛けた吉阪隆正の意匠として大きな正方形の穴が穿たれているのですが、高谷さんの案で、その穴に接する形でレーザーライトを設置し、部屋の中心から四方の高速回転する鏡に向かって赤い英文を投影することにした。鏡が反射したビームが壁に映し出されると、時にいくつかのテクストが重なりながら読めるという仕掛けです。

引用したのは1850年代にアメリカの小学校で使われていた地理の教科書からの一節で、「地球はどんな形?」「海の向こうには何があるの?」といった、シンプルで普遍的な問いが投げかけられる。英語の質問文の朗読は、友人のデヴィッド・シルヴィアンやカヒミ・カリィさん親子、さらにはぼくのニューヨークのオフィスのスタッフに引き受けてもらいました。スピーカーも回転して、コラージュされたそれぞれの声がオーバーラップし、全体としてサウンド・アートという印象を与える作品かもしれません。

ミュンヘンの展覧会は彼らの回顧展で、ぼくはファンとして追いかけてきたダムタイプの過去作品をアップデートする案を出しました。ダムタイプのインスタレーションの代表作に、16台のターンテーブルを使った《Playback》があります。これは90年代に彼らがパフォーマンスで使っていた電子音や世界各国の言語での挨拶を記録した16枚のレコードが、コンピュータ制御によりさまざまなパターンで再生されるという作品でした。鑑賞しているうちに、まるでプラットフォーム同士がコミュニケーションを取ろうとしているようにも感じられる仕掛けとなっていましたが、今回ぼくはこの16枚のレコードそれぞれに、地球上の16都市の音を収めようと考えた。

そこで、ブラジルのリオ・デ・ジャネイロにいるジャケス・モレレンバウム、アイスランドのレイキャヴィークにいるアンドリ・マグナソン、タイのチェンマイにいるアピチャッポン・ウィーラセタクンといった、ここまでに紹介してきた友人のほか、知り合いのツテを辿って南アフリカのケープタウンやイランのテヘランにも協力者を見つけました。彼らが拾ってきてくれた朝から夜にかけての街の音をレコードに収め、16都市間の時差も加味しつつ、順番に再生を始めます。ただ、そのままだと毎回同じ時差を維持したパターンになってしまうので、例えば仮に東京を北極点と見做し、回転ごとに各都市間のズレが異なるようにしてみました。そして次第に北極点となる都市を動かしていき、複雑なハーモニーとなるように工夫してみた。ヴェネツィアでの作品にせよミュンヘンでの作品にせよ、どちらも会場でこそ真価が伝わるものだと思うので、遠隔での指示で終わってしまい、現地で完成を見届けられなかったことが残念です。

ちなみに、ミュンヘンのハウス・デア・クンストでは、偶然にもダムタイプ展の前には中谷芙二子さん、後にはカールステン・ニコライと、ぼくたちと深い付き合いのあるアーティストの個展が続きました。ただ、中谷さんの「霧の彫刻」は、アウシュヴィッツのガス室を想起させるとして現地で批判を浴びてもおかしくないだろう、と彼女自身は心配していました。よりによってこの美術館は、ナチス政権下でヒットラーの介入により、もともと決まっていたデザイン案が修正されたことで知られるファシズム建築です。でも、中谷さんがそんな懸念を口にしたところ、当のドイツ人キュレーターは「あら、そう?」といった反応で、かえって拍子抜けしてしまったそうです。まあ、それだけドイツでは反ナチス教育が徹底しているということでしょうか。

久しぶりの自宅

ガンの肝臓や肺への転移が発覚して以来、ぼくは東京で闘病生活をしてきましたが、22年6月中旬にやっとニューヨークの自宅へ戻ることができました。アメリカ大使館で「再入国許可証」を得るための面接も受け、実に1年7ヶ月ぶりの帰宅となりました。こんな表現をするのは変かもしれないけれど、懐かしい自宅の空間に入ってすぐに、家が喜んでいると感じた。ぼくとパートナーの不在中も、週に5日はハウスキーパーに来てもらって掃除や植物の世話を頼んでいたものの、やはりそこに住むひとがいて初めて建物も呼吸をするのでしょう。久しぶりにリビングのドアを開けると、「おかえり」と歓迎されているのか、部屋の中が急に暖かくなったような気さえしました。

庭には大きなハナミズキの木があり、毎年4月末になると、華やかなピンクの花を咲かせます。このハナミズキの木が家にとって天蓋のようになっていて、午後に半地下のスタジオで仕事をしていると、ちょうど枝葉から窓に木漏れ日が差し、ひとときの光の揺れを楽しむことができる。庭にはよくリスが遊びに来て、あたりに落ちている木の実を食べたり、植木鉢に種を埋めたりしています。一度、窓の外から「バリバリッ」という聞き慣れない音がして覗くと、枝に留まった鷲が、捕まえた小鳥を食べていました。羽をむしり肉に食らいついていて、ちょっとギョッとしたけど、よくよく考えたらこれも自然の摂理です。地上に散らばった小鳥の骨は翌日にはもうすっかり消えていて、たぶん近所の猫が持っていったのでしょう。アフリカを訪れたときも強く感じたことですが、本来、自然界の主役は動物や虫や植物で、ぼくたち人間はその一角にそっとお邪魔しているに過ぎない。よく「住宅街に猿が出た」などというニュースが報じられますが、それは話が逆で、もともと猿の生息地だったところに我々が住まわせてもらっているのだと思います。

決して広いわけではないこの自宅の庭には、ポツンとピアノが佇んでいます。2015年、療養のために訪れたハワイの風土を気に入ったぼくは、勢いで中古住宅を買うのですが、その家には90年近く前に作られたというピアノがありました。家そのものはすぐに手放してしまったものの、古びた雰囲気がなんとも素敵なこのピアノだけは、ニューヨークの自宅へと持ち帰ることにした。そして、試しに「自然に還すための実験」と称して、野ざらしの状態で庭に置いてみることにしました。それから数年が経ち、幾度となく風雨にもさらされて塗装もすっかり剝がれ、今ではどんどん本来の木の状態に近づいていっているる。このままどう朽ちていくのか――それは、ぼくたち人間のあるべき老い方とも繫がるように感じます。

ニューヨークの自宅の庭に置かれた、
自然に還っていくピアノとともに

坂本図書

久しぶりにニューヨークへ戻ったと言っても特に何をするでもなく、止まり木の鳥のように自宅のソファーに横になりながら、ただのんびりと過ごしていました。あえて言えば、蔵書の整理をした。もともと日本へは一時滞在のつもりで帰国していたので、ほとんどの荷物はそのままでした。でも、治療のため東京にも仮住まいを持つことになり、そこには本棚も入れられたので、この機会に読み直したい本やこれから読みたい本を選んで移そうと思い立ったのです。選び抜いたつもりでも、段ボール8箱分にはなりました。

蔵書の中には、編集者をしていた父の遺品もあります。父は仕事柄、膨大な本を所有していましたが、すべては保管しきれないので、大部分は亡くなった際に処分してしまいました。しかし、父の本棚の1段分には、「永久保存せよ」と、手書きのテープが貼ってあった。それだけは無下にできず引き継ぐことにして、ニューヨークへも持っていっていました。「永久保存」のコーナーには彼が自ら編集者として関わった文学作品ではなく、趣味だった郷土玩具や仏像に関する本、あるいは映画関係や保田與重郎の本などが含まれ、ほとんどが戦前に刊行されたものでした。生前、大切に繰り返し読んできたのでしょう。

父の影響なのか、ぼくも昔から本が好きで、最近も谷中のギャラリー「SCAI THE BATHHOUSE」に行ったついでに、斜め向かいにある「木菟（みみずく）」という古本屋に寄り、たまたま見つけた詩人・吉田一穂の随想集『桃花村（とうかそん）』を買って帰りました。この本を愛読している田中泯さんが、かつて山梨の山村で農業仲間と立ち上げた団体に、書名にあやかり

「桃花村舞踊団」と名付けたというエピソードが記憶にあったのです。桃花村という地名は本来存在しないものの、泯さんは自分たちが暮らす集落をそう呼んでいます。

他にも本絡みでは、編集者の伊藤総研くんに助けてもらいながら『婦人画報』で連載していた「坂本図書」も、近年の大切な仕事です。ぼくの蔵書の中から、古典から新刊まで、その時々に関心があるものを著者の人物紹介と共に語ってみようという企画で、第1回ではロベール・ブレッソンの『シネマトグラフ覚書──映画監督のノート』を選びました。連載内で、ぼくの希望により漫画家の安彦良和さんと対談させてもらったこともあります。5歳年上で、同じように学生運動世代の安彦さんが今、日本と東アジアの関係を古代史と近現代史の双方から描き出そうとしているのが興味深い。「この国はどこで間違えてしまったんだろう?」という、共通の問題意識を確認できました。

とりわけ印象に残っているのは、第13回で取り上げたニコライ・ネフスキーの『月と不死』です。19世紀末にロシアに生まれたネフスキーは、若くして日本へ留学し、柳田國男や折口信夫らと親交を結びました。そして柳田を師と仰ぎ、自らも民俗学者・言語学者としてアイヌ語や宮古島方言の研究に取り組んだ。この本は、彼が日本各地の信仰や神話、習俗などを調べた成果をまとめ上げたものです。ネフスキーは人一倍、聴覚が鋭かったのか、方言に関する論文が多い。

では、なぜ月と不死が関係しているのか。一般的には、太陽が生命の象徴で、月はむしろ死と結びつけて捉えられますよね。しかし、ネフスキーはそうした暗く、冷たいイメージを背負わされがちな月という存在を、月を女性、太陽を男性に喩えた宮古群島の伝説をもとに捉え直し、そこから生命が生まれ出るものとしてポジティヴに定義したのです。余談ながら付け加えると、約14年にわたる日本滞在のあと、彼は社会主義革命を経てソ連となった母国へ帰り、日本語教師業の傍ら、16世紀に消えたチベット圏の言語・西夏語の研究に着手しました。ところが数年後、ネフスキーが留学中に北海道で出会い、妻となっていたイソが娘を伴いソ連へ遅れてやってくると、彼女が日本からのスパイではないかと時の政権に目を付けられ、夫婦揃って処刑されてしまった。それから20年後、スターリン批判とともにネフスキー夫婦の名誉回復はなされましたが、なんという悲劇でしょうか。

ぼくはそんなふうに大切に読んできた蔵書の一部を、都内某所に連載と同じく「坂本図書」という名を掲げた小さなスペースを作って展示することに決めています。父の如く「永久保存」を求めるわけではないけれど、街の古本屋のように、本と人が行き交う場所になればいいなと。ちなみに、本にまみれたニューヨーク滞在を終えて治療のため東京へ戻り、かかりつけの病院で久しぶりに腫瘍マーカー検査をしてもらったところ、数値が下がっていて驚きました。担当の先生は「これはきっとニューヨーク効果ですね。私たちが何もしない方がいいのかな」と首を傾げていた。ひょっとして、家に付いている酵母菌のようなものが、体調にうまく作用したのかもしれない。不思議なものです。

最後のピアノ・ソロ

日本への帰国後には、MR作品のプロデューサーであるトッドから「来年の上演のために、きみの香りを作りたいんだ」と頼まれたこともあり、緒方慎一郎さんに導かれて京都の老舗お香屋さん「松栄堂」を訪れ、自分のイメージに沿ったお香を調合してもらいました。二十何種類もの素材の中から、嗅覚だけを頼りに好みの8種類をセレクトし、それぞれの配分も細かく調整していく。これが後々まで自分の香りとして記憶されることになるのだから、何時間もかけて真剣に選びました。

9月末には来日していたBTSのメンバーSUGA（シュガ）と会いました。あえて説明するまでもなく世界のトップ・アイドルですが、話してみると決して驕るところのない好青年で、音楽活動に非常に真摯に取り組んでいるようです。他に趣味がないんじゃないか、という気がするくらい、いつだって音楽のことを考えている。聞くと、彼は12歳の頃、両親に連れられて劇場での再上映を観に行った『ラストエンペラー』がきっかけで音楽に関心を持ったそうで、そんなこともあり、ぼくとの面会を希望してくれた。基本的にはプライヴェートな対面で雑談を交わしただけだったけど、SUGAを追うドキュメンタリーのクルーがカメラを回していたので、そのときの様子を収めた映像が出ていますね。その後、SUGAからのリクエストで彼のソロ曲『Snooze』のトラックのためにピアノを弾き、音源を送りました。

そして、そのあいだの9月上旬から半ばにかけては、非常に重要な大仕事がありました。「Playing the Piano 2022」のための撮影です。20年末に配信したピアノ・ソロは、褒めてくれる声もあったけれど、心身ともに最悪のコンディションで、自分としては少なからず後悔が残りました。またヴィジュアル面でも満足のいく結果が得られず、それが最後になってしまうのはあまりにも悔しい。だから、まだ辛うじて満足のいくレベルでピアノが弾けるうちに、未来に遺すのにふさわしい演奏姿を収めておけたらと考えて企画を立てたのです。収録場所には、ぼくが日本でいちばん音の響きがいいと思っている、NHK放送センターの509スタジオを借りることになりました。監督がなかなか厳しいひとで、撮影準備に時間をかけるべく、かなり早い段階で演奏する曲のレパートリーを決めさせられました。iPhoneで録った仮音源をもとに、朝から夜にかけて移り変わる、一日の流れをイメージした曲順に並べ、全体の構成を考える。絵コンテも細かく用意されており、曲ごとに照明やカメラの位置が大きく切り替わります。

関わるスタッフだけで30名ほどになる大所帯で、撮影は3台の4Kカメラを使い、ぼくとしては、この形式での演奏を皆さんに見てもらうのは今度こそ最後の機会になるだろうという気持ちで、緊張しつつ一日あたり数曲ずつを丁寧に収録していきました。なかには『The Wuthering Heights』（1992年）や『Ichimei – Small Happiness』（2011年）など、ピアノ・ソロで扱うのは初めての曲もあった。『Tong Poo』はこれまでになくゆったりしたテンポで演奏しました。その意味では、最後の機会だと称しながら、ここにきて新境地とも言えるかもしれません。

もっとも、一日数曲を真剣に弾くだけでも今の自分には精一杯で、長く待ってくれているファンの方々には申し訳ないけれど、もうライブでコンサートをやり切るだけの体力が残されていないのも確か。このピアノ・ソロは、まずは12月に13曲を収めた60分版がオンライン配信されたあと、NHKの番組内でも短く紹介され、全20曲の長篇として編集されたコンサート映画『Ryuichi Sakamoto | Opus』も追って劇場公開されることになります。やはり相当なエネルギーを消費したからか、撮影を終えてから1ヶ月ほどは気虚というのか、ずっと体調が落ち込んでしまっていました。それでも、死ぬ前に納得いく演奏を記録することができてホッとしています。

続けて、同じく渋谷にあるBunkamuraのスタジオを借り、『Sonate pour Violon et Piano』(1971年)と『Quatuor à Cordes』(1972年)のレコーディングを行ないました。それぞれ、ぼくが東京藝術大学の1年と2年の進級時に書いた作品です。若書きだけれども、せっかく譜面が残っているのだから、これも自分が生きているうちにきちんとした音源に記録しておけたらと考えたのでした。どちらも非常に難しい曲で、昔の自分はどうやって弾いていたのか不思議になるくらい、今では手に負えない。そこで、知り合いのヴィオラ奏者・安達真理さんに頼み、日本で最高峰の演奏家たちを集めてもらい、2日間をかけて収録しました。

以前に、最近の藝大生に対する不満を言ったけど、優秀なひとは本当に優秀ですね。昔は日本のオーケストラはレベルが低いとされていたものですが、今は技術が格段に上がり、国外で披露しても恥ずかしくないレベルになっている。現代音楽に関しても、60年代にヤニス・クセナキスが高橋悠治さんのために『ヘルマ』という曲を書き下ろし、当時は世界でも悠治さんしか弾けない難曲だとされていたものの、現在は何十人ものピアニストが演奏していると思います。『Sonate pour Violon et Piano』はヴァイオリン・ソナタ、『Quatuor à Cordes』は弦楽四重奏の曲ですが、50年も前に書いた楽曲を、そんな世界にも通用する若い演奏家たちに音にしてもらえて、とても幸せでした。

『12』

長い時間をかけて振り返ってきた『音楽は自由にする』以降の活動も、差し当たってこれが最後のトピックとなります。２０２３年1月17日、ぼくの71歳の誕生日に、新たなアルバムがリリースされました。21年の初めに大きな手術をし、長い入院を終えて東京の仮住まいの家に戻ったぼくは、それからしばらくして多少体力が回復したこともあって、シンセサイザーに触れてみました。何かを作ろうという意識もなく、ただ音を浴びたかったのです。3月10日のことでした。以降、折々シンセサイザーやピアノの鍵盤に触れては、日記を付けるようにそうしたスケッチを記録していきました。

次第に、そうして録り溜めた音源をアルバムとしてまとめてもいいのかな、という気持ちになってきました。それで、気に入った曲をピックアップしたところ、12曲になった。曲名はシンプルにレコーディングした日付とし、『20210310』から『20220304』まで、約1年にわたっての記録となりました。リリースにあたってはジャケットを考えねばなりません。パートナーは、思い切って李禹煥（リ・ウーファン）先生にお願いしようと発案したけど、ぼくは当初「さすがに恐れ多いよ」と言って、遠慮していました。でも、『async』以降、大きなインスピレーションを与えてくれている李先生に聴くだけでも聴いてもらおうと考え、「もしも何かを感じてくださったら、既発表作品でもよいので提供していただけないでしょうか？」と、仮ミックスの音源をお送りしたところ、なんと「喜んで新作を描くよ」と快諾してくださったのです。

ちょうど依頼をした２０２２年の秋には、乃木坂にある国立新美術館の開館15周年記念企画として、大規模な李先生の個展が開催されていました。ぼくはその休館日に特別に中に入れてもらい、李先生本人に案内されながら会場を回るという至福の時間を過ごしたのですが、その場で不意に先生から「このドローイングをどうぞ」と、ひとつの絵を手渡されました。これがジャケットになるのか、と思い、ありがたく受け取って、しげしげと眺めていたところ、李先生から後日連絡が来て、その絵はどうやらアルバム用に描かれたものではないという。「坂本くんに個人的にエネルギーを送るためのものだ」と言われ、そのことにも大いに感動していると、10日ほどしてから別のドローイングが届きました。緑と赤の線で描かれた川のような、素敵な作品です。

アルバムは当初、「12 sketches」というタイトルで呼んでいたものの、これもパートナーの意見により"sketches"を外し、『12』としました。全12曲となったのは偶然ですが、この数字は近年ぼくがこだわり続けてきた「時間」という概念を象徴していますね。1年は12ヶ月ですし、時計のインデックスも12。さらに東洋には十二支というものもある。ぼくたちは普段10進法を使って生活していますが、どうも時間を認識するときだけは12進法が取られるようです。もともと古代ローマの「ロムルス暦」では、1年が10ヶ月とされていたのが、その後「ヌマ暦」でわざわざ12ヶ月に改められたのですからね……と、あれこれ後付けの説明を試みることはできるものの、これまで発表してきたオリジナル・アルバムとは異なり、基本的に今作は何か確固たるコンセプトのもと制作されたわけではありません。ただ徒然なるままにシンセサイザーやピアノで奏でてきた音源を一枚にまとめたに過ぎず、それ以上のものではないんです。でも、今の自分には、こうした何も施さない、生のままの音楽が心地よい。

それでは、ぼくの話はひとまずここで終わります。

Ars longa, vita brevis.（芸術は永く、人生は短し）

著者に代わってのあとがき

鈴木正文

1

坂本龍一さんと、それが最後になるとは知らずに最後に会ったのは、2023年3月8日だった。その20日後の3月28日の未明、坂本さんは他界した。

3月8日の前夜は満月だった。

明日は坂本さんに会うのだからとおもい、晴れ上がった都心の夜空を見上げると、煌々と照るフルムーンがあった。ムーンフェーズの腕時計をまだ買ってないな、と、そのときおもった。

この本のもとになった雑誌『新潮』での「ぼくはあと何回、満月を見るだろう」の連載がはじまったのは、2022年6月7日発売の同誌22年7月号からで、連載は、年をまたいで23年1月7日発売の同年2月号までの8回をもって完結していた。最終回用のインタビューをしたのは、22年10月12日である。インタビュー取材がはじまったのは、おなじ年の2月2日だった。

前年、つまり、2021年の12月23日、コロナ禍もものかは、といわんばかりに、ほとんど暴力的ともいえる「再開発」が大車輪で進行中の渋谷駅近くの、できたばかりの超高層建築物のなかの、あるホテルのラウンジの個室に、連載関係者となる6人が顔合わせをかねた最初の打ち合わせのために、一堂に会した。6人とは、坂本さんのマネジメントを長年つとめているふたりと、『新潮』編集長の矢野優さんと同編集部の杉山達哉さん、雑誌『婦人画報』などで坂本さんの「現在」を発信しつづけてきた編集者の伊藤総研さん、それに、2009年に「初めての本格的自伝」と銘打って刊行された『音楽は自由にする』のベースとなったインタビューの聞き手をつとめた僕である。『音楽は自由にする』を引き継ぐかたちで、坂本龍一さんがみずからのことばで綴る〝その後の自伝〟を『新潮』で連載し、僕が聞き手になることが、その場で決まったのであった。

坂本さんが日本向けに立ち上げたレーベルを運営するレコード会社のエイベックスは、21年の1月21日に、坂本さんが直腸ガンの手術を受けたこと、手術が成功したこと、そして今後は、坂本さんいわく「治療を受けながら出来る範囲で仕事を続けていく」ことを発表し、あわせて、「もう少しだけ音楽を作りたいと思っていますので、みなさまに見守っていただけたら幸いです」という坂本さん本人の談話をもあきらかにしていた。だから、かれが闘病中であることは、その場にいた編集側のだれもが、知っていたといえば知っていた。けれど、「もう少しだけ」といういいぶりのうちに込められた事態の深刻さと、そうした状況下での坂本さんの決然たるおもいについてまでは、わかっていなかった。

1月の手術が困難をきわめ、20時間にもおよんだこと、そしてそれからも、苛烈な闘病と手術がうちつづいたことを、僕たちは知らされた。その様子については、冒頭部をはじめ、この本の随所にあきらかにされているけれど、とりわけ1月の大手術のあとの心身の深傷（ふかで）に、坂本さんは病室で、ふと、「ぼくはあと何回、満月を見るだろう」とつぶやいた、と、打ち合わせの席で、マネジメント・サイドの人がいった。坂本さんが音楽を担当した1990年の映画『シェルタリング・スカイ』（ベルナルド・ベルトルッチ監督）の最後に登場した原作者のポール・ボウルズが、ナレーターのようにして語ったことばの、それは一部だった。

このつぶやきが、連載の、そして、この本のタイトルとなった。それは、口にされたとたんに、僕たちのこころをとらえた。

映画のなかのボウルズは、モロッコの場末のカフェにまよいこんだ主人公のキットを演じたデブラ・ウィンガーに、「迷子になったのかね?」とたずね、「イエス」とこたえたかの女に、原作となった1949年の同名の小説中にある以下の部分を、棒読みするように語った。

「自分がいつ死ぬか知らないから、わたしたちは人生を、尽きせぬ泉であると思ってしまう。しかし、物事は無限回起きるわけではない。ごくわずかな回数しか起きないのが実際だ。子どものころのある午後をあと何回、思い起こすであろうか？ それがなければ自分の人生がどうなっていたかわからないほどふかいところで、いまある自分の一部になっているそんな午後であってさえ。たぶん、あと4回か5回だろう。いや、もっと少ないかもしれない。満月がのぼるのを見ることは、あと何回あるだろうか？ たぶん、20回か。そして、それなのに、無限回あるかのように思っている」（拙訳）

（"Because we don't know when we will die, we get to think of life as an inexhaustible well. Yet everything happens only a certain number of times, and a very small number really. How many more times will you remember a certain afternoon of your childhood, some afternoon that's so deeply a part of your being that you can't even conceive of your life without it? Perhaps four or five times more. Perhaps not even that. How many more times will you watch the full moon rise? Perhaps twenty. And yet it all seems limitless."）

坂本さんは、まよいこんだ東京の病室で、ボウルズのこのことばを反芻したのだ。

夜空を照らす満月と、昼のまぶしい青空を現出させる太陽とをともにのぼらせ、僕たちを護る一枚の薄皮のようなシェルタリング・スカイの、その向こう側に氾がる闇を見つめて――。

　2021年1月の満月は、29日にのぼった。術後である。記録では空は晴れていた。その日から2023年の3月7日までのあいだのすべての満月の夜に東京の空が晴れていたとすれば、坂本さんは、理論的には、満月を見る27回の機会をもった。現実には何回、見ただろうか――。

　いずれにせよ、坂本さんが見ることができた最後の満月の夜の翌日に、僕はかれを都心のホテルに訪ねた。約束は午後の2時半だった。

2

　坂本さんは、手書きで、そしてパソコンやiPhoneに打ち込んで、メモのごとき日記をたくさんつけていたそうだ。坂本さんが亡くなって1カ月近くがたったころに、僕は遺族からその日記のプリントアウトを手渡された。

「20210131」（2021年1月31日）から「20220923」（2022年9月23日）までの期間の、17日ぶんの抜き書きがあった。

　最初の日付は「20210131」（21年1月31日）。大手術後に、せん妄に頻繁に襲われていた時期である。病室で打ち込まれた2片の文章があった。ひとつは、「このような状態の時、おれの感覚は？　おれの思想は？　おれの音楽は？」と自問していた。もうひとつは、「何もない、何も聞こえてこない。何も言いたいことはない」という虚無の独白だった。

　混濁する意識と澄明な意識のあわいに浮遊して両者を往還していたときにも、坂本さんは、カント流にいうなら「私自身を意識する私」を問い、そして、それを文として対象化していた。坂本さんの明晰な精神は、あの残酷な病中にあってなお、生きて運動していた。感銘を禁じえなかった。

　それから5日後の2月5日（20210205）には、音楽的ともいうべき2片の書き込みがあった。ひとつめは、「影と光の微かな動き」、そしてふたつめは、「どんな醜い都会であろうと、自然の中であろうと、世界が最も美しい時、夜明け」というものであった。

　都心の病院の、おそらくは高層階にあったとおもわれる病室から、坂本さんは「影と光の微かな動き」と、「醜い都会」になってしまった東京の、その病室の窓から望み見てさえ美しい冬の朝の「夜明け」とに、こころを動かした。「影と光の動き」も「美しい夜明け」も、空間に生起した事象である。だが、他面ではそれは、空間のうちに流れる時間を意識化させる。つまりは、時間意識でもある。音楽が時間芸術であるとするなら、そこには、音楽的意識の破片がある。

　そして、その2日後の2月7日（20210207）のダイアリーには、音楽の具体的な曲名が登場する。

最初に、「Roy Clark “Yesterday, When I Was Young”」とあり、次に「“La Strada”」、そのまた次に「“My Mister” Sondia」、そしてもうひとつ「“Verdi è morto”」の4曲。これらのあとに、「BBの最後に去来した音楽は何だったのだろう?」という一文が添えられる。

アメリカのカントリー&ウェスタンの歌手であるロイ・クラークの歌唱による“Yesterday, When I Was Young”をはからずも聴いたときの感興は、本書の23ページに述べられている通りなので、ここでなにかを付けくわえる必要はないけれど、他の3曲について若干の注釈をくわえれば、それらはいずれも映画（またはドラマ）に紐付いている。“La Strada”は、フェデリコ・フェリーニの1954年の映画（邦題は『道』）の、ニーノ・ロータによる映画と同タイトルの主題曲であり、“My Mister”は2018年の韓国ドラマ（邦題は『マイ・ディア・ミスター〜私のおじさん〜』）のためにソンディア（Sondia）が歌ったオリジナル・サウンドトラックの『大人』（Grown Ups）であり、そして“Verdi è morto”は、1976年公開のベルナルド・ベルトルッチ監督による大作映画『1900年』のサウンドトラック中の、エンニオ・モリコーネの作品である。そうして、「BBの……」ではじまる文の「BB」とはベルナルド・ベルトルッチのことだ。

1987年の『ラストエンペラー』、1990年の『シェルタリング・スカイ』、そして1993年の『リトル・ブッダ』とつづいた作品へのかかわりを通して深い友情を結ぶことになったベルトルッチは、2018年に、77歳で、ガンによりローマの自宅で亡くなっている。BBの最後に去来した音楽へのおもいは、みずからの音楽へのおもいにかさなったであろうか——。

坂本さんの最後の誕生日となった2023年1月17日に発売された『12』は、最後のオリジナル・アルバムである。収録曲中、もっとも日付の早いのは「20210310」だけれど、この数字（日付）によるタイトルは、それが2021年3月10日につくられた曲であることを意味している。2月7日のほぼ1カ月後には、宇宙的サウンドスケープがひろがるあの曲が、坂本さんの演奏するシンセサイザーから流れた。大手術から生還して2カ月とたたないうちに、坂本さんは音楽を奪回した。その事実は尊い。

以下は、ダイアリーの日付順に、17通の書き込みのうちの残り14通を、コメントせずに紹介する。坂本さんの最期の日々のこころの動きを、垣間見ることができるだろう——。

＊＊＊

（20210512）かつては、人が生まれると周りの人は笑い、人が死ぬと周りの人は泣いたものだ。未来にはますます命と存在が軽んじられるだろう。命はますます操作の対象となろう。そんな世界を見ずに死ぬのは幸

せなことだ

（20210731）より高く、より速くという競い合いに熱狂するというのは、優生思想に極めて近い。そうでない社会を目指したい

（20211028）（ノートに手書きで）人類の破滅と自己の死を見据えて曲を書く／何か強烈なものを見たい、読みたい、心にグサッと刺さるようなものを。安吾を読んでみている。力のある部分もあるが、まだ足りない／ミケランジェロのシスティナ礼拝堂は見たい

（20211121）壁を壊す！

（20211221）モーツァルトを聴くことで音楽の平衡感覚を取り戻す。同時に非常に遠い音楽だという違和感も感じるのだ。なんか、とおーい感じがする。でも音楽の基本だなあとも感じる

（20211224）今、何が聴きたい？

（20211227）みんなのエゴがなくなった時にいい演奏ができる

（20220129）夕焼けを見てたら、雲のゆっくりした動きに気がついた。東京でいったい何人がこれを見ているだろう／雲の動きは音のない音楽のようだ

（20220320）ぼくにとって音楽が峠の茶屋だ／どんなに疲れていても、それを見ると駆け足になり、おにぎりを食べたら後半の登山も元気だ

（20220321）第九は野蛮で高貴だ

（20220418）こうなったらどんな運命も受け入れる準備がある

（20220616）ＮＹへ／眠れぬ夜／美しき朝

（20220807）『突然炎のごとく』（Jules et Jim）素晴らしい。アポリネールの小説を読みたくなる。同時に『徒然草』も読みたい

（20220923）ぼくは古書がないと生きていけない／そしてガードレールが好きだ

＊＊＊

こうして写し書きをしていると、なにかがこみあげてくる……。

さらに、この原稿の執筆中、坂本さんの「日記」の

22年10月から最後の最後の23年3月26日までのあいだの記述から、読者に公開できるものを、遺族が提示してくれた。以下に、そのなかから選んで付記する。

＊＊＊

（20221011）生きるのって面倒くさい

（20221115）夜、喪失、興奮、混淆

（20221224）SUGA piece done.／Jarmusch の"Paterson"を見る／Frank O'Hara, William Carlos Williams に興味を持つ

（20230101）マヤコフスキーの想像力は尋常じゃない

（20230117）71歳　一年生き延びたか…／井筒俊彦を読む

（20230218）ＮＨＫの幸宏の録画見る／ちぇ、Rydeen が悲しい曲に聴こえちゃうじゃないかよ！

（20230221）李（禹煥）先生と電話、呼吸を整えろと

（20230306）アカデミーの vote をする

（20230311）３１１の大災害から12年／電気を作る方法はたくさんある／その中で最も危険で未完成な技術である原子力発電を選ぶのは愚かである

（20230316）音楽　満月

（20230324）気力がない

（20230326）0545 36.7／BP 115 - 80／SPO 97

3

２０２３年3月8日の午後2時半に話を戻す。

前年の10月12日に、『新潮』の連載のための最後のインタビューをおこなって以来の坂本さんとの再会は、都心のホテルの一室で、であった。

伊藤総研さんから2月なかばに受け取ったメールが、ことのはじまりだった。坂本さんと僕との対談を収録したいので応じてほしい、というリクエストが書かれていた。

２０１８年から22年までの4年間、36回にわたって雑誌『婦人画報』に掲載された「坂本図書」の連載を編集した伊藤さんは、このとき、連載をまとめた単行本づくりを計画していて坂本さんたちと相談中だった。しかし、連載で使用した原稿だけでは、書籍にするには少し量が足りないとのことで、連載終了後から現在

までの坂本さんの読書生活について坂本さんと僕とが対談し、その内容を書籍の『坂本図書』の追加企画にしたい、という申し出だった。

いっぽう、僕は、2月8日に、坂本さんから一通のメールを受け取っていた。

「お元気ですか?」のあいさつにはじまるそれには、つづけて、「永井荷風の『日和下駄』はお読みになっていますか? 荷風が大正三年から四年にかけて書いた東京市内散策記で、既に或いは壊れゆく東京市を慨嘆している書です。見たことのないかつての東京が偲ばれます」と、書かれてあった。

僕は、『日和下駄』を読んでいなかった。あわててアマゾンから購入し、なにはともあれすぐに読んで、その感想を坂本さんにメールでつたえると、その後、荷風の師匠筋にあたる森鷗外のことや、鷗外の住んでいた千駄木の「観潮楼」からかつては見えたはずのむかしの東京湾などについて、ひとしきり、ふたりのあいだでのメールのやりとりがつづいた。そんなことが、この「対談」企画のヒントになったのかもしれなかった。

さて、「対談」になるかどうかはともかく、坂本さんの最新の読書経験を知ることは、読者の大きな利益となるであろう。僕は、対談相手というよりはむしろ、インタビュアーをつとめる気持ちで、このリクエストに応じた。坂本さんと再会してことばを交わすチャンスが幸運にも、そしておもいがけずに、こうしてやってきたのだった。

5カ月ぶりに会う坂本さんは、カニューラという透明なチューブを両の鼻孔に挿して、静かにホテルの部屋のソファに座っていた。酸素不足の状態に坂本さんがあることを、それは物語っていた。入室した僕と伊藤さんは、カニューラのことには触れずに、それぞれに坂本さんに、挨拶のことばを「ふつうに」投げかけた。以前より多少、痩せたように見えた坂本さんは、柔和な笑みによってそれにこたえ、席につくよう僕たちをうながした。

坂本さんの話しぶりは、最初の数分こそいくぶん掠れぎみだったけれど、語調は最初からしっかりと安定しており、滑舌は明確であり、声量は次第に大きくなっていった。そして、例によって、表現を探しているときの眼光には、まぎれもない知性の光が宿って、そのするどさは人をしてたじろがせかねないものだった。僕たちは、ゆうに2時間以上をその部屋で過ごし、坂本さんが最近読んだ本と興味をもったその内容についてだけでなく、古書とともにすごす時間の幸福についてかれがうれしそうに話すのを、ふかい満足感とともに聞いた。

そこでどんなことが話されたかについては、いずれ書籍化される『坂本図書』にゆだねなければならない。しかし、この日のために事前に教えられていた「ここ数年、教授が大事に読んできた本」として挙がった10冊の書名と著者名ぐらいは、ここに紹介してもかまわないとおもう。その日、そのすべてに話がおよんだわけではないけれど、坂本さんの最期の日々の読書生活と、精神のありようの一端を想像するには、よすがとなるかもしれない、とおもうから——。

『意識と本質』（井筒俊彦）、『老子道徳経』（井筒俊彦）、『荘子』（中国の思想XII　松枝茂夫＋竹内好監修　岸陽子訳）、『夷齋風雅』（石川淳）、『行人』（夏目漱石）、『日和下駄』（永井荷風）、『無門関』（西村恵信訳注）、『黙示』（富沢赤黄男）、『鷗外近代小説集第二巻』（森鷗外）、『不合理ゆえに吾信ず』（埴谷雄高）

なんと旺盛な精神活動であることか！

僕たちがその場を辞したのは、すでに午後5時をだいぶまわったころだった。坂本さんは、僕たちが来たときとおなじソファのおなじ場所に座って、部屋を後にする僕たちを、こころからなる無邪気な笑顔と、さよならの手振りとをもって見送ってくれた。ドアを閉めるとき振り返ると、坂本さんはまだ手を振ってくれていた。それが坂本さんを見た最後だった。

その日の夜、一本のメールが「受信トレイ」に入った。

スーさん、

今日はありがとうございました。
いつもながらとても楽しかった。
是非また機会を持ちましょう。

坂本龍一

坂本さんは、僕を「スーさん」と呼ぶならわしだった。午後9時34分の受信だった。このメールのおよそ2時間後の午後11時46分に、もう一通のメールが、それを追いかけるようにして届いた。こうあった。

スーさん、

先程言い忘れましたが、俳人富沢赤黄男の代表作は「蝶墜ちて　大音響の　結氷期」で、すごいと思います。
度肝を抜かれました。

坂本龍一

僕宛ての、それが最後のメールだった。20日ののち

——、蝶ではなく坂本さんが墜ちた。

4

この本のもととなった『新潮』での連載の、坂本さんによる最終回ぶんの校正が完了したのは2022年12月13日だった。そのとき、坂本さんはガン由来ではない理由から入院中だった。入院したのは12月2日だった。

その日の朝の体調は悪くはなかった。23年1月17日の71回目の誕生日に発売される17作目のソロ・アルバムである『12』の、360度ミックスのイマーシヴ・サウンドのミックスをしている最中で、その音の確認のため、港区・乃木坂のソニーのスタジオに久しぶりに出向いた。スタジオでの坂本さんは、しっかりミックスの音を確認し、かりんとうやせんべいを食べたりもして、元気に家に帰ったそうだ。

ところが、このあと、坂本さんは異様な腹痛を訴え、夕方に緊急入院した。潰瘍で十二指腸に孔が開き、腹膜炎になっていたのである。十二指腸に孔が開くほどのストレスがあった、ということだ。手術を受け、それでも、奇跡的に早く回復して15日に退院できたのはさいわいだったけれど、退院してからも、病状のチェックであったり、継続中の仕事であったり、家族の行事だったりと、12月という時期も手伝って用事は休むことなくつづいたという。

年末には毎年恒例の、伊豆の温泉への家族旅行にでかけて3泊したそうだ。よい最後の年末を過ごせたのではないか、とおもいたい。

しかし、年明け早々の1月2日、坂本さんは肺炎を発症した。おりしも大晦日に、YMO時代からこころを許し合ってきた友人の高橋幸宏さんが、重い肺炎にかかったことを知らされたばかりでもあった。「どっちが先かな」と、坂本さんはそのときつぶやいたそうだ。

1月11日、幸宏さんが亡くなったという知らせをいちはやく受け取ったとき、坂本さんは、「幸宏、ごめんね。ぼくはもうちょっとがんばるから」と、声にだしていったという。

前年来、幾度も幸宏さんに会いに行こうとしていたのに、そのたび、どちらかの体の具合がよくなかったために、結局は会えずじまいに別れの日が来てしまった。「もうちょっとがんばる」という坂本さんのことばの裏には、このころ知人の紹介で知った免疫療法への期待があった。1月13日の最初の治療のとき、坂本さんは、医師の顔をキューーっと見て、「ものすごく希望を感じます」といったらしい。坂本さんは翌14日の「日記」に、「生き返るのだと思うと興奮して目が冴えて一晩中寝られなかった」と書いている。

とはいえ、肺の状態はよくないままで、呼吸がつらくなっていた。酸素吸入をはじめるようになった。家にいるときは、チューブを鼻につけっぱなしだった。けれども、体調そのものは安定していた、という。そして、1月30日には、念願だった「あら輝」の鮨を食べた。

「あら輝」の主人の荒木水都弘(みつひろ)さんは、銀座に暖簾を掲げた2010年から2年連続でミシュランの三つ星をとったあと、14年からロンドンに店を移し、そこでも三つ星をとり、19年にロンドンの店を弟子に譲って次は香港に出店した鮨の名人である。ロンドンに店を出したときにはカウンターの一枚板をプレゼントしたというほど、坂本さんは荒木さんを敬愛していた。「死ぬ前にもう一度『あら輝』の鮨を食べたい」と、坂本さんはいっていたという。その荒木さんが、「坂本さんがまだ召し上がれる状態であれば、握らせてほしい」と連絡してきた。荒木さんは、坂本さんのためだけに臨時にお店を借りて、1月30日、特別に鮨を握ってくれた。

ちょっと少なめに、といいながら、坂本さんはひとおりを食べた。それが、坂本さんにとっての最後の外食だった。

5

2月になると酸素吸入のチューブを付けることが常態化し、くわえて肝臓に転移したガンを切除したあと、膿腫となった傷跡から膿を吸引するためのチューブもつけていたので、からだに数本の管を挿したまま長い時間横になっている状態がつづくようになっていた。それでも、積極的に映画を見たり、本を読んだりして、免疫療法にも通った。

コミットしていた仕事もつづけていた。「109シネマズプレミアム新宿」の音響監修者としての音の環境チェックにも行こうとして、ヘア・カットをしてもらったり、車いすを買ったりと、外出する準備もおこたらなかった。僕と会った3月8日の直前には、免疫療法に通った成果か、腫瘍マーカーがだいぶ落ち着いてきて、ガンのコントロールに成功しつつある、とおもえる状態に希望を見出すようになってもいた。けれど、にもかかわらず、体が日を追って弱っていったことは否みようもなく、痩せ細っていく傾向に歯止めをかけることはできなかった。

そうしたなかでも、しかし、やるべきことをやりつづけていた。

まず、東京都が2月に認可した明治神宮外苑地区の再開発計画に触れて、小池百合子都知事らに手紙を出し、そのなかで「目の前の経済的利益のために先人が100年をかけて守り育ててきた貴重な神宮の樹々を犠牲にすべきではありません」と書いて、再開発計画の見直しを求めた。

一部の伐採許可が下りたのは2月28日であったが、手紙は3月3日に送付され、3月17日の定例記者会見で、知事は坂本さんの手紙を受け取っていることを確認し、この再開発計画のはらむ問題を各紙誌が報じはじめた。都の計画のもと、樹齢100年をこえるものもふくむ3000本超の樹木が伐採されてしまうことになっていた。その一部は移植され、また新たに植樹されるものもあるとはいえ、地区内に超高層・高層の商業施設が新設されるほか、歴史の風雪に耐えてゆかしい風情を見せていた神宮球場と秩父宮ラグビー場は壊されて建て替えられ、さらに万人に開かれていた軟式野球場、バッティングセンター、ゴルフ練習場などの公共施設がなくなって、その場所を、会員制の排他的なテニスクラブが専有することになろうとしている。この歴史の圧殺に、『日和下駄』の愛読者であり環境活動家でもある坂本さんは黙っていられなかった。

そのいっぽうで、大友良英さんと小山田圭吾さんが、東京・御茶ノ水で4月8日におこなう即興演奏のライブ（それはおこなわれた）のために音源提供もした。坂本さんの、ふたりにたいする友情とリスペクトゆえであった。

2022年11月に、坂本さんの70歳を記念した企画アルバムの『A Tribute to Ryuichi Sakamoto: To the Moon and Back』が発売され、そこでは、坂本さんを敬愛する世界中のアーティストたちが、それぞれ選んだ坂本さんの作品を「リモデル」したのだけれど、小山田さんと大友さんも、アルヴァ・ノトやデヴィッド・シルヴィアン、クリスチャン・フェネスらとともに参加した。さらに、坂本さんのガン療養中は、回替わりで代理のナビゲーターが出演してきたJ-WAVEでの2カ月に一度のレギュラー番組『RADIO SAKAMOTO』の、23年1月1日24時からの放送は、小山田さんがナビゲーターをつとめ、大友さんがゲスト出演した、という経緯もある。

また、もうひとつ触れておくべきことがある。小山田さんが、小学生時代に知的障碍のある転校生にたいしておこなったとされる「いじめ」行為が、誤情報もふくめて報道されたことに関連して東京五輪開会式への楽曲参加を辞任したこと、また、この問題についての謝罪文をその後あらためて小山田さんが公表したことなど一連の騒動を受けて、坂本さんがこれからのかれへの期待を具体的に表明するものとしても、この楽曲提供がおこなわれた、とかんがえることができる。坂本さんは、自身の死期が差し迫っていることを強く予感すればこそ、小山田さんの苦境を放置できなかったのであろうか。

ともあれ、3月14、15、16日に作業して約20分の音源を録音し、16日にそれをふたりに渡した。「使ってもいい、使わなくてもいい。使うんだったら切り刻んでもいい、なんでもいい、好きにしてね」といって。

これが、坂本さんがつくった最後の音源であった。
そして、翌日の3月17日には免疫療法に行き、数値がよくなっていることを確認している。

変調が起きたのは3月19日、自宅で晩ごはんを食べ、ふつうに就寝したあとの真夜中のことだった。呼吸が苦しいと坂本さんが訴え、医師の指示に従って病院に救急搬送された。

原因は気胸だった。すぐに処置をうけ、呼吸困難の症状はおさまった。深夜の変調から入院、そして処置によって救われるまでの様子を、坂本さんは3月20日の「日記」に、ちょっとしたユーモアをまじえて、次のように記している。

「1時ごろだんだん息が苦しくなり大汗をかく。とにかく熱い。飽和度を計ると60から70台。どんどん息ができなくなる。救急車を呼ぶ。ERに。レントゲンとCT。気胸といって肺に穴が開き空気がもれる。緊急処置で胸に穴を開け空気を外に出す。そしてドレーン。穴を開けるとたんに息苦しさが軽減。助かった。あちこちに穴が開くものだ」

その後、さいわいなことに体調は数日間、それなりに安定した。しかし3月23日になって、「もうお願いだから来てほしい」と、坂本さんが家族に付き添いを希望した。ドクターは肺の状態がよくないことを認識しており、付き添いを認める。

そのかたわらで、みずから代表と音楽監督をつとめる「東北ユースオーケストラ」の公演が、3月21日の岩手、同23日の福島、同24日の宮城、そして同26日の東京と連続し、坂本さんはそれらのすべてを病室からリモートで見届けて、必要な指導もリハーサル時をふくめておこなった。点滴をしながら、メッセンジャー・アプリを通して――。

26日の東京公演のオンライン中継を、ベッドに横たわったまま、スマホの画面でリアル・タイムで観ていたときのことだ。

東北ユースオーケストラが演奏する『Kizuna World』とともに、震災当時、小学5年生だった宮城県の菊田心（しん）さんが書いた『ありがとう』という詩の朗読を吉永小百合さんがはじめると、坂本さんは見えない指揮棒をふるように、横たわったまま右手を宙に舞わせた。

「文房具ありがとう／えんぴつ、分度き、コンパス大切にします。」と、詩ははじまる。全国からの支援の贈り物に、少年が感謝を込めてうたう。「花のなえ」「うちわ」「くつ」「クッキー」「さんこう書」「図書カード」「やきそば」「教室にせん風機」「応えんの言葉」などなどに、つぎつぎと「ありがとう」という。そして、詩は次のように結ばれる。「最後に／おじいちゃん見つけてくれてありがとう／さよならすることができました。」と。この「最後に……」の朗読がはじまると、曲に合わせて宙にそよいでいた右手が止まり、「さよならすることができました」と吉永さんの声が読んだとき、その手は左の胸に当てられて、坂本さんは「すごい……これはやばい」と、声になりきらない声を上げ、慟哭したという。それは、坂本さんが「指揮」した最後の音楽だったかもしれない——。

3月25日と、そして26日には、もうひとつ「仕事」をした。2021年に中国・北京の美術館「M WOODS」でおこなわれた過去20年以上の坂本さんのアートワークやサウンド・インスタレーションの大規模作品展示をさらに発展させて、あらためて23年7月末から中国・成都で開催する計画があり、その件について高谷史郎さんとリモートで相談したのである。

命が尽きるのは、3月28日の明け方である。そのことは知らなかったにせよ、残された時間がごくわずかであるという自覚があったからこそ、坂本さんは最後の命のエネルギーを、みずからの生命の維持のためというよりは、そうではないことのために、惜しげもなく費やしたのだろうか。いや、それはむしろ、生命の維持のためだったのかもしれない。

6

いわゆる緩和ケアは25日からはじまった。その日の午前中には、坂本さんは、担当した医師ひとりひとりと握手をして、「本当にお世話になりました。ありがとうございます」と礼を述べた。「もうここまでにしていただきたいので、お願いします」と、おだやかな語調でつけくわえて。

さらに、来る(きた)べきときに、つまり、いずれおこなわれる坂本さんの葬儀のときに流されるべき曲目のリスト(フューネラル・プレイリスト)を確認した。すでに前もってつくってあったリスト通りに曲を聴いていくうちに、「あ、この曲はダメだな」というものもあった。緩みない明確な意志が、健在だった。

また、ベッド正面の、病室の壁にかかった備え付けの画は、27日に、坂本さん本人の希望で、『12』のアルバムのために李禹煥先生が描き下ろした原画に差し替えられた。しかるべきものが、しかるべきところにおさまった。

坂本さんはみずから希望して緩和ケアに踏み込んだ。坂本さんが共感をもって語っていたエピソードがおもい起こされる——。

1995年11月、70歳のとき、長年の喘息に苦しみ酸素吸入器で生きながらえる日々を送ってきたジル・ドゥルーズが、もはや仕事をつづけることのあたわない身体事情にあるみずからの生命をみずから終わらせるために、パリの自宅アパルトマンの窓から身を投げたこと、そして2022年9月、91歳のジャン=リュック・ゴダールが、スイスの自殺幇助団体の「エグジット」の援助を受け、意識そのものは明晰でありながら体中の痛みと体力の著しい喪失状況、そして歩行のままならぬありようのなかで、みずから致死薬を飲み、見守る夫人と友人、そして看護師からの「ボン・ヴォワヤージュ」の呼びかけに「ありがとう、みんな。この最期を実現してくれて」と応じて絶命した、といわれること——。このふたりの命のおわらせかたと坂本さんのこの日の行動とが重なりあう。

7

坂本さんは、3月28日の午前4時32分に息を引き取り、71年の生涯を終えた。家族のひとりが、でも、人の3倍は生きたよね、といった。いわれてみると、その通りかもしれない、とほかの家族もおもった、という話を聞いた。坂本さんの生きた時間は、71年だけれど、かれの生きた時間の濃密さからして、享年は71でなく210であってもおかしくない、と……。

とはいえ、71年は、短いといえば短い。しかし、その71年の時間は単線の時間ではなかった。いくつにも複線化した時間だった。それら複線化した時間たちが同時に走った71年だった。

僕の勝手なおもいを最後に書く。

坂本さんは、ことばなきもの、ことばを持ち得ぬもののことばだった。音を上げないもの、上げ得ぬものの音であった。音楽にならないものの音楽であった。さらに、モノいわぬモノに耳をかたむけて、モノをいわせる人だった。自由を知らぬものに自由の霊感を与える自由を生きた人だった。そして、その自由が、かれを音楽家にしたとおもう。なぜなら、音楽は自由にするから——。

その坂本さんはすでにいない。

ならば、僕たちが「坂本さん」になろう。

坂本さんのなかにバッハやドビュッシーやタルコフスキーや武満徹やベルトルッチやドゥルーズやゴダールが宿り、もっといえば、夜明けの日の出をじっと身じろぎもせずに見つめる太古の原始人の言語化しえぬ人間以前の人間の魂が宿ったように、僕たちのなかにも、どこかに、いつかの「坂本さん」が宿っているにちがいない。とすれば、僕たちのなかの「坂本さん」に、（僕たちなりのやりかたで）なることはできる——。

そうして、「坂本さん」は、210年をもこえて生きつづけることになるだろう。

（2023年5月15日）

フューネラル・プレイリスト

1. アルヴァ・ノト『Haliod Xerrox Copy 3（Paris）』
2. ジョルジュ・ドルリュー『Thème de Camille』
3. エンニオ・モリコーネ『Romanzo』
4. ガブリエル・フォーレ『La Chanson d'Ève, Op.95: No.10, Ô mort, poussière d'étoiles』（歌唱：サラ・コノリー、演奏：マルコム・マルティノー）
5. エリック・サティ『Gymnopédie No.1（Orch. Debussy）』（指揮：ネヴィル・マリナー、演奏：アカデミー室内管弦楽団）
6. エリック・サティ『Le Fils des Étoiles: Prélude du premier acte』（演奏：アレクセイ・リュビモフ）
7. エリック・サティ『Élégie』（歌唱：エヴァ・リンド、演奏：ジャン・ルメール）
8. クロード・ドビュッシー『Préludes/Book 1, L.117: VI. Des pas sur la neige』（演奏：アルトゥーロ・ベネデッティ・ミケランジェリ）
9. クロード・ドビュッシー『Images – Book 2, L.111: II. Et la lune descend sur le temple qui fut』（演奏：アルトゥーロ・ベネデッティ・ミケランジェリ）
10. クロード・ドビュッシー『Le Roi Lear, L.107: II. Le sommeil de Lear』（演奏：アラン・プラネス）
11. クロード・ドビュッシー『String Quartet in G Minor, Op.10, L.85: III. Andantino, doucement expressif』（演奏：ブダペスト弦楽四重奏団）
12. クロード・ドビュッシー『Nocturnes, L.91: No.1, Nuages』（指揮：レナード・バーンスタイン、演奏：ニューヨーク・フィルハーモニック）
13. クロード・ドビュッシー『La Mer, L.109: II. Jeux de vagues』（指揮：ピエール・ブーレーズ、演奏：クリーヴランド管弦楽団）
14. ドメニコ・スカルラッティ『Sonata in B Minor, K.87』（演奏：ウラディミール・ホロヴィッツ）
15. J.S.バッハ『Matthäus – Passion, BWV 244, Pt.2: No.63, Choral. "O Haupt voll Blut und Wunden"』（指揮：ヴィルヘルム・フルトヴェングラー、歌唱：ウィーン・ジングアカデミー合唱団、演奏：ウィーン・フィルハーモニー管弦楽団）
16. ゲオルク・フリードリヒ・ヘンデル『Suite in D Minor, HWV 437: III. Saraband』（指揮：カロル・テウチ、演奏：レオポルディヌム・ヴロツワフ室内管弦楽団）
17. リス・ゴーティ『À Paris dans Chaque Faubourg』
18. ニーノ・ロータ『La Strada』
19. ニーノ・ロータ『La Plage』
20. モーリス・ラヴェル『Menuet sur le Nom d'Haydn, M.58』（演奏：ヴラド・ペルルミュテール）
21. モーリス・ラヴェル『Sonatine, M.40: II. Mouvement de menuet』（演奏：アンヌ・ケフェレック）
22. ビル・エヴァンス・トリオ『Time Remembered – Live』
23. 武満徹『地平線のドーリア』（指揮：小澤征爾、演奏：トロント交響楽団）
24. J.S.バッハ『Das alte Jahr vergangen ist, BWV 614』（指揮：ゾルターン・コチシュ、演奏：ジェルジュ・クルターグ、マルタ・クルターグ、ハンガリー国立フィルハーモニー管弦楽団）
25. J.S.バッハ『Chorale Prelude BWV 639, "Ich ruf zu dir, Herr"』（演奏：タチアナ・ニコラーエワ）
26. J.S.バッハ『Musical Offering, BWV 1079 – Ed. Marriner: Canones diversi: Canon 5 a 2（per tonos）』（指揮：ネヴィル・マリナー、演奏：アイオナ・ブラウン、スティーヴン・シングルス、デニス・ヴィゲイ、アカデミー室内管弦楽団）
27. J.S.バッハ『Sinfonia No.9 in F Minor, BWV 795』（演奏：グレン・グールド）
28. J.S.バッハ『The Art of the Fugue, BWV 1080: Contrapunctus XIV（Fuga a 3 soggetti）』（演奏：グレン・グールド）
29. J.S.バッハ『Die Kunst der Fuge, BWV 1080: I. Contrapunctus 1』（演奏：シット・ファスト）
30. J.S.バッハ『Die Kunst der Fuge, BWV 1080: XI. Fuga a 3 sogetti』（演奏：シット・ファスト）
31. ニーノ・ロータ『Mongibello』
32. デヴィッド・シルヴィアン『Orpheus』
33. ローレル・ヘイロー『Breath』

（以上の曲が葬儀で流された）

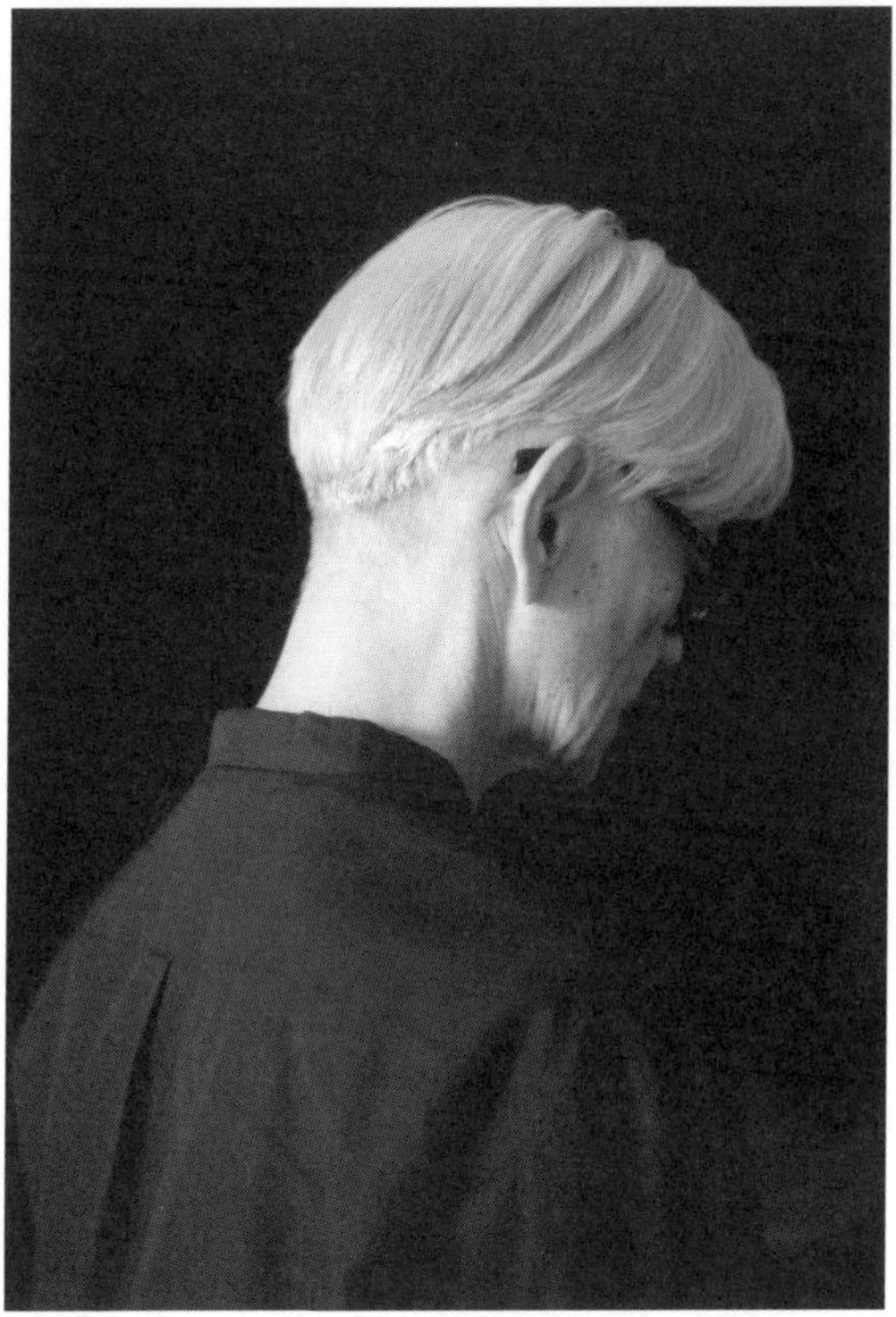

2009年　2月、57歳までの活動を振り返った自伝『音楽は自由にする』を刊行。3月、前作『キャズム』から5年ぶりのオリジナル・アルバム『アウト・オブ・ノイズ』をリリースし、ピアノ・ソロでの日本国内ツアー「Ryuichi Sakamoto Playing the Piano 2009」を開催。7月、フランス政府から芸術文化勲章オフィシエを授与される。9月、音楽を手掛けたシリン・ネシャット監督の映画『男のいない女たち（Women without Men）』がヴェネツィア国際映画祭で上映。10月からヨーロッパ・ツアー。12月、『グレン・グールド 坂本龍一セレクション（バッハ編）』が発売。

2010年　1月、母・坂本敬子が亡くなる。3月、文化庁より芸術選奨文部科学大臣賞（大衆芸能部門）を授与される。4月、NHK・Eテレで『スコラ 坂本龍一 音楽の学校』シーズン1が放送開始。同番組は2014年のシーズン4まで続いた。『箏とオーケストラのための協奏曲』を世界初演。5月、中沢新一との共著『縄文聖地巡礼』を刊行。7月、浅田彰、渡邊守章、高谷史郎とともに『マラルメ・プロジェクト―21世紀のヴァーチュアル・シアターのために』を京都芸術劇場春秋座にて上演。10月から11月にかけて、北米ツアー「Ryuichi Sakamoto: Playing the Piano North America Tour 2010」。11月、大貫妙子とのコラボレーション・アルバム『UTAU』をリリース。11月から12月にかけて、「A Project of Taeko Onuki & Ryuichi Sakamoto UTAU Tour 2010」を行なう。12月、高谷史郎との共著『LIFE - TEXT』を刊行。

2011年　1月、韓国・ソウルにて「Ryuichi Sakamoto | Playing the Piano in Seoul / Korea 2011」を開催。3月11日、映画『一命』のためのレコーディング中に、東日本大震災が発生。4月、被災地支援プロジェクト「LIFE311」を立ち上げ、その後、被災地支援参加型プロジェクト「kizunaworld.org」、楽器関連の復興支援をする「こどもの音楽再生基金」も発足。5月から6月にかけ、カールステン・ニコライ（アルヴァ・ノト）とともにヨーロッパで「Alva Noto + Ryuichi Sakamoto "S" Tour 2011」を行ない、共作アルバム『Summvs』を発売。6月、ロサンゼルスとサンフランシスコで「Yellow Magic Orchestra Live」を開催。YMOとしては31年ぶりの北米公演となった。8月、坂本龍一＋編纂チーム名義で『いまだから読みたい本――3・11後の日本』を刊行。Fennesz + Sakamoto『Flumina』リリース。10月、イギリス・オックスフォード大学で開催された「'The Second Movement' in Oxford: A Message for World Peace」にて吉永小百合による原爆詩の朗読に合わせてピアノ伴奏。10月から11月にかけて「Ryuichi Sakamoto Trio Tour 2011 in Europe」。12月、銀座のヤマハホールにて「Playing the Piano 2011 〜こどもの音楽再生基金の為に〜」を開催。

2012年　1月17日、還暦を迎える。7月、代々木公園で開催された「さようなら原発10万人集会」でスピーチを行なう。幕張メッセで「NO NUKES 2012」開催。クラフトワークとYMOが同じステージに立つ。坂本龍一＋編纂チーム名義で『NO NUKES 2012 ぼくらの未来ガイドブック』を刊行。Willits + Sakamoto『Ancient Future』リリース。9月から10月にかけ、ヨーロッパで「Alva Noto + Ryuichi Sakamoto "S" Tour 2012」。10月から東京都現代美術館で開催された企画展「アートと音楽――

新たな共感覚をもとめて」にてオノセイゲン、高谷史郎との《silence spins》、高谷史郎との《collapsed》を発表。トリオ編成でのセルフカバー・アルバム『THREE』を発売。11月、アジア太平洋スクリーンアワード国際映画製作者連盟賞を受賞。竹村真一との共著『地球を聴く 3・11後をめぐる対話』刊行。12月、「Ryuichi Sakamoto Trio Tour 2012 Japan & Korea」を開催し、被災地の岩手県陸前高田市でもトリオでコンサートを行なう。

2013年

1月、メインテーマを作曲したNHK大河ドラマ『八重の桜』が放送開始。2月、初めてアイスランドを訪れる。カリフォルニア大学バークレー校から「バークレー日本賞」を授与される。3月、UAEのシャルジャ・ビエンナーレへインスタレーションを出品。5月、「Playing the Orchestra 2013」を開催。7月、Ryuichi Sakamoto + Taylor Deupree『Disappearance』リリース。山口情報芸術センター(YCAM)10周年記念事業のアーティスティック・ディレクターを務める。YCAM InterLabとともに、樹木が発する微弱な生体電位をもとに楽曲を制作するインスタレーション《Forest Symphony》、高谷史郎と、水が見せる多様な様態をメディア・テクノロジーで抽出するサウンド・インスタレーション《water state 1》を発表。8月末、審査委員長のベルナルド・ベルトルッチから、ヴェネツィア国際映画祭コンペティション部門の審査員として招かれる。10月、音楽イベント「ルツェルン・フェスティバル アーク・ノヴァ 松島 2013」に参加。YCAMにて、野村萬斎・高谷史郎との能楽パフォーマンス《LIFE - WELL》を発表。

2014年

1月、鈴木邦男との共著『愛国者の憂鬱』刊行。4月、「Playing the Orchestra 2014」を開催。前年とは異なり、ピアノを弾きながら指揮をする「弾き振り」の形で演奏した。6月、喉に違和感を抱え、専門医を受診したところ、中咽頭ガンとの診断を受ける。7月からゲストディレクターを務める「札幌国際芸術祭2014」が開幕するも、治療に専念するためニューヨークに留まることに。1990年に移住してから初めて、ほぼ通年をこの土地で過ごすことになる。同芸術祭では真鍋大度とともに、人間が知覚できない電磁波を感知し可視化、可聴化するインスタレーション《センシング・ストリームズ—不可視、不可聴》を発表。

2015年

2月、療養のためハワイに滞在。4月にニューヨークで行なわれた大友良英とのセッションを皮切りに、徐々に仕事を再開。8月、国会前で開かれた安全保障関連法案に抗議する大規模デモに参加する。山田洋次監督に依頼された『母と暮せば』、アレハンドロ・ゴンサレス・イニャリトゥ監督に依頼された『レヴェナント:蘇えりし者』のための音楽を並行して制作し、両作とも12月に上映・公開される。年末、客員教授に任命された母校の東京藝術大学で、最初で最後の講義を持つ。

2016年

3月、代表・監督として関わる東北ユースオーケストラの第1回演奏会が行なわれる。同楽団は、東日本大震災の被害を受けた東北全域の小学生から大学生によって結成されたもの。春頃から新たなオリジナル・アルバムの制作を始める。4月、主宰レーベルcommmonsの設立10周年記念イベント「健康音楽」を開催。KYOTOGRAPHIE 京都国際写真祭2016の委嘱作品として、高谷史郎、クリスチャン・サルデとともにインスタレーション《PLANKTON 漂流する生命の起源》を発表。9月、フィリップ・ジョンソンが手掛けた「グラス・ハウス」でアルヴァ・ノトとガラス張りの建物を楽器にした即興パフォーマンスを行なう。音楽を手掛けた李相日監督の映画『怒り』が公開。12月、大阪にて吉永小百合とのチャリティ・コンサート「平和のために〜詩と音楽と花と」を開催。モンブラン国際文化賞を受賞する。

2017年

3月、オリジナル・アルバム『async』をリリースし、4月からワタリウム美術館で「坂本龍一 設置音楽展」を開催。ニューヨークのパーク・アヴェニュー・アーモリーにて、「PERFORMANCE IN NEW YORK: async」。9月、ヴェネツィア国際映画祭で、自らが被写体となったスティーヴン・ノムラ・シブル監督のドキュメンタリー作品『Ryuichi Sakamoto: CODA』のプレミア上映に立ち会う。ノルウェーのオスロで中谷芙二子、田中泯、高谷史郎とのパフォーマンス《a·form》。12月からICCで「坂本龍一 with 高谷史郎 設置音楽2 IS YOUR TIME」開催。草月会館で行なわれたグレン・グールド生誕85周年、カナダ建国150周年記念特別企画イベント「Glenn Gould Gathering」のキュレーターを務める。

2018年

2月、ベルリン国際映画祭コンペティション部門の審査員を務める。3月、フランスのポンピドゥ・センター・メスで高谷史郎とのパフォーマンス《dis·play》を行なう。『婦人画報』で連載「坂本図書」をスタート。同連載は2022年2月号まで続く。4月、NHKの番組『ファミリーヒストリー』出演回が放送。5月、韓国・ソウルの「piknic」で展覧会「Ryuichi Sakamoto Exhibition: LIFE, LIFE」が開幕。音楽を手掛けた映画『天命の城』が6月に日本公開。アルヴァ・ノトとのパフォーマンス「TWO」を始動。アニメーション作品『さよなら、ティラノ』が10月に釜山国際映画祭でワールド・プレミア。

2019年

2月、李禹煥のポンピドゥ・センター・メスでの個展「Inhabiting time」で会場音楽を手掛ける。5月、シンガポール国際芸術祭で高谷史郎とのパフォーマンス《Fragments》。6月、音楽を担当したNetflixのドラマ『ブラック・ミラー』シーズン5『Smithereens』が配信。テーマ音楽を担当した半野喜弘監督の『パラダイス・ネクスト』が台湾で公開。7月、音楽を手掛けた蔡明亮監督の映画『あなたの顔』で台北映画祭の音楽賞を受賞。11月、音楽を手掛けたアリス・ウィンクール監督の映画『約束の宇宙(そら)』がフランスで公開。12月、「山下洋輔トリオ結成50周年記念コンサート 爆裂半世紀！」にゲスト出演。

2020年

1月、吉永小百合・坂本龍一チャリティ・コンサート in 沖縄「平和のために〜海とぅ詩とぅ音楽とぅ」開催。コゴナダ監督の『アフター・ヤン』のためオリジナル・テーマを作曲。2月、コロナ禍を受けて北京現代美術センターが企画したオンライン・コンサート「Sonic Cure（良楽）」に出演。ルカ・グァダニーノ監督の短編映画『The Staggering Girl』の音楽を担当。4月、「Ryuichi Sakamoto: PTP04022020 with Hidejiro Honjoh」を無料生配信。5月、コラボレーション企画「incomplete」を開始。6月、直腸ガンとの診断を受ける。12月、ガンの肝臓への転移が発覚。「余命半年」宣告を受けた直後にオンライン・コンサート「Ryuichi Sakamoto: Playing the Piano 12122020」を行ない、続けてMR（複合現実）プロジェクト用の撮影をする。

2021年

1月、20時間に及ぶ外科手術を受ける。3月、自ら絵付けを行なった陶器を壊した作品「陶片のオブジェ」を、『2020S』アート・ボックスに提供。陶器が割れる音色を使用した楽曲も収録する。中国・北京の美術館「M WOODS」で大規模展覧会「坂本龍一：观音听时—Ryuichi Sakamoto: seeing sound, hearing time」が開幕。6月、「ホランド・フェスティバル」で高谷史郎との共作シアターピース『TIME』世界初演。8月、音楽を手掛けたフェルディナンド・シト・フィロマリノ監督の映画『ベケット』がNetflixにて配信開始。9月、音楽を手掛けたアンドリュー・レヴィタス監督の映画『MINAMATA―ミナマタ―』が日本公開。12月、『Merry Christmas Mr.Lawrence』の右手のメロディ595音を1音ずつ分割し、デジタルアートとして発信したNFTプロジェクトを発表。

2022年

1月17日、古希を迎える。3月、東北ユースオーケストラのために書き下ろした『いま時間が傾いて』を定期演奏会で初披露。4月、ロシア軍のウクライナ侵攻を受け、キーウに住むヴァイオリニスト、イリア・ボンダレンコに『Piece for Illia』を提供する。併せて、2001年に地雷ゼロを訴えて結成したN.M.L.の楽曲のピアノ版『Zero Landmine 2022』を、非戦への想いを込めチャリティ・リリース。ダムタイプのメンバーとして、ヴェネツィア・ビエンナーレ日本館とミュンヘンのハウス・デア・クンストでの展覧会に深く関わる。7月、アン・ホイ監督作品『第一炉香』で香港電影金像奨作曲賞を受賞。9月、BTSのメンバーSUGAと面会し、のちに彼のソロ曲『Snooze』のためピアノを弾く。8日間をかけて「Ryuichi Sakamoto: Playing the Piano 2022」の収録を行ない、年末にオンライン配信。『Sonate pour Violon et Piano』と『Quatuor à Cordes』のレコーディングに立ち会う。10月、音楽を手掛けたNetflixのアニメ『exception』が配信開始。

2023年

1月、最後のオリジナル・アルバム『12』をリリース。3月、20年にわたり放送してきたJ-WAVE『RADIO SAKAMOTO』が、大貫妙子の代理ナビゲーターにより最終回を迎える。明治神宮外苑の再開発の見直しを求める手紙を、東京都の小池百合子知事宛てに送る。3月28日、死去。享年71。4月、音響監修、館内音楽を手掛けた映画館「109シネマズプレミアム新宿」がオープン。5月、イニャリトゥ監督が選曲したコンピレーション・アルバム『TRAVESÍA』発売。6月、音楽を提供した是枝裕和監督の映画『怪物』が公開。ニューヨークとマンチェスターで、MR作品『KAGAMI』が上演される。最晩年までの活動を語った本書『ぼくはあと何回、満月を見るだろう』刊行。7月、最大規模の展覧会「Ryuichi Sakamoto: SOUND AND TIME」が中国・成都の「M WOODS」で開幕。9月、生前の愛読書を集めたスペース「坂本図書」が東京都内にオープン。

（敬称略）

初出　『新潮』２０２２年７月号〜２０２３年２月号

聞き手　鈴木正文

連載デスク　矢野　優（『新潮』編集部）
単行本デスク　楠瀬啓之（新潮社出版部）
原稿構成・編集　杉山達哉（『新潮』編集部）

編集協力・資料提供　空　里香（KAB America Inc./Kab Inc.）
湯田麻衣（Kab Inc.）
伊藤総研

カバー・本扉作品　Neo Sora
本文写真〔p.7・169・229・281〕
〔右記とp.45・115・201以外〕　KAB America Inc./Kab Inc.

装幀　篠崎健吾（新潮社装幀室）

ぼくはあと何回、満月を見るだろう

著者　坂本龍一

発行　二〇二三年六月二〇日
三刷　二〇二三年七月一〇日

発行者　佐藤隆信
発行所　株式会社新潮社
郵便番号　一六二－八七一一
東京都新宿区矢来町七一
電話　編集部　(〇三)三二六六－五四一一
読者係　(〇三)三二六六－五一一一
https://www.shinchosha.co.jp

印刷所　大日本印刷株式会社
製本所　加藤製本株式会社

乱丁・落丁本は、ご面倒ですが小社読者係宛お送り下さい。送料小社負担にてお取替えいたします。
価格はカバーに表示してあります。

ISBN 978-4-10-410603-5 C0095